21世纪高等院校经济学精品教材

宏观经济学

虞斌 主编

东北财经大学出版社
Dongbei University of Finance & Economics Press
大连

图书在版编目（CIP）数据

宏观经济学／虞斌主编.—大连：东北财经大学出版社，
2012.3
（21世纪高等院校经济学精品教材）
ISBN 978-7-5654-0702-4

Ⅰ.宏… Ⅱ.虞… Ⅲ.宏观经济学-高等学校-教材
Ⅳ.F015

中国版本图书馆CIP数据核字（2012）第011416号

东北财经大学出版社出版
（大连市黑石礁尖山街217号 邮政编码 116025）
教学支持：（0411）84710309
营 销 部：（0411）84710711
总 编 室：（0411）84710523
网 址：http：//www.dufep.cn
读者信箱：dufep@dufe.edu.cn

大连北方博信印刷包装有限公司印刷 东北财经大学出版社发行

幅面尺寸：185mm×260mm　　　　字数：342千字　　　　印张：15
2012年3月第1版　　　　　　　　　　　　　2012年3月第1次印刷

责任编辑：孙晓梅 王昭元 蔡丽　　　　责任校对：刘洋 王娟
封面设计：冀贵收　　　　　　　　　　版式设计：钟福建

ISBN 978-7-5654-0702-4
定价：30.00元

前　　言

宏观经济学以国民经济总体运行规律和政府的调控政策为研究对象，涉及国民收入、经济增长、物价稳定和充分就业等重大课题，事关现实世界的国计民生与人类社会的未来走向，是高等院校经济管理类专业的必修课程。

一、宏观经济学教材建设现状

改革开放以来，国内宏观经济学教学经验积累渐丰，教材建设成绩斐然。目前国内高校采用的宏观经济学教材中，国外经济学大师的原版作品鸿篇巨制、包罗万象，然而缺乏针对中国宏观经济运行的具体分析。国内教材中不乏形式精美而内容丰富的典范之作，其中逻辑严谨、内容翔实者往往容量较大，在相对有限的教学课时内难以令学生全部消化；而体量较小者语言精练、通俗易懂，却又限于篇幅，难以展开讨论。更重要的是，在日常教学工作中，我们日益感受到充分利用多媒体技术开展开放式、互动式教学的迫切需要。日新月异的经济发展和理论创新，要求我们在宏观经济学教学活动和教材建设中不断摸索。

二、本书的写作特色

宏观经济学理论体系宏博，各家学说精彩纷呈，世界经济发展纷繁复杂，中国经济问题矛盾纠结，欲在有限的篇幅内加以清晰展示，实非编者所能。然而，有前辈学者创新开拓打下的扎实基础，有学界同仁科研成果的有力支撑，我们不揣浅陋，勉力为之，在本书写作中力求做到以下数点：

1. 体例完备，叙述详明

本书梳理了凯恩斯以前各家学说的继承关系，分析了各主要流派的历史成因，厘清了经济思想的发展脉络；重点分析凯恩斯主流经济学的社会背景、学术观点、分析方法、理论贡献和政策含义；立足于教材写作的范式，按照课内外教学的需要，力求结构合理、详略得当、逻辑严谨、重点突出、完整规范。

2. 资料丰富，兼收并蓄

本书不仅重点突出了凯恩斯主流经济学的基本概念、基本理论和方法，还对在宏观经济学研究和管理实践中影响较大的"非主流"学派的理论与观点进行了较为详细的介绍，以利于学生开阔视野，博采众长。

本书配有大量辅助资料，有小品文、案例分析、国内外最新经济背景分析，以及补充知识、专栏各若干篇。这些资料均紧密结合所在章节的相关内容，图文并茂，生动活泼，能帮助学生更好地理解所学基本概念与理论方法，鼓励学生积极思考，探索未知，创新求变。

3. 开放创新，便于自学

本书配有光盘，除各章主要内容的教学幻灯片 PPT 之外，还配有大量附有答案的自测题、模拟试卷和配套案例，当然，本书各章习题参考答案也在其中，与教材互为补充，供学生课后自学之用。

宏观经济学是一门正在蓬勃发展的充满生命力的学科，新观点、新发现层出不穷，因此，保持教材的开放性、及时跟踪学科理论的最新进展极为重要。本书除在写作中尽可能吸取学科研究的最新进展之外，所提供的光盘还可以帮助任课教师建立自己的网页，这样既能及时反映学科的最新动态，又可使师生互动、教学相长。

三、本书叙述框架

本书叙述框架可分为三个部分：第一部分是基础知识，包括导论（第 1 章）、政府的经济作用（第 2 章）、国民收入核算（第 3 章）、古典宏观经济模型（第 4 章）。第 1 章梳理了凯恩斯以前的西方经济学的发展脉络、现代宏观经济学的产生与发展，以及当代宏观经济学研究的发展趋势、宏观经济学的基本问题；第 2 章介绍了市场失灵的种种表现以及政府在经济运行中扮演的角色；第 3 章分别从支出和收入的角度阐述了国民收入的内涵、外延以及统计方法；第 4 章介绍了古典经济学的基本方法与理论观点及在现代经济实践中面临的困境，为下文介绍凯恩斯主义作了铺垫。第二部分主要介绍凯恩斯主义的理论、方法与政策主张，由浅入深、由易到难，渐次放宽限制条件，依次介绍了简单的凯恩斯宏观经济模型（第 5 章）、投资与国民收入决定机制（第 6 章）、IS—LM 模型（第 7 章）、财政政策和货币政策（第 8 章）、总需求与总供给（第 9 章）、通货膨胀与失业（第 10 章）、经济增长理论（第 11 章）。第三部分为扩展阅读，分别介绍了经济周期（第 12 章），20世纪 70 年代以后由于"经济滞涨"难题而逐渐发展起来的三大非凯恩斯主义学派：货币主义（第 13 章）、理性预期学派（第 14 章）、供给学派（第 15 章）的理论观点及各自的政策主张，以及开放条件下宏观经济的内外均衡（第 16 章）和非瓦尔拉斯均衡（第 17章）的理论模型与实际应用。

四、本书写作的分工

本书由虞斌构思写作提纲与叙述框架，全书各章节内容分工如下：**虞斌**：全书各章思考与训练和第 1 至第 8 章，**王珊**：第 12 至第 17 章导入场景和第 9 章，**杨朋君**：第 1 至第11 章导入场景和光盘各章案例、自测题和模拟试卷以及第 10 章，**胡静**：第 11 章，**王洁**：第 12 章，**钟赟**：光盘制作和第 13 章，**姚晓垒**：第 14 章，**沈杰**：第 15 章，**周璇**：第 16章，**王玉龙**：第 17 章。

五、前导课程与学时安排建议

本书编写主要针对经济管理类本科生的教学，同时兼顾相关专业，要求学生具备一定的经济学和数学分析基础，建议在政治经济学、微观经济学和微积分课程之后进行本课程的学习。

经济管理类专业建议安排 64 学时，其他相关专业建议安排 48 学时。其中前 11 章为课堂教学及考试大纲要求的必修内容，后 6 章作为补充知识，供学生课后阅读，考试可不做要求。

编者学养有限，书中错讹之处欢迎读者批评指正。

编者
2012 年 2 月

目　录

第1章 导 论

学习目标

掌握凯恩斯以前西方经济学的发展脉络和现代宏观经济学产生与发展的历程，理解当代宏观经济学发展的趋势，了解宏观经济学的基本问题。

导入场景

在日常生活中，我们每天都会遇到许多宏观经济问题，而且我们每天也都在思考这些问题，希望能得到一个满意的答案，从这方面来说，我们每个人都是一个宏观经济学家。

2011年以来，我们可能每天都会听到父母一直在抱怨，或者是抱怨粮食、食品的价格一涨再涨，马上就吃不起饭了，或者是抱怨中央银行的存款准备金率一提再提，受此影响，自己买的股票价格一跌再跌；走在路上，我们可以看到房地产开发进行得如火如荼，但是房价还是居高不下；在学校内，同学们都在议论，我国的经济迅速发展，经济总量已经跃居世界第二位了，但是我们的生活水平却没有明显提高；打开电视，新闻里到处都是我国政府在国内、国外忙着开会、讨论，商议如何调控房价，抑制物价；唯一让我们感到欣慰的是，虽然物价不断上涨，通货膨胀猛于虎，但是就业形势貌似越来越好，失业率降下来了，许多地方甚至出现了"用工荒"。

从经济学角度来看，这些问题都是宏观经济学领域一些比较重要的研究内容，如通货膨胀与失业问题、政府的经济作用和收入分配问题、货币政策和财政政策的运用问题、经济增长问题等。在所有这些问题中，核心问题是"国民收入决定问题"，解决了这一问题，其他问题就会迎刃而解。这些问题虽然看起来与我们距离遥远，但其实这些问题就在我们身边，与我们的切身利益息息相关。

作为新时代的大学生，我们是21世纪的主人。我们生活在一个复杂的宏观经济环境中，要时刻把握宏观经济跳动的脉搏，在未来的竞争中立于不败之地，就要从关心身边的宏观经济问题开始，通过知识的积累很好地解决上面那些问题。要很好地弄明白这些问题，首先要掌握宏观经济学的一些基本知识，包括宏观经济学是什么？宏观经济学的研究对象是什么？宏观经济学的发展脉络是怎样的？只有具备了这些基础知识，才能循序渐进地了解其他宏观经济学问题。

1.1 凯恩斯以前的西方经济学的发展脉络

整个一部西方经济学说史，源远流长，体系庞杂。宏观与微观理论，各有源流，互为补充。"凯恩斯革命"标志着现代宏观经济学的产生，梳理凯恩斯以前各家学说的继承关系、分析各主要流派的历史成因、厘清经济思想的发展脉络，对我们学习宏观经济理论不无裨益。

1.1.1　西方经济学思想的起源

亚当·斯密（Adam Smith，1723—1790）是现代经济学的奠基人，因此西方经济学的学习与研究者，往往言必称亚当·斯密。其实包括亚当·斯密在内的后世古典经济学大师，都从更早的古希腊和中世纪的先贤那里汲取了思想营养。古希腊思想家苏格拉底（Socrates，公元前 469—公元前 399）有两位足以和他比肩的学生：一位是柏拉图（Plato，公元前 427—公元前 347），另一位是色诺芬（Xenophon，公元前 430—公元前 355）。公元前 388 年，40 岁的柏拉图结束了多年的流亡生涯，回到雅典，设坛讲学。在其名著《理想国》和《法律论》中，阐发了关于农业、交换和货币的观点，较为深入地剖析了商品的使用价值和劳动分工的经济含义，并从社会分工的角度论述了国家管理的原则，他甚至用生产率的分析方法推算了城市人口的理想规模。柏拉图可说是西方思想史上经济学研究的第一人。

在色诺芬的代表作《经济论》和《雅典的收入》中，他首次提出了商品的两种用途：直接使用和用于市场交换。他认为，社会分工有助于劳动生产率的提高，而分工细致的程度取决于市场规模的大小。色诺芬提出了市场供求决定价格高低，从而影响社会资源配置的观点，而这正是西方经济学中最著名、争议最少的经济"定律"。与柏拉图一样，色诺芬也强调劳动在商品价值和价格形成中的作用，他的学说在经济思想史上影响深远，堪称西方经济学研究的先驱。

柏拉图的学生亚里士多德（Aristotle，公元前 384—公元前 322）也是古希腊时期为数不多的涉足经济学研究的学者之一。其代表作为《政治论》和《伦理学》，其中阐述了社会分工、商品交换和货币流通等经济学理论。与其导师不同，亚里士多德主张奴隶主阶级民主政体而非贵族寡头统治。在经济学方面，他比较偏向效用论，在商品的价值和使用价值上，更强调后者。他认为，商品价值的高低取决于它给人带来的主观满足感即效用的大小。两件凝聚了同等劳动的商品，如果给消费者带来的效用不同，则其价值也有高下之别。按照他的观点，开采大堆的铺路石即使比挖掘一粒钻石花费了更多的劳动量，钻石也比铺路石有更高的价值与价格。

亚里士多德的效用价值论由意大利的阿奎那继承。阿奎那发扬了亚里士多德的观点，认为经济理论同道德哲学与法律制度密不可分，私有财产是维持人类正常生活和公序良俗最重要的物质基础。阿奎那也承认在必要的情况下实行公有制的合理性。他认为，从事经济分析的目的是确立市场交易活动的公平准则，其经济论述的焦点集中于价值和价格、货币和利息。他认为，商品价值主要取决于对该商品效用的主观估计，价格应当在没有垄断的市场上由交易者诚实地共同决定。关于货币，阿奎那强调其交换媒介和价值尺度的功能，反对高利贷行为，他对归还和赔偿的分析为后来利息理论的合法性铺平了道路。

1.1.2　重商主义

现代西方经济学的"前史"是重商主义学说，它包含了 1500—1800 年间欧洲经济思想史和国民经济政策史的漫长篇章。当时资本主义刚刚开始萌芽，急需大量的资本积累，而这种资本积累需要商人通过对外贸易获得。商人需要仰仗强有力的中央集权扫除生产力发展道路上的重重障碍，而封建贵族也需要借助资产阶级的雄厚财力维护自己的权力和利益。

由于货币，即金银具有价值尺度和交换媒介的功能，在历史上形成了财富即金银的观念。尽管重商主义者并未将金银等同于财富，但是愈益积累的金银仍被看作财富增加的反映，金银被视为财富和权力的象征。在重商主义者看来，无物堪与金银相媲美。而要获得金银，除了开采矿藏，主要来自对外贸易的盈余。

在 19 世纪前，以比较利益原则为基础的互惠贸易分析方法还没有充分形成，重商主义者从其理论信条出发，很自然地发展了他们的具体政策策略，即依靠国家干预，遵循"少买多卖"的原则，企求出口盈余。与此同时，大力推行贸易保护政策，对某些特定商品，奖励输入，阻抑输出。阻抑工业原料和职业用具的输出，奖励工业原料的输入，使本国人民能以较低廉的价格把这些原料制成成品，从而防止制造品在数量和价值上大量输入。亚当·斯密在其《国富论》第四章中指出，从未看到英国法律奖励职业用具输入的条文，制造业发展到相当高程度的时候，职业工具的制作就成为许多极重要制造业的目标。对这种工具的输入给予任何奖励，当然会大大降低制造业者的利益，所以这样的输入不但不受奖励，往往还被禁止。对于凡能与本国产品竞争的一切外国商品，在输入时加以限制，显然是为生产者而牺牲本国消费者的利益。

重商主义者过多关注流通领域的表面现象，对于经济活动的本质属性和经济变量的内在联系未能深究，但是他们提出了国家干预经济的思想，在对外贸易方面的若干论述和做法至今仍有参考价值。

1.1.3 古典经济学

经济学真正成为一门科学，要归功于资产阶级古典经济学的伟大贡献。

古典经济学产生于 17 世纪中叶，结束于 19 世纪初。其间英法两国先后爆发资产阶级革命，英国还开始了工业革命。随着商品经济的迅猛发展，新兴资产阶级迫切需要相对成熟的经济理论。当时，在自然科学领域，牛顿提出了力学三大定律和万有引力定律，貌似和谐的"自然秩序"启发古典经济学家提出了一系列富于创见的科学命题。其中的许多理论长期为西方经济学界所尊崇和承袭，成为现代经济学发展的思想渊源。

法国的古典经济学产生于 17 世纪下半叶。当时法国的封建统治者推行重商主义政策，以牺牲农业为代价大力扶植工商业，导致农民生活极为困苦。法国古典经济学的创始人皮埃尔·布阿吉尔贝尔（Pierre Boisguilbert, 1646—1714）旗帜鲜明地主张农业是一切社会繁荣的基础，激烈抨击压低粮价、限制粮食贸易的重商主义政策。半个世纪以后，路易十五的外交大臣达让逊（D'Argenson, 1719—1785）在继续宣扬农业的基础作用之后，进一步主张国内外贸易应当完全放任自由，由此产生了同重商主义相对立的重农学派。

重农学派的代表人物是弗朗索瓦·魁奈（Francois Quesnay, 1694—1774）。该学派认为，人类社会的经济运行，同自然界一样，有其内在的客观规律。在继承前辈重农思想的基础上，他们进一步将农业视为唯一的生产部门，其核心理论为"纯产品"学说，将经济学的研究领域从流通拓展到生产。魁奈还提出了《经济表》，首次考察了社会资本的再生产和流通过程。他完备地将资本主义社会的收入划分为工资、地租、利息和利润四种，他的学说对经济学的发展产生了深远的影响。

与法国相比，英国古典经济学的体系和内容似乎更为全面与深入。其中对经济学作出杰出贡献者首推亚当·斯密。18世纪中叶，英国虽已开始了工业革命，但国会中封建势力依然占据多数席位，当时的法律严重阻碍了资本主义经济的发展。资产阶级的首要任务，是在思想上扫除封建势力的影响，清晰地阐明资本主义的优越性和具体实现途径。根植于当时英国社会文化的土壤，汲取了前辈先贤在经济理论和自然科学领域成果的精华，亚当·斯密博采众长、发幽探微，于1776年发表了《国民财富的性质与原因的研究》（以下简称《国富论》）。

《国富论》的主要贡献包括：

（1）首次系统分析了市场经济的运行机制。亚当·斯密以经济人假设为出发点，论述了追逐私利的个体之间的竞争促使公共利益实现的过程：竞争行为导致市场价格的波动，可以调节劳动和资本在国民经济各部门之间的分配，是市场这只"看不见的手"而非熟练政治家的机敏管理，调节着国民经济的运行。

（2）系统阐明了劳动价值理论。他明确区分了使用价值和交换价值，前者指"特定物品的效用"，后者指"占有某物而取得对他种物品的购买力"。在论述衡量商品价值的尺度时，亚当·斯密指出，"任何一个物品的真实价格，乃是为了获得它而付出的辛苦和经历的麻烦"。经过严谨的论证，他指出，每一种商品的价格或交换价值都由工资、利润和地租三者或其中一两者构成，工资、利润和地租是一切收入和可交换价值的三个根本源泉。他的这些论断被马克思主义政治经济学所吸收，也成为李嘉图、萨伊和马尔萨斯理论的渊源，并被当代西方经济学各流派继承和发展。

（3）倡导自由贸易政策。亚当·斯密发表《国富论》时，正值英国爆发工业革命，伴随着生产力的大发展，英国已经具备了相当雄厚的资本积累，亟须拓展海外市场，而曾经盛极一时的重商主义所鼓吹的贸易保护政策在当时的经济实践中显露出很多弊端。亚当·斯密从分工理论出发，提出自由贸易政策有助于增加一国的财富。他认为，分工可以提高劳动生产率，但是分工程度要受市场容量限制，自由贸易政策可将市场从国内拓展到海外，给国内过剩的产品找到销路，促进国内的生产，从而增加本国财富的积累。其实亚当·斯密倡导的自由贸易政策在当时除了英国外，并未在其他国家深入人心，因为在工业革命前夕，英国具备了其他国家不曾具备的特殊条件。但是自由贸易理论确实为现代国际贸易理论打下了根基，后人提到国际贸易理论，多把亚当·斯密的学说作为源头。

（4）提出了著名的政府税收四原则：公平、确定、便利和经济。公平是指一国国民应"按照各自能力的比例，即各自在国家保护下享得的收入的比例"来缴纳税负；确定强调完税的日期、方法和数额必须确定，且让纳税人对此十分清楚明白，从而免受税吏的恐吓与勒索；便利是指完税的日期和方法要给予纳税人最大的方便；经济要求"人民所付出的尽可能等于国家所收入的"。违背这些原则往往是由于过多的税吏滋扰民众，妨碍生产。亚当·斯密在公共财政领域提出的这四项原则，对此后世界各国的税收管理理论影响深远，是对宏观经济学的一大贡献。

1803年，法国人萨伊（Say, Jean Baptiste, 1767—1832）出版了《政治经济学概论》，此后数十年内，这一著作成为欧美大学最受欢迎的经济学教科书，他也成为欧洲和北美最主要的亚当·斯密思想的传播者。萨伊建立的模式使得经济学的新学科在其中各得其所，并成为一种长期延续的传统。经济学被萨伊划分为生产、分配、消费和流通四个环节。这种安排在经济学文献和教科书中一直沿用至今。

萨伊的名字至今仍然在经济学界流传，还因为一条以他的名字命名的"萨伊定律"。在萨伊的著作的美国版本中，该定律被表述为"生产会创造出对产品的需求"。这一说法可能导致一个推论，即不存在普遍生产过剩的可能性，在没有资源约束的条件下，不会有停滞与经济危机。这一定律后来饱受争议。19 世纪，李嘉图及其追随者表示赞同，而马尔萨斯等人则对此大张挞伐。到了 20 世纪，凯恩斯更是把萨伊定律作为他攻击古典经济学的靶子。

《国富论》诞生 40 多年之后，大卫·李嘉图（David Ricardo，1772—1823）把古典经济学推向了高峰。他不仅始终如一地坚持劳动价值论，彻底维护劳动时间决定价值量的基本原理，还对劳动的含义展开了更为深入细致的分析。他从当时社会的基本格局出发，深刻剖析了国民收入的分配问题，他的级差地租理论是古典经济学中最完善的，他提出的比较利益学说成为后来国际贸易理论的基石。

英国的穆勒（John Stuart Mill，1806—1873）是古典经济学最后的集大成者。他的理论体系兼收并蓄，调和折中，融亚当·斯密的生产费用说、李嘉图的地租理论、马尔萨斯的人口论甚至西尼尔的节欲说于一体，提出生产受自然规律支配而分配受社会历史状况左右的观点。穆勒是一个热情的社会改良主义者，对底层人民的艰辛给予深切的同情，热切渴望消除社会分配不公。他的经济分析始终强调同社会现实和经济政策的密切结合，其理论中鲜明的社会学倾向明显有别于李嘉图。他的学说体系曾在较长时间内得到公认，被认为是李嘉图之后的学界泰斗，其《政治经济学原理》作为大学教科书流行数十年。

1.1.4 边际革命与新古典经济学

19 世纪中期，西欧各国资本主义经济进一步发展，对外贸易竞争日趋激烈，如何发展生产以满足人们的需求、厘清决定价格和销量的供求规律，怎样增强本国国际贸易竞争力等是当时社会面临的重大课题，迫切需要经济学理论加以分析和说明。但是以穆勒为代表的英国传统古典经济学，没能提出切合时代需要的经济理论，反而坚持实际上有害于英国的自由放任的政策主张，因而声望日渐衰落。究其原因，大致在于古典经济学一向侧重于生产与供给方面的研究，而对需求规律缺乏深入探讨，同时也没有研发出比较深入的定量分析工具。面对逢勃发展的社会经济现实，旧的理论已不能满足时代的要求。马克思主义的产生与迅速传播，更给了古典经济学以致命的打击。以穆勒的著作为样板的古典经济学，在 19 世纪的最后十年再也难以立足，而边际革命正是在这种背景之下应运而生的。

从此以后，西方经济学的结构与方法都与古典经济学大异其趣。劳动价值论被抛弃，代之以新的统一的原则，这就是边际原理。价格与数量、成本与产出等变量之间被构建了函数关系，经济学问题演化为给定要素之下的资源配置问题，亚当·斯密等古典经济学家所关心的总产出很少受到重视，经济分析的重心移至用数学方法论证各式各样的微观问题。这一过程持续了一百多年，其间经济学研究视野和分析方法的缓慢变化被称为边际革命，由此形成的学术派别被称为边际学派。

边际学派由英国的威廉·杰文斯（W. Stanley Jevons，1835—1882）、奥地利的卡尔·门格尔（Carl Menger，1840—1921）和瑞士的里昂·瓦尔拉斯（Leon Walras，1834—1910）在 19 世纪 70 年代共同创立。其中，杰文斯的理论给了英国古典经济学以直接的巨大冲击，他用主观分析方法，发展了一整套边际分析的概念，并力图用数学方法将经济学发展成为"真正的科学"。门格尔从人们的欲望得到满足的程度这种主观感觉出发，论述了价值的本质、来源和衡量尺度。瓦尔拉斯则用数学方法分析了所有商品的供求同时达到均衡时的价格决定机制，进而提出了一般均衡问题。由于瓦尔拉斯和杰文斯首先在经济学分析中系统运用了数学方法，因而被后世尊为数理经济学的"开山始祖"。

在众多后来者的共同推动下，边际学派迅速发展。门格尔的追随者维塞尔（F. V. Wicksell，1851—1926）首先归纳出"边际效用"这个术语，并将它运用于成本和分配理论。门格尔的另一个拥护者庞巴维克（Bohm Bawerk，1851—1914）更是边际学派的集大成者，他全面系统地阐发了边际效用价值论，否认古典学派劳动价值论，甚至用主观感觉去评价利息的来源。瓦尔拉斯的学生帕累托（V. Pareto，1848—1923）青出于蓝而胜于蓝，修正了瓦尔拉斯的理论，用序数效用论的无差异曲线，进一步推演了一般均衡理论。他关于生产资源配置效率的一系列观点，也深刻影响着以后福利经济学的产生与发展。

除了发源地欧洲，边际学派在美国也得到了长足发展，其代表性人物是约翰·贝茨·克拉克（J. B. Clark，1847—1938）。他不仅继承了已有的边际学派理论，而且把农业生产中的边际报酬递减规律引入其他生产部门，还将边际效用理论应用于工资与利息分析，提出了边际生产力分配论。针对边际学派主观效用无法测量的难堪困境，他还提出了"社会效用论"加以辩护。除此之外，他提出的动态与静态经济学的划分也对日后经济学的发展影响深远。当时的美国，国民经济蓬勃发展，其工业生产已经跃居世界首位。与此同时，劳资纠纷也日益尖锐，各地的罢工风起云涌。已有的边际效用学说侧重于解释商品价值的决定，对要素价值的来源与测定缺乏深入研究。克拉克的分配理论旨在解释要素报酬，顺应时代要求，缓和阶级矛盾。鉴于克拉克对经济学的卓越贡献，1947年美国经济协会在克拉克诞辰100周年纪念日设立了以他的名字命名的经济学奖，专门奖掖青年才俊，成为经济学领域仅次于诺贝尔奖的重要奖项。

19世纪70年代开始的边际革命一直到20世纪30年代凯恩斯革命之间的经济学说，被后世称为"新古典经济学"。与古典经济学相比，新古典经济学之"新"主要表现为四个方面：首先，古典经济学主要是从整体上考察经济运行，偏重于宏观分析；而新古典经济学主要从个体，即个人和厂商的微观层面分析经济问题。其次，古典经济学主要研究经济增长，即供给和生产问题；而新古典经济学主要研究需求、消费和分配问题。再次，古典经济学以客观价值论为基础，经济分析从劳动价值论或生产费用价值论出发；而新古典经济学信奉主观价值论，边际效用构成它研究经济问题的基础。最后，也是最为后世所瞩目的一点，是新古典经济学采用了古典经济学所没有的边际分析和均衡分析法，这是经济学研究方法上的重大突破。与古典经济学相比，新古典经济学之所以仍被冠以"古典"名称，是因为新古典经济学是古典经济学的直接继承和发展，它的核心思想仍然是市场经济的自由放任和自我完善。

1.2 现代宏观经济学的产生与发展

现代宏观经济学产生和发展的历程大致可分为三个阶段：20世纪30年代以《货币、就业和利息通论》（以下简称《通论》）的出版为标志的凯恩斯革命，是现代宏观经济学的形成阶段。第二次世界大战以后到60年代末，是第二阶段，在此期间凯恩斯的追随者，特别是美国的后凯恩斯主流学派，从多个方面构建和完成了凯恩斯的理论体系。第三阶段为 70 年代至今，这一阶段的显著特征是各种非凯恩斯主义宏观经济学的形成与发展，货币主义、理性预期学派和供给学派等百家争鸣，极大地丰富了现代宏观经济学理论。本节拟按这三个阶段简要地回顾现代宏观经济学的发展历程。

1.2.1 第一阶段：凯恩斯革命

凯恩斯（J. M. Keynes，1883—1946）学说的建立标志着现代宏观经济学的诞生，凯恩斯引发的经济学革命具体表现在以下几方面：

在研究内容上，在凯恩斯以前，经济分析关心的是局部和一般均衡条件下资源的有效配置；在凯恩斯之后，总产出的决定、收入和就业理论走到了经济学研究视野的中心。

在研究方法上，在凯恩斯以前，已有的经济理论只有形式上的逻辑一致性，本身难以接受经验的检验。微观经济概念只反映了人们对未来事件主观上的事前估计，并不适用于统计方法的事后确认。在凯恩斯之后，国民收入、物价、就业率等事后总量的宏观经济研究，极大地推动了统计学和经济计量学的发展。

在研究目的上，凯恩斯以前的经济政策只是通过货币政策稳定物价。在凯恩斯之后，人们不再认为经济运行过程按照萨伊定律就可以"自动地"到达充分就业的均衡，政策研究的重点转向了充分就业。人们认识到，非充分就业时也可以达到均衡，货币政策必须和财政政策配合使用。

凯恩斯的理论贡献被经济学家勒纳（A. Lerner，1903—1982）以"凯恩斯大厦"的形式进行了图解（图 1—1），具体内容如下：

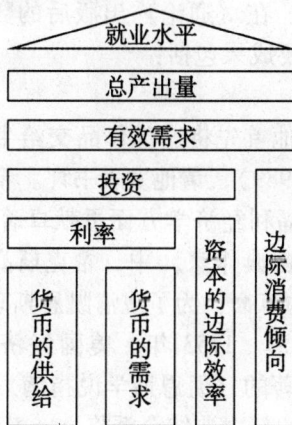

图 1—1 凯恩斯大厦

（1）以资源充分利用，尤其是以劳动力资源的充分利用即充分就业为宏观经济学研究的最终目的。这是凯恩斯大厦的"封顶"部分，是对传统的充分就业均衡理论的突破。新古典经济学遵从萨伊定律，认为供给会自动创造需求，可以通过价格的自发调节促进供求均衡，无所谓资源利用充分与否的问题。这样就把以寻求资源充分利用的宏观经济问题排除在经济学研究视野之外了。承认非自愿失业的存在，并以此为宏观经济学研究的出发点与归宿，正是凯恩斯经济学区别于古典经济学最重要的标志之一。

（2）以总供给和总需求的均衡决定国民收入为宏观经济学研究的中心议题。凯恩斯认为，总就业量受总产出量影响，而总产出量即本书所说的国民收入或总供给，由有效需求决定，有效需求又取决于总供给和总需求的均衡。凯恩斯给出了一系列线性方程组，用以说明如何通过总供给和总需求的均衡得出国民收入等宏观经济变量，为现代宏观经济学的研究提供了最基本的分析方法。从图1—1中可以看出，总供给和总需求构成了"凯恩斯大厦"的主体结构。

（3）以总需求分析作为宏观经济学研究的基础。凯恩斯采用了短期分析方法，假定资源供应和技术水平不变，即总供给一定，用总需求不足来解释国民经济失衡与失业存在的原因。总需求分为投资需求和消费需求，他建立了投资函数和消费函数，总需求分析也演变为投资函数与消费函数的分析。

（4）把实物经济与金融经济紧密结合。凯恩斯以前的经济学把经济运行分为实物经济和货币经济，两者之间并无密切联系，这就是所谓的两分法。凯恩斯的宏观经济学把两者紧密结合起来，认为货币的供给和公众对持有流动性资产的偏好决定货币需求，这影响了利率，而利率和资本边际收益率的权衡比较是影响企业投资的决定性因素。

（5）明确提出了由国家对经济运行进行直接干预的政策主张。凯恩斯以前的古典经济学认为供给会自动创造需求，即使偶有失衡，也会由市场这只"看不见的手"，通过价格机制自发调节，从而达到均衡。而凯恩斯论证了国家干预经济的必要性，并提出了具体的干预途径：通过财政和货币政策影响消费和投资需求，进而调节经济运行。

1.2.2　第二阶段：凯恩斯理论体系的完成

凯恩斯的学说被誉为"大厦"，除了源于其结构宏伟之外，更因为他开辟了经济学研究的全新领域，其影响所及不仅解决了当时社会经济的重大课题，还吸引了众多学者在经济学探索的无尽征程中前赴后继。在《通论》出版后的数十年间，经济学家丰富和完善了凯恩斯的宏观经济学说。其主要成果包括：

1）IS—LM曲线

凯恩斯的《通论》出版后，他首先将这部作品交给牛津大学的约翰·理查德·希克斯（John Richard Hicks，1904—1989），请他发表书评。希克斯是20世纪另一位经济学大师，他在价值的一般均衡理论和福利经济学方面贡献卓著，于1972年获得了诺贝尔经济学奖。在其著名论文《凯恩斯与古典作家》中，希克斯高度评价了凯恩斯的工作，认为《通论》的出版是经济学说史上的革命，为了澄清凯恩斯理论与此前的新古典经济学的关系，他提出了IS—LM模型的雏形。1953年，美国经济学家阿尔文·H. 汉森（Alvin H. Hansen，1887—1975）在其所著的《凯恩斯学说指南》中进一步宣扬了IS—LM模型，后来以汉森的学生萨缪尔森为首的新古典综合派将这一模型进一步用于一般均衡分析。这一模型将产品市场和货币市场、凯恩斯学说与古典经济学融为一体，成为凯恩斯主义的标准解释。

2）消费函数理论

迄今为止，消费函数研究主要经历了四个发展阶段：

凯恩斯的绝对收入理论认为，在短期内影响消费的主观因素相对稳定，消费主要取决于收入的变化，两者之间呈正相关的稳定函数关系。但是随着收入的增加，消费的增长率趋于减少，这就是著名的边际消费递减规律。

杜森贝利（J. S. Duesenberry）于1949年在其论文《收入、储蓄和消费者行为理论》中提出了相对收入理论，他认为，消费不仅取决于消费者自身的收入，还受其周围其他人的收入和消费的影响。除此之外，消费还具有"棘轮效应"，即现期消费受过去消费水平的影响。

莫迪里阿尼（F. Modigliani）于1954年在其论文《效用分析和消费函数》中提出了生命周期理论，他从理性人假设出发，认为消费者既然是理性的，他就会根据效用最大化原则使用其一生的收入，规划其消费行为。消费者的现期消费不仅和现期收入有关，还和以后的收入预期和现期财富有关。

费里德曼（M. Friedman）于1957年在其代表作《消费函数理论》中综合前人成果，阐发了持久收入理论，他认为，人们的现期消费与现期收入关系不大，现期消费主要由持久收入决定。所谓持久收入，是指人们一生可获得的收入的平均值。现期消费由利率、持久收入、财富等因素决定。

3）投资理论

凯恩斯的投资理论把投资解释为利率和资本收益率的函数，但这不足以解释在纷繁复杂的经济运行中决定投资的所有因素。经济学家对投资决定机制进行了更为广泛深入的研究，主要成果包括：由阿尔伯特·阿夫塔里昂（Albert Aftalion，1913）提出、钱纳利（Chenery，1952）和科伊克（Koyck，1954）作出重大补充和发展的加速原理，保罗·萨缪尔森（Paul Samuelson）在其导师汉森的启发下于1939年发表的《乘数分析和加速原理的相互作用》，由奈特（Knight）提出、众多经济学家进行的关于风险与不确定性对投资的影响的一系列研究。除此之外，还有住房与存货投资以及资本更新对投资的作用的研究等。

4）经济增长理论

凯恩斯的理论是国民收入的短期静态分析，经济学家使其长期化、动态化，发展了宏观经济学的经济增长理论。这方面影响的成果主要包括：罗伊·哈罗德（Roy Harrod，1939）和埃夫塞·多马（Evsey Domar，1946）提出的哈罗德—多马模型、索罗（Solow，1956）等人提出的新古典模型以及罗宾逊（Robinson，1965）等人提出的新剑桥模型。

5）通货膨胀理论的发展

通货膨胀理论包括原因和后果分析。凯恩斯从总需求的角度出发，提出了需求拉上型通货膨胀。20世纪70年代，多名英国经济学家，如巴罗格（Balogh，1970）、琼斯（Jones，1972）、瓦艾斯（Wiles，1973）等提出了工资推动型通货膨胀。1973年年末，石油危机出现，"石油推动"代替了"工资推动"，成为大多数人接受的通货膨胀起因。针对70年代以后生产率不同的各部门之间工资增长率却同步的现象，希克斯还对结构性通货膨胀进行了分析，运用这种方法，他解释了经济增长停滞和通货膨胀并存的滞涨现象。关于通货膨胀的后果，蒙代尔（Robert A. Mundell）、托宾（James Tobin）、萨缪尔森等人多有论述。

6）开放经济理论的发展

凯恩斯的理论假设经济体是封闭的，后来的经济学家把他的理论体系扩展到开放经济，包括开放经济条件下国民收入均衡分析及各国经济的相互影响、国际收支均衡分析、通货膨胀的国际传导和世界性通货膨胀问题等。开放经济理论已形成体系宏大的国际经济学。

1.2.3　第三阶段：非凯恩斯宏观经济学的发展

宏观经济学的发展与时代的经济问题密切相关。一个世纪以来美国在世界经济发展中所处的特殊地位，使得当代美国的宏观经济学十分活跃。从 1776 年亚当·斯密发表《国富论》一直到 1936 年凯恩斯出版《通论》，在长达 160 年的时间内，西方经济学主要在英国得到发展，此后，则主要在美国生根开花，枝繁叶茂。在美国，继凯恩斯之后又有了所谓的后凯恩斯主流学派，60 年代出现了货币主义，70 年代兴起了理性预期学派。到了80 年代，由于里根政府的支持，供给学派风靡一时。到了 90 年代，又有所谓的新制度学派和"知识经济"。所有这一切，都是由美国经济学家引领的。当代美国在宏观经济学领域的代表人物，如萨缪尔森、詹姆斯·托宾、密尔顿·费里德曼、莫迪利阿尼、克鲁格曼（Paul R. Krugman），都相继获得了诺贝尔经济学奖。虽然该奖不一定就是对经济学家学术成就的客观评价，但是至少可以说明他们的社会影响。

凯恩斯理论并没有在它的故土英国得到发展，却在美国受到了热烈的欢迎。其中根本的原因在于凯恩斯理论孕育于经济不景气的时代，产生于资源不能被充分利用的时期，基本上是关于非充分就业的理论。第一次世界大战以后，英国的经济恢复较快，限制了它的应用。美国的情况较为不同，1930 年前后，美国一方面进行了国家干预的新政实践，另一方面拥有大片尚未开发的领土和大量有待利用的资源，应用新经济理论有现实的基础。在以汉森为代表的经济学家的领导下，凯恩斯理论在美国很快得到发展。美国的凯恩斯主义即后凯恩斯主流学派，在 20 世纪 50 年代成为正统的经济学，又被称为新经济学，主要代表人物有萨缪尔森、托宾和阿瑟·奥肯（Arthur M. Okun）等。后凯恩斯主流学派力图把凯恩斯的宏观经济理论同新古典学派的体系结合起来，有时他们自称"新古典综合派"。这个学派的理论和政策主张包括：政府干预能使资源得到充分利用，货币政策与财政政策应当配合使用，在宏观调控目标中注重经济增长。20 世纪 60 年代中期，后凯恩斯主流学派主张的减税政策取得了较大的成功，托宾在 1972 年的一次演讲中说："60 年代中期，正是经济学家心中充满热情、满怀信心的鼎盛时期。看他们的样子，好像掌握着不为人知的神秘方法，而他们提出的政策，似乎也还奏效。"至少在当时的宏观经济学领域，各种议题和争论都被当作技术问题而非意识形态问题。但是好景不长，从 20 世纪 60年代中期一直到 70 年代初期，美国发生了严重的经济危机，失业和通货膨胀并存的滞涨现象一度使得后凯恩斯主流学派的新经济学声名扫地。一些非凯恩斯主义的经济学派崭露头角，其中影响最大的有货币主义、理性预期学派和供给学派。

1）货币主义的"反革命"

货币主义从一开始就是以凯恩斯主义的对立面出现的，凯恩斯主义的出现被称为经济学的一场革命，而货币主义反对凯恩斯的主张，故被称为"反革命"。这个学派的主要代表者是美国著名经济学家费里德曼。在 20 世纪五六十年代，一大批经济学家在费里德曼的领导下，同后凯恩斯主流学派的理论和政策相抗衡，提出了新的理论和主张，逐渐形成了货币主义。在 60 年代，当新经济学因越南战争失败和经济危机爆发而受到挫折并失去了公信力的时候，货币主义伺机崭露头角并一跃而登上了历史舞台。这一学说在当时虽然属于"异端"之列，但是至少在学术界颇有影响。把货币数量和物价水平联系起来的货币数量论并非货币主义的独创，李嘉图、费雪（Irving Fisher, 1867—1947），以及新古典学派的奠基人马歇尔（Alfred Marshall, 1842—1924）等，早就提出了有关的理论，货币主义的创新之处在于费里德曼把旧的货币数量论加以改造，提出了一系列新的理论观点和政策主张。这主要包括：货币存量及其增长才是决定 GDP 及其增长的最重要的因素，凯恩斯主义所倡导的财政政策只有影响到货币存量的时候，才对 GDP 发生影响，否则是没有效果的，也就是说货币政策比财政政策更为重要；此外，货币当局必须控制货币总量，如此方能控制物价；政府把失业率降低到自然失业率以下的努力，只能导致通货膨胀。货币主义认为，从长期来看，失业和通货膨胀之间没有替代关系；私人经济可以自发地趋于平衡，过多的政府干预可能导致经济波动。20 世纪 60 年代末一直到 70 年代，通货膨胀始终困扰着美国的经济，货币主义坚称自己能够解决通货膨胀，其影响逐渐扩大。

2）理性预期学派的兴起

20 世纪 70 年代，美国经济的滞涨促使人们对凯恩斯的经济理论进行了反思，卢卡斯（R. E. Lucas）、萨金特（T. J. Sargent）等人对就业、工资、通货膨胀、经济周期和经济政策等一系列问题展开了深入探讨，批评了凯恩斯主义的理论与政策，形成了独具特色的理论体系。

这一学派对凯恩斯主义的批判主要有两方面：首先是对凯恩斯宏观经济思想体系的怀疑，他们认为，宏观经济变量只不过是相应的微观经济变量的总和，例如国民收入就是个人和企业收入的总和。而根据经济学的基本假设，每个个体的行为都是理性的，就是要追求自身利益最大化，没有任何证据表明凯恩斯所研究的宏观经济变量的变化规律满足理性人假设。其次是对凯恩斯主义政策有效性的否定。他们认为，在短期内，由于个人和企业无法获得充分的信息，所以决策具有一定的盲目性，这会导致总供给大于或小于充分就业的水平。与此同时，政府也不是神仙，它也无法在短期内获取精确的信息，制定的政策也同样是盲目的。而从长期看，人们能够正确地预见充分就业水平的总供给量，并以此决定自己的行为，市场机制自然会使实际产量等于充分就业的应有水平，凯恩斯主义的政策建议纯属多余。理性预期学派由此断言，由于人们的理性预期行为，在信息充分的前提下，人们对政府政策的动向和后果一目了然，并且可以采取相应的预防措施，政府对经济的干预收效甚微，因此，政府干预经济越少越好。政府的宏观政策要保持稳定性和连续性，要取信于民，不可朝令夕改。这个学派甚至提出，如果政府宣布一个永久不变的货币供应的增长幅度，那么人们仅仅因为预期价格会趋于稳定，就可以解决通货膨胀问题。

3）风靡一时的供给学派

里根就任美国总统以后，于 1981 年 2 月向美国国会提交了一份经济复兴计划——《美国经济的新开端》，公开声明是以供给学派的理论为依据的。供给学派由此一度成为美国的"官方经济学"，其主要观点有：反对凯恩斯主义需求决定供给的理论，主张着重分析总供给，采用刺激供应的政策；在财政政策方面，反对凯恩斯提出的增加政府开支的做法，主张减税等。

1.3　当代宏观经济学研究的发展趋势

在凯恩斯之后，当代宏观经济学的研究呈现以下发展趋势：

1.3.1　政策化

经济学从其产生之日起，就是意识形态大厦的理论基石，是经世致用之学。即使是最抽象的经济学理论，对当时乃至以后的政治、经济和法律制度都有很大的影响。在 20 世纪 30 年代以前，人们普遍信奉的是市场经济那只"看不见的手"，政府的职责只局限在保证市场机制的正常运转上，其经济干预职能并不十分明显，宏观经济理论多少带有一点学院式的书生清议的特点。20 世纪 30 年代以后，特别是第二次世界大战以后，国家垄断资本主义发展起来，西方各国无论在广度上还是在深度上都大大加强了政府对经济的干预，许多国家还以立法的形式规定了政府在干预经济方面的职责，比如规定政府的宏观调控目标是实现充分就业，控制通货膨胀，保持经济增长，维护公平分配等。由于现代政府职能的改变，当代宏观经济学的发展越来越表现出政策化的倾向。其表现之一，是在欧美和其他经济发达国家的政府以及国际机构中，一大批宏观经济学家担任了要职，具体地负责经济事务和宏观管理。其表现之二，是政府越来越多地应用宏观经济理论和方法，作为预测和管理经济运行的工具和制定政策、进行控制和评价的依据。而宏观经济学家的经济理论也需要政府部门加以实施，进而修正与扩大影响。当然，并非每个宏观经济学家都有机会成为政府的高参。再新颖的思想，如果无法通过具体实施加以验证，经济学家也无法获得证据以证明其观点的正确。许多经济政策出台之前，政府都要委托经济学家作出模型进行评估。有关部门在批准某项政策之前，也常常组织经济学家进行听证。近年来，宏观经济学研究的政策化还十分明显地表现在理论转化为经济决策的时滞大为缩短上。宏观经济学研究的政策化使得宏观经济学集中于对经济政策变量的研究，究竟何时采取货币政策、何时采取财政政策，抑或是不同政策如何冲销与搭配，货币存量到底多少为宜，利率水平和变动幅度应该多大，政府发行公债的适度规模如何等，都是宏观经济学要研究的重大课题。理论与经济实践的密切结合是当代宏观经济学研究的重要特色。与此同时，宏观经济学研究的政策化也带来了一个严重的问题，即宏观经济学模型的逻辑性、系统性及政策主张的可行性之间存在矛盾，不能应用的理论难免流于空洞。有些理论模型内部逻辑演绎也能自洽，甚至"形式优美"，却不能预测经济发展的走向。西方国家现实经济政策的需要促进了当代宏观经济学的发展，但是也在一定程度上制约了研究的深度。西方经济学界各种流派不断花样翻新，各领风骚十来年，这种现象本身也说明了宏观经济学研究的艰巨与复杂。

1.3.2　动态化

凯恩斯理论多采用短期的、静态分析方法，而当代宏观经济学研究的一个发展趋势却是长期化、动态化。这是由于短期的静态分析在解释宏观经济变化和规划经济发展的时候有很大的局限性。在经济周期和经济增长理论方面，宏观经济学大量应用了动态分析。比如萨缪尔森把投资变动引起产出变动的乘数原理以及产出变动反作用于投资的加速原理结合起来讨论国民收入的决定，就是运用了动态分析方法；熊彼特（Joseph Schumpeter）的创新理论提出 50 年左右是一个长周期，10 年左右为一个中周期，40 个月为一个短周期，长中短周期相互并存与交织，构成了社会经济发展的动态过程。

1.3.3　合流化

所谓合流化，是指很多宏观经济学理论殊途同归，抑或相互结合、相互渗透。宏观经济学在当代的发展历程表明，不同的流派有着不同的理论和政策主张，而不同流派之间也经常相互汲取对方理论当中的精华。求同存异、相互借鉴，这是当代宏观经济学研究呈现合流化的表现形式。例如凯恩斯理论是在否定新古典学派基本理论的基础上建立起来的，但是美国的后凯恩斯主流学派却把新古典学派的某些理论同凯恩斯的理论结合起来，形成了"新古典综合派"。合流化的趋势表明，和以前相比，宏观经济学所面临的问题更加复杂，仅尊崇一种理论、一套政策而"废黜百家"，已经很难奏效。所以初学者往往有疑问：为什么大名鼎鼎的西方经济学家的某种经典理论，就是不能解释中国的经济现象？这是因为前提条件各异，时代背景不同，社会文化土壤有别。

1.3.4 数学化

数学化是当代宏观经济学研究非常引人注目的趋势。从 19 世纪 70 年代开始，西方经济学家在经济学研究当中广泛地采用了数学方法，形成了所谓的"数理经济学派"。当时的数学方法在经济学中的应用有两个显著特点：一是主要应用在微观领域；二是应用数学方法仅是为了说明经济变量之间的关系，是经济理论的一种论证方法。凯恩斯革命以后，数学方法在宏观经济学领域也得到了广泛运用。凯恩斯的收入决定理论就是建立在数学推导基础上的。第二次世界大战以后，宏观经济学理论数学化的倾向越来越明显，经济学专著和经济学杂志的论文充斥着数学公式。研究实际问题的经济学家很少受到尊重，搞纯理论的经济学家则醉心于形而上的理论，甚至有人以研究实际问题为耻。在 20 世纪 30 年代末期，宏观经济学计量模型只有几十个方程和变量，现在已经发展到难以计数。过去的模型预测的范围很有限，现在的模型甚至可以包括全球经济运行。当代宏观经济学研究数学化的倾向主要是由以下原因造成的：一是数十年来包括发达国家在内的世界经济危机发生得太频繁了，为便于政府的政策干预和各国的合作，需要对经济走势进行预测。过去微观领域的模型主要是说明过去发生的事情，而宏观干预的前提是对经济前景进行预测，对政府可能采取的经济政策的效果进行事前的比较和评估，即所谓的"可行性研究"。二是第二次世界大战以后，西方发达国家主要强调经济增长和充分就业，因此 GDP 和就业量就成为宏观经济学研究的主要问题。三是国民经济核算体系的建立和完善客观上需要数学方法的介入。

1.3.5 社会学化

宏观经济学研究的数学化倾向也引起了某些经济学家的反思。随着经济的发展，生活质量问题、环境污染问题、人际关系的和谐问题以及公平和效率之间的权衡问题越来越引起人们的重视。许多经济学家认为，经济发展过程不是孤立的，它是同社会制度、道德伦理和社会文化传统密切相关的，离开这些因素单纯去"玩数学"，形同缘木求鱼。即使我们前文所述的价格水平、消费数量和国民收入等具有数量特征的变量关系，也会受到社会因素、文化因素和心理因素的影响。沉溺于艰深数学方法的研究，对解决现实经济问题毫无裨益。1974 年诺贝尔经济学奖得主哈耶克（Friedrich A. Hayek, 1899—1992）就认为，经济学家的责任在于认真地探讨社会的价值准则，经济学的数学化正在把这门学科引向绝境。他的话是否正确有待商榷，但是当代宏观经济学研究在数学化的同时也呈现出明显的社会学化的趋势。比如在研究消费行为的时候，经济学家不但分析收入对消费的制约，还提出了"位置消费理论"；在分析工资的时候，还考虑到企业之间的攀比效应；在考察经济波动的时候，还涉及几年一次的总统选举对经济周期的影响。

1.4　宏观经济学的基本问题

宏观经济运行的状况与趋势是国运兴衰的重要表现，近现代以来，凡经济增长较快而未出现重大失衡的国家，其人民生活水平不断上升，因而受到世人羡慕；而那些低增长、高通胀且贸易收支严重失衡的国家，则陷入恶性循环，成为人们检讨失败原因的标本。经济增长、充分就业、物价稳定和国际收支平衡这些基本问题既是宏观经济学的研究对象，也是现代各国政府宏观经济调控的主要目标。

1.4.1　经济增长

维持一定的经济增长率，不仅可以较快地改善人民生活，还可以增进社会福利，提升教育水平，促进环境保护，推动社会进步。发展中国家为了摆脱贫困陷阱，保持社会稳定，更是迫切需要寻求经济增长的途径。尽管近年来由于资源与环境的压力，这一目标受到多方质疑，但经济增长仍被世界各国政府列为宏观经济的首要议题之一。

1.4.2　充分就业

充分就业意味着凡是有工作能力与意愿的人都获得了相对满意的就业岗位。从微观层面看，就业是人们融入正常社会生活的重要渠道，不仅有助于就业者自身发展，也是其后代健康成长的必要条件。从宏观层面看，充分就业是消除贫困和隔阂、缓解社会矛盾、促进社会和谐发展的必由之路。宏观经济管理的不同目标之间往往相互矛盾且各有利弊，而充分就业体现了微观层面的公众利益和宏观层面的政府管理目标之间的最佳耦合，因此受到各国政府的高度重视与社会公众的一致认同。

1.4.3　物价稳定

与物价稳定的目标相背离的情况是通货膨胀与通货紧缩。通货膨胀意味着居民实际收入的减少和生活水平的下降，持续的价格上涨还会诱使生产者误入歧途，影响企业的长远发展，增加政府调控经济的难度和风险。另外，通货紧缩时物价持续下跌，虽然短期内有利于改善居民生活，但长期内将影响企业的投资信心，改变居民的消费心理，导致恶性价格竞争，影响企业的发展后劲和国民经济持续、健康和稳定运行。

1.4.4　国际收支平衡

严重的国际收支失衡将影响国民经济的健康运行。持续的巨额国际收支逆差会导致本国货币汇率下跌，降低本币的国际地位，或因无力偿还外债引发国际金融危机，或因外汇短缺而影响原料与技术的进口而延缓本国的经济增长。另外，持续的巨额国际收支顺差可能破坏该国商品市场的供求平衡，因过度出口导致国内市场供不应求，或因外资项目配套资金的大量投放引起通货膨胀，或因外资大量涌入而冲击本国金融市场。因此，国际收支平衡也是各国宏观经济管理和学术研究的重要议题。

以上四个基本问题作为宏观经济的管理目标和宏观经济学的主要研究对象，其艰深之处除了各自成因的复杂以外，还在于不同目标之间的矛盾导致宏观治理政策的相互掣肘。比如促进经济增长可能导致通货膨胀，改善国际收支逆差可能加剧经济衰退和失业，此外，经济增长和充分就业之间的一致性也缺乏坚实的理论基础与证据支持。如何兼顾宏观经济管理的不同目标、实现开放经济的内外均衡，是各国政府和学术界面临的长期挑战。

本章小结

西方经济学起源于古希腊,现代西方经济学的"前史"是重商主义学说,经济学真正成为一门科学要归功于资产阶级古典经济学的伟大贡献。边际革命将数学方法引入经济学研究,用效用论代替了价值论,侧重于微观经济学的研究,把古典经济学推向了新阶段。

现代宏观经济学产生和发展的历程大致经历了三个阶段:20 世纪 30 年代是现代宏观经济学的形成阶段,以《通论》的出版为标志。第二次世界大战以后到 60 年代末是第二阶段,在此期间,凯恩斯的追随者,特别是美国的后凯恩斯主流学派,从多个方面构建和完成了凯恩斯的理论体系。第三阶段为 70 年代至今,这一阶段的显著特征是各种非凯恩斯主义宏观经济学的形成与发展,货币主义、理性预期学派和供给学派等学说百家争鸣,极大地丰富了宏观经济学理论。

当代宏观经济学研究的发展,呈现出政策化、动态化、合流化、数学化和社会学化的趋势。

宏观经济学的基本问题既是学术研究的主要对象,也是当今世界各国政府宏观经济管理的主要目标,包括经济增长、充分就业、物价稳定和国际收支平衡。

思考与训练

一、判断题

1. 西方经济学的思想起源于亚当·斯密的学说。　　　　　　　　　　（　　）
2. 重商主义主张通过贸易盈余积累金银。　　　　　　　　　　　　（　　）
3. 魁奈将资本主义社会的收入划分为工资、地租、利息和利润四种。（　　）
4. 劳动价值论由马克思首创。　　　　　　　　　　　　　　　　　（　　）
5. 亚当·斯密倡导自由贸易政策。　　　　　　　　　　　　　　　（　　）
6. 新古典经济学信奉劳动价值论。　　　　　　　　　　　　　　　（　　）
7. 凯恩斯明确提出了由国家对经济运行进行直接干预的政策主张。（　　）
8. 宏观经济管理各个目标是一致的。　　　　　　　　　　　　　　（　　）

二、简答题

《国富论》的主要理论贡献有哪些?

三、作图题

请作图说明凯恩斯大厦。

四、讨论题

搜集资料,讨论经济学研究社会学化的具体表现。

第2章 政府的经济作用

学习目标

掌握市场失灵的具体表现和政府的经济作用，理解洛伦茨曲线和基尼系数的含义和运用，了解政府税收的原则、效应、转嫁方式与条件，启发学生冷静观察现实世界，培养学生独立思考经济规律的能力。

导入场景

据新华社报道，近些年来，我国地区、城乡、行业、群体间的收入差距有所扩大，分配格局失衡导致部分社会财富向少数人集中，收入差距已经超过基尼系数的警戒"红线"，我国已经从过去收入平均国家变为收入差距大和不平等程度高的国家。

从基尼系数看，我国贫富差距正在逼近社会容忍的"红线"。据国家发改委宏观经济研究院教授常修泽介绍，对我国的基尼系数目前各机构认识不一，被学界普遍认可的是世界银行测算的0.47。"我国基尼系数在10年前越过0.4的国际公认警戒线后仍在逐年攀升，贫富差距已突破合理界限。"

人力资源和社会保障部劳动工资研究所所长、中国劳动学会薪酬专业委员会会长苏海南认为，目前我国的收入差距正呈现全范围、多层次的扩大趋势。当前我国城乡居民收入比达到3.3倍，国际上最高在2倍左右；行业之间职工工资差距也很明显，最高的与最低的相差15倍左右；不同群体间的收入差距也在迅速拉大，上市国企高管与一线职工的收入差距在18倍左右，国有企业高管与社会平均工资相差128倍。

贫富差距加大带来的诸多问题正日益成为社会各界关注的焦点。国家发改委社会发展研究所所长杨宜勇说："虽然现在社会对贫富差距的忍受力比过去提高了，但如果不遏制贫富悬殊和分配不公加剧的势头，后果可能不堪设想。"许多专家也认为，当前我国收入分配已经走到亟须调整的"十字路口"，缩小贫富差距、解决分配不公问题十分迫切，必须像守住18亿亩耕地"红线"一样守住贫富差距的"红线"。①

贫富差距问题是宏观经济学的一个重要研究方向。解决这一问题，需要政府发挥主导作用，采取综合措施进行收入分配制度改革。既然这样，我们就需要进一步了解政府的经济作用有哪些；在政府的经济作用下，如何衡量一国收入分配的平均程度；政府如何使一国收入分配更平均，从而减少贫富差距的扩大。

为什么把政府的经济作用作为宏观经济学研究的起点？因为从凯恩斯起，政府在市场经济中的角色定位一直是当代宏观经济学争论的焦点。从凯恩斯主义对政府宏观调控的鼓

---

① 《我国贫富差距正在逼近社会容忍"红线"》，载《经济参考报》，2010-05-10，内容有改动。

吹，到货币主义和理性预期学派对政府干预的极力反对，对政府经济作用的不同认识构成了不同学术派别的理论分野。系统地分析政府的经济作用，不仅可以使我们对各种不同理论的学术观点和政策主张有一个清晰的了解，而且有助于我们考察整个国民经济运行的内在机制。

2.1　市场失灵

市场失灵是对所谓"看不见的手"的反驳。古典经济学认为，市场这只万能的、"看不见的手"可以自动地优化资源配置，使社会经济的运行达到均衡。而现代经济社会的实践表明，市场的自发调节功能经常失灵，无法最有效地配置经济资源。由市场决定的商品和服务的价格无法保证各方利益最大化，而非市场机构在某些情况下倒是更有效率。

市场失灵的具体表现至少包括以下几种：

2.1.1　分配不公

经济社会的四种资源，即资本、自然资源、企业家才能与劳动力，构成满足社会成员需求的各种产品与服务。产品与服务售出后，各种资源的所有者按照自身提供的资源获得各自相应的报酬，即利息、地租、利润和工资。如果各种资源的提供者完全按照市场机制获取报酬，资本与自然资源的所有者，即资本家与地主在市场竞争中占据优势地位；具备管理与创新才能的企业家更是千军易得，一将难求；而由供求关系决定的劳动力的价格，相比之下必然较低。如此格局之下形成的马太效应将导致贫富差距扩大，贫困人口比例增加，造成市场总需求萎缩，导致开工不足，制约社会经济资源的充分利用。

2.1.2　外部负效应

外部负效应是指某一经济主体在经济活动过程中，对自身以外的其他主体造成的损害。外部负效应实际上是生产或消费的成本由其他主体来承担。某些生产者或消费者为自身利润或效用最大化，放任外部负效应的产生与蔓延。典型的生产者外部负效应是某些造纸厂为追逐企业利润，不顾下游人民的死活，向河流中肆意排放未经处理的废水、废渣。消费者的外部负效应例子也很多，比如火车乘客向铁路沿线抛弃大量废弃物，造成环境污染。

2.1.3　完全竞争与市场垄断

完全竞争的市场结构不仅可以达成长短期均衡，而且可以使厂商利润和消费者剩余最大化，在理论分析中貌似最有效率，而毫无阻碍地进入某个行业也意味着技术创新成果无法独享，从而阻碍技术进步。与此相反，技术创新形成的垄断依然会降低效率。除此之外，规模经济的客观规律、社会分工日趋发达导致产品差异不断扩大，使得市场竞争难以完全开展（因为竞争是在可相互替代的产品和服务之间展开的），也造成了市场效率的损失。

2.1.4　失业问题

失业是市场机制发挥作用的直接后果。一方面，资本家为追求规模经济，大量使用机器，造成了对劳动力的排挤；另一方面，大量失业者形成劳动力蓄水池，不仅可以威慑在岗的工人听任驱使，也可以满足周期性波动的经济对劳动力的需求。但是，大量失业者的存在严重威胁社会的和谐安宁，也造成劳动力资源的闲置浪费。

2.1.5　区域经济发展不平衡

市场机制运行的结果很可能扩大不同地区之间的差距。一些经济条件优越、发展起点较高的地区，劳动力素质、管理水平等也相对较高，可以用较高的价格购买优质的自然资源，发展当地经济。与此相反，落后地区的人力资源素质较差，管理水平较低，难以吸引资本，即使本地拥有优质自然资源，也只能走粗放式的经济发展道路。单纯依靠市场机制发挥作用，可能导致区域经济发展不平衡的另一种情景是：由于上游地区过度灌溉、乱砍滥伐、乱排"三废"等行为造成外部负效应，导致下游河道断流、水土流失、泥沙淤积和环境污染等。

2.1.6　公共产品供给不足

公共产品是指在消费过程中具有非排他性的产品或服务。所谓非排他性，是指这类产品或服务一旦被生产者提供，生产者就难以将不付费的消费者排除在外，不让其消费，比如国防、治安、航标灯、天气预报和人工降雨等，因此这类产品又叫非营利产品。公共产品是全体人民所必需的福利，其供给状况反映了一个国家的社会经济发展水平。公共产品的非排他性使得生产者很难因此获利，纯粹市场经济中的"理性人"不会主动提供，这将导致公共产品供不应求。

2.1.7　公共资源过度消耗

有些商品的生产主要依靠公共资源，如渔民捕鱼、牧民放牧，他们使用江河湖海、草原绿地这类公共资源。这类资源在使用中从技术上很难划分权属。在市场经济中，生产者受利益驱使，往往对这类公共资源进行掠夺性开采、消耗，而不能使之休养生息。即便生产者明白公共资源的使用需要长远规划，市场机制本身也无法提供有效的规范。

由上面的阐述可以看出，如果在社会生活中人人都是"经济人"，人们追求自身利益最大化的行为将导致市场失灵。如国防建设、治安管理、环境保护和扶危济困等活动，对于个人而言，由于其效益难以直接计算，其成本也无法迅速收回，因此人们倾向于坐享其成而逃避付出。这似乎表明，需要一只超越个人狭隘利益的"看得见的手"进行有力的引导与干预。政府对外宣称的角色正在于主持这些事，为社会的长远利益而谋划。

2.2　政府的经济作用

关于政府在经济运行中究竟起了或者应该起到什么样的作用，身处不同经济发展阶段的经济学家对此有不同的认识。大多数人认为，对此研究最早的经济学家是亚当·斯密。他生活的时代是自由竞争时期的资本主义发展阶段，《国富论》提到政府的三个职能：国防、司法和公共事业，政府在宏观经济管理中的作用仅是保证自由竞争。到了国家垄断资本主义阶段乃至以后，经济学家开始强调政府干预经济的重大作用。在当代经济学家看来，政府在经济运行中的作用可以用不同标准、从不同角度列出不同的种类，一般可以分为以下几种：

2.2.1　政府的直接控制

在单纯依靠市场机制将导致各种经济与社会问题的时候，政府直接控制能够扭转经济运行中的不良趋势。其主要表现有两个方面：首先是通过制定、实施法律和规章，直接规范经济行为，即把政府允许干什么、不允许干什么、允许干的事可以做到什么程度的规定，直接予以明示，从而约束企业、金融机构和个人的经济活动。比如，不允许独家垄断，有反托拉斯法；为保护劳工利益，政府出台最低工资法和最高劳动小时法；为保护未成年人权利，制定禁止使用童工法；为维护人民健康，颁行食品卫生法；为保护环境，规定企业的排污标准；为鼓励创新，推行知识产权保护法等。其次是对违反政府规定的行为进行惩罚，微软就曾因为在其视窗系统中捆绑销售 IE 浏览器和拒绝开放源代码而遭到多次起诉乃至被罚款。

2.2.2 政府提供公共产品和服务

有些公共产品，只能由政府提供。除前文所述的国防、治安之外，还有一些公益事业，投资巨大、周期漫长、见效缓慢甚至难以见到可以用货币衡量的经济效益，比如修建高速公路、水利枢纽、自然保护区等。政府所提供的这些产品或服务，一般都具有正的外部效应。

2.2.3 政府对宏观经济的调控

宏观经济运行过程由于种种难以预测的因素，会产生周期性波动。经济波动的两个极端便是经济过热时的通货膨胀和经济紧缩时的失业率攀升。政府调控宏观经济的政策主要有两个，即货币政策和财政政策[①]。当经济过热时，政府通过增加税收，减少民间货币持有量，降低其购买力。另外，政府可能提高利率，吸引储蓄，降低居民的购买意愿，抑制企业投资需求。当经济紧缩时，政府可以加大财政拨付，用于兴修基础设施，增强经济发展后劲，提供就业机会，还可以救济穷人。降低利率的扩张性货币政策有助于鼓励居民消费，增加企业投资。当经济紧缩和通货膨胀同时出现时，两大政策还可以相互配合使用。

面对纷繁复杂的经济现象，如何配合使用财政、货币两大政策调控宏观经济，是世界各国政府所面临的长期挑战。改革开放以来，我国宏观经济运行出现过多次波动。比如20 世纪 80 年代后半期和 90 年代前半期，通货膨胀比较严重；1998 年以后，还出现过通货紧缩和失业率上升。身处市场经济的惊涛骇浪中，我国政府积累了丰富的经验，有过多次比较成功的宏观调控实践。2004 年，在严重通货膨胀的势头初露端倪之际，我国政府就预先采取有力措施，既抑制了通胀，又防止经济大起大落。

2.2.4 提供社会福利保障

社会福利保障体系能否最终建立，关系到我国改革开放的成败，也关系到可持续发展战略的顺利实施。政府福利支出中十分重要的一方面是转移支付。它是指从整个国家的利益出发，对某些人进行的无偿支付，比如对贫困家庭的节日慰问金、失业救济等。为什么叫转移支付？因为这部分支出来自对另一部分人，比如对富人征收的税金。从实际情况来看，需要转移支付的项目包罗万象，难以一一满足。权衡轻重缓急，它至少应当包括以下几种：疾病、意外伤害、失业、孤寡老人扶养和穷人救济。从宏观经济运行机制来看，转移支付实际上是对国民收入的再分配，因为转移支付的资金来源主要是税收，其目的是减少收入分配的不平等。

---

① 为保证中央银行政策的连续性和独立性，有的国家的中央银行往往和政府之间保持相对独立，如美联储。

2.3　洛伦茨曲线和基尼系数

前文所述政府的经济作用，提到了调整收入分配，那么，国民收入的分配为何需要调整？原因在于国民收入差距过大可能影响社会和谐发展。怎样测量国民收入分配的平均程度？这就需要介绍洛伦茨曲线和基尼系数，这两者都是经济学中用以表示收入分配差别程度的方法。

2.3.1　洛伦茨曲线

各国经济学家在检验国民收入分配平均程度的时候，习惯于把全社会人口按收入高低排序，统计国民收入在总人口中的分布情况。见表2—1。

表2—1　　　　　　　　　　国民收入在总人口中的分布

收入分组		占人口的百分比		绝对平均的情况		不平均的情况	
		百分比	累计	占收入的百分比	累计	占收入的百分比	累计
（最低）	1	20	20	20	20	4	4
	2	20	40	20	40	10	14
	3	20	60	20	60	20	34
	4	20	80	20	80	26	60
（最高）	5	20	100	20	100	40	100

表中第一列为收入分组，将居民按收入高低，由低到高排列。第二列为占人口的百分比，每一行各占总人口20%，也是按收入高低排列。第三列为假设的绝对平均的情况，现实中并不存在。假设收入分配绝对平均，每组所得收入相等。最后一列为收入分配不平均的某种情况。由表2—1中可以看出，最贫苦的20%人口的收入只有平均水平的1/5，最富有的20%人口的收入是他们的10倍。

洛伦茨曲线就是把表2—1中的情况画成图2—1中的曲线。

在图2—1中，纵坐标为国民收入的累计百分比，横坐标为人口的累计百分比。其中有两条表示极端情况的分配线：一条是对角线，即绝对平均线，表示收入分配绝对平均，1%的人口拥有1%的收入，2%的人口拥有2%的收入，以此类推，99%的人口拥有99%的收入。另一条是呈90度的粗折线，为绝对不平均线，表示社会上绝大多数人，比如99%的人没有收入，濒临绝境，而极少数人，比如1%的人拥有100%的收入。这两种极端情况很少发生，更为普遍的情况是图2—1中的弓形线，表示实际收入分配。

2.3.2　基尼系数

基尼系数是由意大利经济学家基尼（Corrado Gini）于1912年提出的一种统计方法，他根据洛伦茨曲线找到了一个指标，即基尼系数，或者叫洛伦茨系数，用以计算国民收入分配的差别程度。从图2—1中我们可以看出，国民收入分配越平均，洛伦茨曲线越靠近绝对平均线；国民收入分配越不平均，洛伦茨曲线越靠近绝对不平均线。很自然地，人们会想到用洛伦茨曲线的位置来衡量收入分配平均程度，基尼就是这样做的。他用图2—1

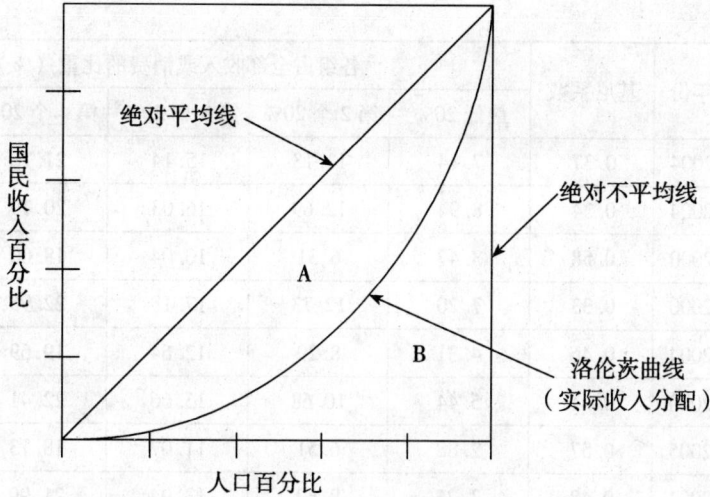

国民收入百分比

绝对平均线

绝对不平均线

A

B

洛伦茨曲线
（实际收入分配）

人口百分比

图 2—1　洛伦茨曲线

中绝对平均线和洛伦茨曲线之间的面积 A，除以绝对平均线和绝对不平均线之间的面积 A+B，得出的比值就是基尼系数。由图 2—1 中各曲线的位置可以看出，基尼系数必然在 0 到 1 之间。收入分配越平均，基尼系数越小，国民收入绝对平均分配时的基尼系数为 0。收入分配越悬殊，即贫富差距越大，基尼系数越接近于 1，绝对不平均的情况下，基尼系数为 1。

表 2—2 为近年来世界各国居民收入分配情况，从中可以看出，我国的基尼系数较高。

表 2—2　　　　　　　　　　　　　部分国家居民收入分配情况

国家	年份	基尼系数	各组占全部收入或消费的比重（%）				
			最低 20%	第 2 个 20%	第 3 个 20%	第 4 个 20%	最高 20%
中　　　国	2004	0.47	4.25	8.48	13.68	21.73	51.86
柬　埔　寨	2004	0.42	6.82	10.23	13.74	19.62	49.59
印　　　度	2004	0.37	8.08	11.27	14.94	20.37	45.34
印度尼西亚	2005	0.39	7.15	10.74	14.38	20.45	47.27
伊　　　朗	2005	0.38	6.46	10.91	15.45	22.09	45.10
以　色　列	2001	0.39	5.71	10.46	15.86	23.04	44.93
日　　　本	1993	0.25	10.58	14.21	17.58	21.98	35.65
哈萨克斯坦	2003	0.34	7.45	11.88	16.39	22.80	41.48
韩　　　国	1998	0.32	7.91	13.56	17.95	23.13	37.45
蒙　　　古	2002	0.33	7.47	12.16	16.79	23.10	40.48
巴基斯坦	2005	0.31	9.13	12.86	16.11	21.10	40.80
新　加　坡	1998	0.42	5.04	9.42	14.55	22.02	48.97
泰　　　国	2002	0.42	6.34	9.89	13.97	20.78	49.02

国家	年份	基尼系数	各组占全部收入或消费的比重（%）				
			最低 20%	第 2 个 20%	第 3 个 20%	第 4 个 20%	最高 20%
越　南	2004	0.37	7.14	11.13	15.14	21.78	44.81
埃　及	2004	0.34	8.94	12.69	16.03	20.79	41.55
南　非	2000	0.58	3.47	6.31	10.04	18.00	62.18
加拿大	2000	0.33	7.20	12.73	17.18	22.95	39.94
墨西哥	2004	0.46	4.31	8.29	12.64	19.69	55.07
美　国	2000	0.41	5.44	10.68	15.66	22.41	45.82
巴　西	2005	0.57	2.88	6.51	11.07	18.73	60.82
委内瑞拉	2003	0.48	3.25	8.69	13.94	21.99	52.14
白俄罗斯	2005	0.28	8.77	13.69	17.74	23.01	36.79
波　兰	2005	0.35	7.40	11.71	16.06	22.34	42.49
俄罗斯	2002	0.40	6.15	10.48	14.92	21.82	46.63
土耳其	2003	0.44	5.34	9.75	14.23	21.02	49.66
乌克兰	2005	0.28	9.03	13.49	17.37	22.69	37.42

资料来源　《国际统计年鉴》2010 年卷，北京，中国统计出版社，2010。

2.4　政府的税收

税收是国家为了满足社会公共需求，通过法律规定赋予政府的一种无偿参与社会剩余产品分配，以取得财政收入的权利。古今中外的税收都是强制性的，负有纳税义务的社会集团和社会成员，必须在国家税法规定的限度内依法纳税，否则就要受到法律的制裁。政府通过征税履行其职能，有目的地对社会经济活动进行引导，进而调节社会经济运行。本节将对税收原则、税金转嫁、税收效应等问题进行简要阐述。

2.4.1　税收原则

在我国，税收原则的思想萌芽可以追溯到很久以前。《尚书·禹贡》中就记载了夏代的征税规则，按照距离王城的距离远近，规定缴税的实物数量。春秋时的管仲则明确提出"相地而衰征"，按照土地的肥沃程度来确定税负的轻重。楚国的"量入修赋"按生产收成征税。西方则在 16—17 世纪的重商主义时期就已提出了比较明确的税收原则，如重商主义后期的英国经济学家威廉·配第（William Petty，1623—1687）就初步提出了"公平、便利、节省"等税收原则。亚当·斯密在《国富论》中阐述了税收四原则，即"公平、确定、便利、节省"，更为深刻。此后，税收原则不断得到补充和发展，其内容愈加丰富全面，限于篇幅，本节主要介绍公平与效率原则。

1）公平原则

虽然有种种应该征税的理由，但从利益得失的角度看，政府凭借国家强制力参与社会分配，必然会减少厂商与家庭的可支配收入，影响纳税人的经济活动能力和经济行为。因此，在征税过程中，客观上存在利益的对立和抵触，纳税人对征税是否公平、合理，自然分外关注。如果政府征税不公，则征税的阻力就会很大，偷逃税款的情况也会随之增加，严重的还会激化社会矛盾直至颠覆政权。何为公平？众说纷纭。最初的公平是指税收的绝对平均，在实践中，就是人头税盛行。德国杰出的经济学家、近代财政学的奠基人阿道夫·瓦格纳（Adolf Wagner 1835—1917）将公平的标准从绝对平均发展为相对公平，后人按照受益的厚薄和能力的大小将其表述为"横向公平"与"纵向公平"。横向公平是指受益相等、能力相同者，税负也相同。纵向公平是受益多、能力强的人应当多缴税。受益说和能力说是公平原则的通常表述。

（1）受益说。受益说是指谁受益，谁缴税；受益多，缴税也多。征税活动处处遵循受益原则，这是"理想国"的情况，在现实中，按照这个原则征税有很多限制。在某些情况下，这有一定的可行性，比如在高速公路上对汽车征税。谁在高速公路上行驶，谁缴税；在高速公路上行驶的距离长，缴税也多。但是在现实生活中，往往很难分清每个人受益多少。比如政府要兴建市民广场，广场上附带一些文化体育设施，在这种场合就很难按照受益原则征税。这类文体设施，如娱乐中心、公共图书馆等，通过使用获得的效用带有主观性，受益大小无法准确计量。还有一种情况是，失业者、老年人、病残者均可以享受一定的福利待遇，如果按照受益原则来征税，就业者、中青年人、健康人就应该不缴税，恰恰是失业者、老年人、病残者自己应该多缴税。这就明显违背福利政策的宗旨了。

（2）能力说。能力说又可称为负担能力原则，是指按照每个人承受税负能力的大小来征税，穷人少缴，富人多缴。在这个问题上，存在两种根本对立的观点：一种观点主张应该对富人征更多的税，富人缴税应该多于穷人，理由是富人钱多，负担能力强。另一种观点针锋相对，理由也很简单。赚钱是刺激人们工作积极性的主要动机，如果按照负担能力原则，多干活的人多缴税，少干活的人少缴税，不干活的人不缴税，还可以领取失业救济，长此以往，一旦全社会的工作热情受到影响，人们将不思进取，缺乏活力，坐吃山空的征税制度必将难以为继。西方一些国家在政府换届选举的时候，明明政府的财政负担由于高福利政策而十分沉重，可是很少有政治家在进行竞选演说时敢对选民说要削减福利支出。按照负担能力原则，最勤快的人被"鞭打快牛"，最懒的人得到保护，中间一部分人也未必心悦诚服。经济学里面有个说法叫"Poverty Trap"，即贫困陷阱，原意是指贫穷使人心灰意冷，丧失斗志，于是贫困犹如陷阱一般让人不得解脱，潦倒一生。反对按负担能力原则征税的一方以中产者的尴尬境遇进行争辩，说中产者的收入还不足以让他们家财万贯、挥金如土，但又没有贫穷到要领取救济的程度，为维持比较体面的生活，他们终日劳苦，疲于奔命，到头来还要缴纳数目可观的税金。忙碌一生，不得致富。按照负担能力原则征税，富商巨贾实力雄厚，按章纳税不伤筋骨；贫困者免于缴税，乐得逍遥；中产者倒沦落陷阱，难以自拔。

由于两个原则各有千秋，实行起来利弊互见，在现实中，很多国家为兼顾公平与效率，采取了两者调和折中的办法。

2）效率原则

效率的概念外延极广，本处仅指税收的制度效率和经济效率。

（1）税收的制度效率是指注重征税过程本身的效率，即为征集一定的收入并使之及时、准确入库，采用较便利的方式，耗费尽可能低的成本。这种成本包括征税成本、纳税成本和政治成本。其中，征税成本涉及税务审计活动、对逃税行为的处罚、税务部门的薪资和办公费用等。纳税成本包括纳税人核算、申报、聘请税务顾问的费用。政治成本是指改变税法的努力可能会带来一系列社会问题，为此需要付出很高的代价。典型的例子是我国燃油税的改革。

（2）税收的经济效率是指国家征税使社会付出的代价应以税款为限，尽可能不给纳税人或社会带来其他的额外负担或损失；国家征税应避免对市场经济正常运行的干扰，特别是不能使税收成为超越市场机制的资源配置决定因素。

2.4.2　税金转嫁

税金转嫁是指纳税人未必是税金最终的负担者，缴税的人可以通过某种机制把税金转嫁给别人来负担。税收最终的负担者也叫税金归宿。比如当政府对厂商征税时，厂商可以提高物价，把这笔税金在某种程度上转嫁到消费者头上。具体而言，税金转嫁分为两种：一种是向前转嫁，意指卖方通过加价的方式把税收负担转嫁给买方。为什么这种方式叫"向前"转嫁？此处"前方"是指在市场交换的过程中财货流通的方向，比如从资源提供者到生产者，再从生产者到消费者。住宅的消费税就是比较典型的向前转嫁，政府如果对住宅征收各种税费，开发商在缴纳这些税费之后，就会提高房价。征税越多，最终的销售价也就越高。开发商在中间貌似负担沉重，实际上税收最终是由购买者负担的。另一种是向后转嫁，与上述情况相反，买方通过少付钱的方式，将税收负担转嫁给卖方。比如生产者作为纳税人通过压低生产要素价格，把税收负担转嫁给资源提供者。也就是说，压低原材料价格，将税收负担转嫁给供货商；或者压低工资，欺负劳动者。

下面我们分析一个现实生活中税收转嫁的例子，是关于个人所得税的。

通常情况下，个人所得税被认为是不能够转嫁的，纳税人就是税金归宿，因为纳税人已经处于市场流通的最后环节了。但是有些经济学家发现，还是存在一些例外。例如，执业医生、律师这类专业人员，因为他们缴纳了比较高的个人所得税，所以他们在向病人或顾客收费时可能涨价，这属于向前转嫁。还有一种情况，比如工会组织把个人所得税视为生活费用的一部分，就可以通过集体议价的方式，向厂商要求更高的工资或福利待遇，这是向后转嫁。在现实中，我们更为熟悉的例子是歌星"走穴"，因为要缴纳比较高的个人所得税，其经纪人在和演出主办商谈判时，往往强调歌星出场费一定要是"税后的"，这可能既是向后（即向主办商）也是向前（即向现场观众）转嫁。

税金转嫁需要一些条件。首先，如果税收使得厂商生产的边际成本增加或者边际收益减少，产量或销量就会减少而价格上升，税金将转嫁给消费者；其次，产品和服务的需求价格弹性越小，销售量受价格变动的影响越小，越容易将税收负担向前转嫁给消费者；再次，产品和服务的供给价格弹性越小，产量受价格变动的影响越小，生产者越不容易通过提高价格的方法将税收负担向前转嫁给消费者，而此时税金向后转嫁的可能性就越大。

以税金能否转嫁为标准，税收可分为直接税与间接税。对这种分类方法有几种不同的看法：首先可从管理角度来解释，凡是直接对最终纳税人征收的税就是直接税，而通过第三者（如批发商）征收的税则是间接税。按照这种解释，所得税是对收入取得者征收的税，没有经过第三者，称为直接税；增值税、消费税不是对消费者征收的，而通过了第三者，这些都是间接税。其次可以立法者的意图为标准，凡立法者预计税收负担不会由纳税人直接承受，而可以顺利转嫁给别人的就是间接税，凡立法者希望使某种税的纳税人即是税负的实际负担者，不能转嫁给别人的为直接税。再次是以税源为划分标准，对收入征税的就是直接税，而对支出征税的则为间接税。按照这种分类方法，所得税为直接税，消费税为间接税，因为所得即收入，消费为支出。

2.4.3　税收效应

税收效应是指政府课税对社会经济生活的影响，或者说是纳税人因政府课税而在其生产、消费和劳动供给等方面的经济行为中作出的反应。

税收效应按纳税人行为改变方式不同，可分为收入效应和替代效应。

从税收对家庭经济活动的影响看，收入效应表现为政府课税之后，会使消费者可支配收入减少，从而降低消费水平。替代效应是指政府对不同商品制定不同的税率，会使家庭减少重税商品的消费，转而以轻税商品替代。

对厂商而言，税收使其可支配的生产要素减少，从而降低了商品和服务的生产水平，这是税收的收入效应。生产者减少课税或重税商品的生产量，而增加无税或轻税商品的生产量，即以无税或轻税商品替代课税或重税商品，这是税收对厂商生产的替代效应。

现代社会的经济福利不仅包括由劳动得到的物质利益，也包括因闲暇获得的精神享受。假设劳动供给是收入的函数，收入并非决定劳动供给的唯一因素，在收入较低的时候，劳动是收入的增函数；当收入增加到一定水平后，闲暇变得越发重要，工资水平继续上升，劳动供给反而趋于减少。税收对纳税人在劳动投入方面的收入效应表现为，在收入较高的阶段，闲暇较多，政府征税会直接降低纳税人的可支配收入，从而促使其减少闲暇等方面的享受，为维持以往的收入或消费水平而倾向于更加勤奋地工作。也就是说，政府征税反而会促使劳动投入量增加。在收入较低的阶段，课税使得收入降低，此时闲暇的机会成本较低，工作反而很不划算，纳税人会选择减少劳动投入而在家休闲。这就是税收对纳税人在劳动投入方面的替代效应。

2.4.4　累进税、比例税和累退税

按纳税人承受税收负担的程度，税收有以下三种：累进税，即对高收入者征税的比例大于对低收入者征税的比例；比例税，即对高收入者征税的比例等于对低收入者征税的比例；累退税，即对高收入者征税的比例小于对低收入者征税的比例。如图 2—2 所示，累进税曲线斜率随着收入的增加越来越大，表示富人新增收入被征税的比例大于穷人。累退税曲线情况相反，表示穷人新增收入被征税的比例大于富人。比例税是一条直线，表示不论贫富，新增收入按相同比例征税。

初学者往往感觉累进税比较好理解，似乎是为了"劫富济贫"，维护社会公正。比例税略显古怪，累退税似乎有些荒谬，难道是为了保持理论体系的完备而进行的数学游戏？实际上，在现实生活中，三者都比较普遍。

累进税的典型代表是个人所得税，比如，扣除免征额度以后，个人所得税中的"工资薪金所得"适用由低到高的税率。累进的个人所得税可以在一定程度上避免收入过度集中。

比例税的优点是计算简单、便于征管。一般来说，对商品流转额的课税，如消费税、营业税和关税等，多为比例税。比例税可在一定程度上调动生产者的积极性，但有悖于按

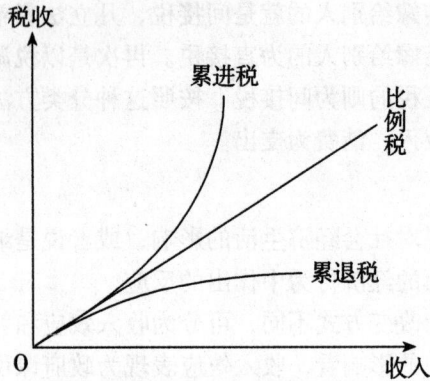

图2—2 累进税、比例税和累退税

能力纳税的公平原则。

累退税的解释稍费笔墨，试举一例：年收入1万元的人1周买4盒香烟，年收入2万元的人1周买6盒烟，香烟的消费税为每盒0.1元。以1年52周计，则很容易计算出香烟的消费税税率前者高于后者，即收入高的人税率反而低。在这个例子中，本来香烟的消费税按照销售额征收，是一种比例税。而香烟作为"烟民"的生活必需品，其需求收入弹性较低，收入高的人香烟消费增加与其收入增加并不成比例。推而广之，对生活必需品征收的消费税，由于需求收入弹性较低，如果以收入计算纳税比例，都属于累退税。

本章小结

现代社会的经济实践表明，市场的自发调节功能经常是失灵的，其具体表现包括分配不公、外部负效应、完全竞争与市场垄断、失业问题、区域经济发展不平衡、公共产品供给不足和公共资源过度消耗等。

政府的经济作用包括直接控制、提供公共产品和服务、宏观经济调控和提供社会福利保障等。

国民收入分配的平均程度可用洛伦茨曲线表示，用基尼系数衡量。洛伦茨曲线越弯曲、基尼系数越大，表示国民收入分配越不平均。

税收原则包括公平原则和效率原则。税金转嫁分为向前转嫁和向后转嫁，转嫁的程度与供求价格弹性有关。税收效应包括收入效应和替代效应。按纳税人承受税收负担的程度，税收有累进税、比例税和累退税三种。

思考与训练

一、判断题

1. 市场竞争会自动导致公平分配。　　　　　　　　　　　　　　　　　（　　）

2. 完全竞争的市场结构有利于知识产权保护。　　　　　　　　　　　　（　　）

3. 市场竞争可以自发提供公共产品。　　　　　　　　　　　　　　　　（　　）

4. 洛伦茨曲线越弯曲，则基尼系数越小。　　　　　　　　　　　　　　（　　）

5. 在高速公路上行驶里程长的人缴税多，体现了征税的公平原则。　　（　　）

6. 产品和服务的需求价格弹性越小，越容易将税金向前转嫁给消费者。　（　　）

7. 比例税方便税收征管，且有利于调动生产者的积极性。　　　　　　（　　）

8. 税收的经济效率原则是指国家征税使社会付出的代价应以税款为限，减少额外负担。　　　　　　　　　　　　　　　　　　　　　　　　　（　　）

二、简答题

1. 税收的公平原则与效率原则为何要兼顾？

2. 举例说明什么是累进税、比例税和累退税。

三、作图题

作图说明洛伦茨曲线和基尼系数之间的关系。

四、讨论题

本章列举了市场失灵的某些具体表现，在此基础上提出了政府的经济作用，但是，有许多学者提出政府也会失灵，政府不过是另一种"经济人"，请搜集资料对此加以讨论。

第3章 国民收入核算

学习目标

理解两部门到四部门国民经济循环流程和恒等式,掌握国内生产总值的含义、核算方法,了解潜在国内生产总值的意义。

导入场景

2011年2月14日,日本内阁府公布2010年全年经济数据,按可比价格计算,去年日本名义GDP为5.4742万亿美元,比中国低4 000多亿美元,排名世界第三[①],中国国民生产总值(GDP)赶超日本成为世界第二大经济体的预言成为现实。中国GDP总量世界第二,表明中国作为新的世界经济"增长引擎"日益获得了国际认同。在为祖国取得的伟大成就欢欣鼓舞的同时,广大政府官员和经济学者从经济学的角度提出了隐藏在GDP背后的问题,发人深省。

"虽然中国的经济总量不断扩大,但仍存在发展方式粗放、人均国民收入不高等问题,需要冷静客观地对待。"国家统计局局长马建堂此前在发布中国2010年GDP数据、回答中国经济世界位次问题时曾这样表示。

更有学者表示,在我国经济总量迅速增加的同时,GDP统计也日益显出弊端,因为GDP无法反映生产效率、国民素质、国民创造,因此,中国GDP总量统计数据未必能真实反映中国经济福利及生活质量。例如,中国大量的外资、涌入的热钱都被统计在了GDP中。另外,我国各地招商引资的"飞地经济"(各类开发区)也只是拥有名义上的财富,实则都是外国人的,在计算时也都算到了自己名下。

从经济学的角度来看,以上问题说明,国内生产总值并不能全面地反映一个国家的经济状况,而且在统计过程中,也存在一定的缺陷。那么,我们就需要弄清楚一个非常关键的问题,那就是GDP数据是如何统计出来的呢?

为了更好地理解这一问题,我们需要学习与GDP有关的知识,包括GDP的定义、核算方法、与GNP的关系等。

国民收入核算是宏观经济学研究的基础,全社会的经济活动主要通过国民收入表现出来,研究经济增长、充分就业和稳定物价等重大宏观经济课题,都需要运用国民收入的概念加以剖析。本章的主要任务就是分析国民收入的核算方法,此处国民收入是一个比较宽

---

① 涂露芳:《我国成世界第二经济体,人均GDP仅达日本1/10》,腾讯网,http://news.qq.com/a/20110215/000277.htm。内容有改动。

泛的概念，包括国民生产总值、国内生产总值等一系列指标。

3.1 国民经济总流程

通过一系列严格的假设，利用简单的图形分析国民经济总流程，有助于我们掌握国民经济的运行机理。在此基础上，可以进一步理解国民收入核算的依据，为进一步学习宏观经济学做好准备。下面我们遵循由浅入深、由简到繁的顺序，研究国民经济总流程。

3.1.1 最简单的经济流程——两部门经济循环

假设全社会只有家庭和厂商两个部门，没有政府和对外贸易，也没有资本市场；家庭将其全部收入吃空用尽，没有储蓄；厂商将其全部收入用于生产，没有投资。这种情况就是最简单的经济流程，即两部门经济循环，如图 3—1 所示。

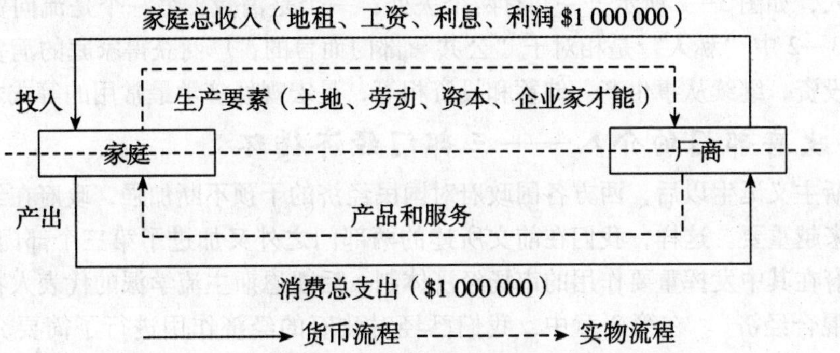

图 3—1 两部门经济循环

首先要明白这两个部门之间是什么关系。实际上，这两个部门可能是同一群人承担的两重社会角色。例如，作为厂商，哪怕是董事长、总经理，一旦下班回到家中，便是家庭成员了，要和普通百姓一样购物、生活。而家庭成员一旦上班，哪怕职位低微，也代表厂商，也会对本企业的效益非常关心。图 3—1 中实线箭头表示货币流程，虚线箭头表示实物流程。图 3—1 中的流程究竟哪里是起点、何处是终点，一向是个"鸡生蛋，蛋生鸡"的问题，经济学家各说各话、莫衷一是。不失一般性，不妨假设家庭先向厂商提供了自己的资源，比如土地、劳动、资本和企业家管理和创新的才能，从而获得报酬，这些报酬的形式分别是地租、工资、利息和利润。厂商获得经济资源组织生产，向家庭出售各种产品和服务，家庭要为此承担消费支出。前文我们假设全社会只有家庭和厂商两个部门，国民收入就是家庭的收入，由于没有储蓄，家庭将其收入全部用于消费，总国民收入就等于总支出。由于厂商将产品全部售出，没有任何存货，总国民收入又等于总产出。从以上分析可以看出，以上所有变量均为流量，我们可以从中体会贯穿于宏观经济学始终的流量和存量的概念，理解"流量来自于存量，流量又归于存量之中"。

3.1.2 带资本市场的两部门经济循环

以上假设条件如此严格，以至于所述情形过于简单。在此我们逐步放宽假设，引入漏出和注入的理念。"漏出"是指家庭将部分收入用于储蓄，而非完全吃光用光；"注入"是指厂商获得追加投资，即厂商从资本市场获得资金，可能是银行贷款，也可能是股票、债券融资。这些资金都来自家庭消费之余的储蓄。

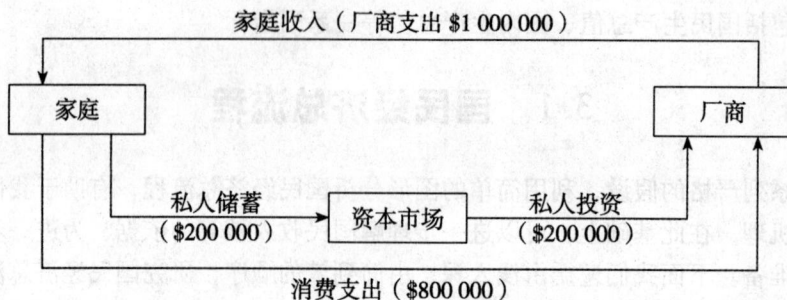

图 3—2　带资本市场的两部门经济循环

图 3—2 和以下几个图中，为方便说明，只画出了货币流程，省略了实物流程。完整的过程应该是，厂商获得了家庭的经济资源以后，形成了家庭的收入和厂商的支出。家庭获得的收入，如图 3—2 所示，一共有两个去处：一个是消费，另一个是流向资本市场的储蓄。图 3—2 中"私人"是相对于"公共"部门而言的，厂商获得家庭的消费支出和资本市场的投资，继续从事生产。储蓄和投资相等，是宏观经济学最常用的等式之一。

3.1.3　政府部门的介入——三部门经济循环

凯恩斯主义诞生以后，西方各国政府对国民经济的干预不断加强，政府在经济运行中的作用越来越重要。这样，我们在前文所述的两部门之外又加进了第三个部门——政府。对这种政府在其中发挥重要作用的市场经济体制，后凯恩斯主流学派的代表人物萨缪尔森称之为"混合经济"。在第 2 章中，我们已经对政府的经济作用进行了简要介绍。在图 3—3 中，从国民收入和支出的角度看，政府的功能十分明显。在收入方面，政府收入有两个主要来源：一个是来自家庭的税收，为简化说明，假设没有从厂商那里征税；另一个是通过特殊的权力管道，用财政赤字方式，从资本市场融资。所谓财政赤字，是指财政入不敷出、收支相抵后的缺口。如果直接从中央银行透支，将导致通货膨胀；柔和一点的方法是发行政府公债，从公众手中借钱。在支出方面，一个去向是转移支付，即给退休人员、病残者和贫困家庭的保障优抚；另一个去向是政府从厂商那里购物，即政府采购。政府采购除用于维持自身运转的必要开销外，还包括兴办各种公共事业的支出。

再看图 3—3 中其他节点，比如家庭，在提供了自身拥有的经济资源之后，家庭获得来自厂商的报酬，弱势群体还可以得到政府拨付的转移支付以补贴家用。家庭在付清税款之后进行消费，多余的收入可以投入资本市场。资本市场一方面接受私人储蓄，另一方面向政府和企业提供资金。厂商通过向家庭和政府出售产品和服务获得收入，以此收入向家庭购买经济资源以组织后续的生产，不足的部分还可以从资本市场融资。

3.1.4　四部门经济循环——开放型经济

让我们进一步放宽限制条件，以期逐步接近真实的情况。与前面的三部门经济循环相比，图 3—4 多出了一个国际市场，这就接近开放型经济的情景了。图 3—3 所概括的就是封闭型经济，而所谓开放型经济，就是和外部世界有资金和实物往来的经济，是与封闭型经济相对立的概念。在开放型经济中，要素、商品和服务可以比较自由地跨国界流动，从而实现最优资源配置和最高经济效率。一般而言，一国经济发展水平越高，市场化程度越高，越接近于开放型经济。在经济全球化趋势下，发展开放型经济已成为各国的选择。

家庭收入（厂商支出 $1 100 000）

转移支付（$100 000）   政府   政府购买（$100 000）

家庭   税收（$100 000）   政府赤字
（$100 000）   厂商

私人储蓄
（$300 000）   资本市场   私人投资
（$200 000）

消费支出（$800 000）

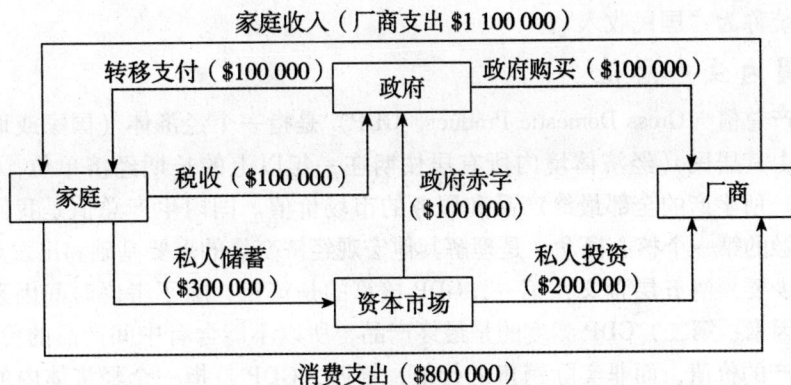

图 3—3 三部门经济循环

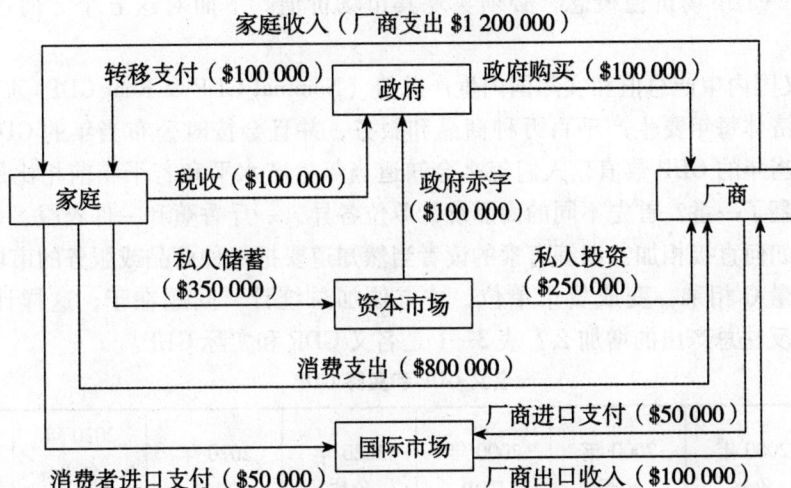

家庭收入（厂商支出 $1 200 000）

转移支付（$100 000）   政府   政府购买（$100 000）

家庭   税收（$100 000）   政府赤字
（$100 000）   厂商

私人储蓄
（$350 000）   资本市场   私人投资
（$250 000）

消费支出（$800 000）

厂商进口支付（$50 000）

国际市场

消费者进口支付（$50 000）   厂商出口收入（$100 000）

图 3—4 开放型经济——四部门经济循环

对外经济是我国整个经济运行中非常重要的部分，考虑到国际市场的重要作用，必须把三部门经济循环拓展为四部门经济循环加以分析。为简化说明，图 3—4 中作了三个简化：首先，像图 3—2 和图 3—3 一样，我们忽略了实物流程，以免图形过于复杂，尤其是进口商品的生产流程在东道国之外。其次，除了家庭和厂商参与国际经济而进口消费品、设备和原料之外，政府也可能从国外采购技术设备和军火等商品或服务，并征收关税，参与收入分配。再次，图中的外贸仅限于商品和服务，而且是收支平衡的，但实际上还可能包括金融项目，并经常是有顺差或逆差的。

3.2 国内生产总值的分析

衡量一个经济体在一定时期内的成就，通常使用以下宏观总量：国内生产总值、国民生产总值、国民生产净值、国民收入、个人收入和个人可支配收入。因为这几个指标一般相差不大，而且我们研究的是整个经济体的宏观变量，这几个指标的变化方向总是一致的，所以在本节中我们系统、深入地分析了它们的区别之后，在以后的章节里往往不加区分地把它们统称为"国民收入"。

3.2.1　国内生产总值

国内生产总值（Gross Domestic Product，GDP）是指一个经济体（国家或地区）在一定时期内，由其居民（经济体境内所有居住期在一年以上的长期经济单位，包括家庭、企业和政府）所生产的全部最终产品和服务的市场价值。国内生产总值是我们在宏观经济学里面接触的第一个核心概念，是理解其他宏观经济变量的重要基础和出发点。要完全掌握它，至少要弄清五层含义：第一，GDP 核算的是流量，除了考虑时间因素，还要扣除物价上涨因素；第二，GDP 测度的是最终产品，所以不能含有中间产品的价值；第三，GDP 是指生产的价值，而非实际销售的价值；第四，GDP 是指一个经济体内的长期经济单位用其拥有的生产要素所生产的价值，而不管这些经济单位的产权是否属于东道国；第五，GDP 是一个市场价值概念，必须实现其市场价值。下面对这五个方面进行简要的分析。

1）名义国内生产总值和实际国内生产总值（Nominal GDP & Real GDP）

一个经济体每年要生产千百万种商品和服务，并且会按时公布当年的 GDP。仅通过统计公报中当年的 GDP 数值，人们怎么会知道当年生产水平和若干年前相比是增长了若干，甚或是翻了一番？首先不同的商品统计单位各异，一斤香蕉和一件衣服、一辆汽车和一套住宅，如何直接相加？训练有素的读者当然知道要把每种商品或服务的市场价值，即价格 P 和数量 Q 相乘，变成货币单位，才方便加总统计。问题在于，这样计算得出的 GDP 真的能反映总产出的增加么？表 3—1 是名义 GDP 和实际 GDP。

表 3—1　　　　　　　　　　　　　名义 GDP 和实际 GDP

商品名称	2000 年价格 P_0	2000 年产量 Q_0	2000 年GDP $P_0 Q_0$	2020 年价格 P_t	2020 年产量 Q_t	2020 年名义GDP $P_t Q_t$	2020 年实际GDP $P_0 Q_t$
住房	3 千元每平方米	1 亿平方米	3 千亿元	6 千元每平方米	2 亿平方米	12 千亿元	6 千亿元

显然，物质福利的增加，用数量表示比用价格表示更为合理，但是不同商品由于计量单位不同，无法直接相加，一定要乘以各自的价格。这样做的结果是，在统一了计量单位的同时，又带来了新的问题，即商品价格本身也在随时间而变化。比如，按照我国在新世纪的战略规划，2020 年的 GDP 将达到 2000 年的 4 倍，究竟是价格不变而数量翻两番，还是数量原地不动而价格翻两番？难道后者也算是实现了全面建设小康社会的目标？名义 GDP 和实际 GDP 的计算正是要解决这样的问题。名义 GDP 用当期价格计算，即 $P_t Q_t$；实际 GDP 用基期价格计算，即 $P_0 Q_t$。如表 3—1 所示，如果 2020 年的住房价格和数量都比 2000 年翻了一番，名义 GDP 是翻了两番，即达到 2000 年的 4 倍；而实际 GDP 按照 2000 年价格计算，只比 2000 年翻了一番，只有 2000 年的 2 倍。

我们还可以通过图 3—5 进一步理解名义 GDP 和实际 GDP 的区别。

从图 3—5 中可以看出，如果不扣除物价上涨因素，而用名义 GDP 来核算国民经济，一个经济体哪怕商品和服务生产停滞不前，只要价格飞涨，看起来 GDP 也在快速增长。

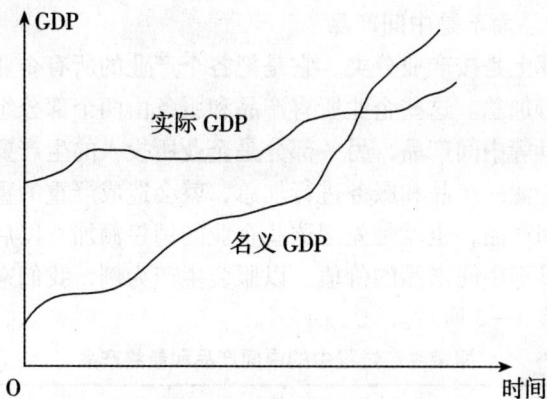

图 3—5 名义 GDP 和实际 GDP

而一旦用基期价格核算，则该经济体实际 GDP 的增长情况就一目了然了。计算实际 GDP 可以让我们看出从基期到计算期产量的变化，比如 $\sum P_0Q_t / \sum P_0Q_0$，即计算期实际 GDP 和基期实际 GDP 的比值，可以使我们看出这段时期内产量的变化。如果仅比较这两个时期内的名义 GDP，即 $\sum P_tQ_t / \sum P_0Q_0$，则无法判断 GDP 的变化是由产量变化还是由价格变化引起的。

以上道理说起来通俗易懂，数据处理也似乎简单易行，但全社会商品和服务品种何止千万，真要较起真来计算每种商品和服务的实际产出，工作量之浩大难以想象。更何况随着生产力的发展和人民生活水平的提高，计算期的某些商品在基期还不曾存在，如何知道它们的基期价格？比如，在我国改革开放之初的 1980 年，普通家庭哪有冰箱和彩电？移动电话和笔记本电脑闻所未闻，互联网服务和微波炉在当时的科幻小说里也很少被提及。到了 2010 年，要计算本年度的实际 GDP，如何确定微波炉和笔记本电脑在 1980 年的基期价格？为了解决实际 GDP 计算时工作量过于繁重的问题，有必要选取一个有限范围的商品和服务样本，用它代表全社会的商品和服务。在此基础上设计一个指标，反映从基期到计算期全社会商品和服务的价格变化，这个指标就是物价指数，其计算方法为统计样本的计算期名义 GDP 除以计算期实际 GDP，即 $\sum P_tQ_t / \sum P_0Q_t$。通过物价指数平减，就可以很方便地把计算期的名义 GDP 转变为以基期价格计算的实际 GDP 了，其具体做法是将计算期的名义 GDP 除以本年度的定基物价指数。所谓定基，就是以基期为时间的坐标原点。为了解决基期和计算期商品和服务品种变化的问题，可以每过几年就调整一下物价指数计算的样本。

综上所述，名义 GDP 是 $\sum P_tQ_t$，即整个经济体计算期的产品价格和数量乘积之和；实际 GDP 是 $\sum P_0Q_t$，即整个经济体产品和服务的基期价格和计算期数量乘积之和。在计算实际 GDP 的时候，为避免寻找整个经济体每一件计算期的产品和服务在基期的价格导致工作量过大，加之基期和计算期的产品和服务的种类也未必相同，就要求助于物价指数。每隔 5~10 年换一个商品和服务样本，计算样本的 $\sum P_tQ_t / \sum P_0Q_t$，这就是物价指数。求整个经济体在计算期的实际 GDP，只要拿计算期整个经济体的名义 GDP 除以物价指数就行了，由于这个样本只包含几百种产品和服务，这就大大降低了工作量。

2）GDP 是最终产品而不是中间产品

这种核算方法实际上是按产业分类，它是把各个产业的所有企业在一定时期内新创造的最终产品和服务进行加总。这些企业所有产品和服务由两个部分组成：一部分是向其他企业买进的原料、工具等中间产品，另一部分是企业所投入的生产要素新创造的价值。如果不加区分地把所有企业的产品和服务进行加总，就会造成严重的重复计算。为此，在进行统计时必须扣除中间产品，也就是先把这些企业的销售额加总以后，再减去它们向其他企业买进的原料、工具等中间产品的价值。以服装生产为例，我们来分析一下服装生产过程中的价值增加，如表 3—2 所示。

表 3—2　　　　　　　　　　服装生产过程中的中间产品和最终产品　　　　　　　　　　单位：元

	棉花	棉纱	棉布	服装
被投入的中间产品价值	0	100	180	240
新增价值	100	80	60	70
产品销售价格	100	180	240	310

从左往右，是在一件服装的生产过程中，中间产品的各种具体形态，棉花、棉纱、棉布和最终产品服装；从上往下，依次为被投入的中间产品的价值、加工过程中的新增价值和各类产品的销售价格。

假定棉花生产没有投入中间产品，生产棉花所用的种子、肥料等上年已有的生产资料价值属于上年度的 GDP，已被扣除在外。棉农生产棉花投入的是劳动，其新增价值为 100 元。棉农将棉花出售给棉纱厂，销售额为 100 元。棉花作为中间产品被棉纱厂投入生产，棉纱厂生产棉纱的新增价值为 80 元。织布厂将此棉纱以 180 元的价格买去作为中间产品，用于生产棉布，织布厂生产棉布的新增价值为 60 元。这样服装厂购买棉布就要付出 240 元，再加上自身的新增价值 70 元，最后的成衣售价为 310 元。从表 3—2 中我们可以看出，最终产品的售价正好是首尾相接的四个生产过程中的新增价值。因此，我们要计算这个时期的 GDP 可以采用两种办法：一是单独计算最终产品的价值，在表 3—2 中就是最后那件服装的价值 310 元；二是计算各个环节的新增价值，即表 3—2 中"新增价值"那行的总和。不管采用哪种办法，切不可将中间产品计算在内，也就是说，不能将所有企业的产品销售价格进行加总。以表 3—2 为例，所有企业的产品销售价格的加总就是最后一行的加总，那样的话，棉花、棉纱和棉布分别被计算了 4 次、3 次和 2 次。GDP 统计的是最终产品价值，是用所有企业的最终产品价值减去全部中间产品价值，即表 3—2 中最后一行的总和减去最后一行前三项之和。

综上所述，某经济体一定时期的 GDP 等于该时期所生产的全部商品和服务的市场价值减去所有中间产品的价值，又等于该经济体在这一时期新增加的价值。

虽说实践出真知，但是同学们将来未必有参与统计 GDP 的机会。通过阅读以上段落可以发现，统计 GDP 说起来简单，真要实地做起来还是比较困难的，如何调查每个工厂的新增价值？似乎更可行的途径是把所有企业的产值减掉中间产品就行了。这样做的问题是，如何准确地判断中间产品？根据产品自身的形态来判断？以上述服装生产为例，棉布就一定是中间产品？让我们设想一下，如果这块棉布被能干的主妇购买，自行裁剪缝纫做成了衣服，并且这件衣服用于自家人的穿着而非市场销售，这样的话，这块棉布还能算是中间产品吗？

通过对表 3—2 的深入分析，我们可以看出，中间产品的特征在于重复销售，而非其具体形态，它被再出售是为了生产别种产品。最终产品是指在计算期生产的，但不重复出售的，而是最终使用的产品。根据不重复出售这一特点，一般把用作个人消费、企业投资、政府购买和对外出口的产品称为最终产品。此外，企业年终盘存时的库存也被当作最终产品，因为种种原因没有在当期卖出，只好算作当期对自己的存货投资。区分中间产品和最终产品，不是看产品的具体物质形态，而是看它在社会再生产流程当中所处的环节。

3）现在生产和现在销售

前文中我们分析 GDP 时，侧重于考察销售。假定今年一个经济体新售卖 1 000 亿元，但是有 50 亿元是去年生产的，或者今年一共生产了 1 000 亿元，但是只售出了 950 亿元，如何统计 GDP？是看今年的生产，还是看今年的销售？根据 GDP 的定义我们知道，GDP 之"P"是产出而非销售。GDP 是一定时期内新生产而不是新售卖的最终产品的价值，这是因为一个时期内新售卖的产品可能不是这个时期生产的，而是早一些时期生产的。今年生产的最终产品价值等于今年售卖的最终产品价值减去上年结存的价值加今年结存的价值。今年结存和今年生产之间应有如下关系：

∵ 上年结存+今年生产−今年出售＝今年结存

∴ 今年生产＝今年出售−上年结存+今年结存

4）国内生产总值和国民生产总值

国内生产总值和国民生产总值（Gross Domestic Product，GNP）都是目前国际上通行的用来衡量国家宏观经济发展水平的统计指标。从名称上就可以看出两者统计口径的不同，GDP 的统计遵循国土原则，它指的是在一个经济体境内所有的生产要素，包括劳动力、资本和自然资源，在一定时期内所生产的最终产品和服务的价值总和，而不论这些资源的所有者是否属于东道国企业或者拥有东道国国籍。以中国为例，GDP 包括中国企业在中国境内的产出，以及外国企业在中国投资（即 FDI）所带来的产出。GNP 的统计口径是国籍或者说是所有权的归属，遵循国民原则，指由一个经济体的公民所拥有的生产要素，在　定时期内生产的最终产品和服务的价值总和，而不管这种产出发生在东道国境内或是境外。以中国为例，中国的 GNP 就是指中国的企业和个人用其拥有的资源在一定时期内生产的最终产品和服务的价值总和，包括中国企业和个人在中国境内和境外产出的总和。中国 GNP 与 GDP 的关系是：GNP 等于 GDP 加上中国的国外产出再减去外国在中国的产出。一般情况下，当一国处于资本流入大于流出的发展阶段时，它的 GDP 会大于GNP；反之，当一国处于资本流出大于流入的阶段时，GDP 则会小于 GNP。

从 1985 年起，我国统计部门经国务院批准建立了国民经济核算体系，正式采用 GDP对国民经济运行结果进行核算。目前，我们采用的是联合国 1993 年国民经济核算体系（SNA）的方法，并采取国家统计局统一制定方法与制度，各级政府统计部门分别核算其国内生产总值的分级核算方法，现在各种媒体所说的经济总量一般用的是 GDP 指标。

从 GDP 和 GNP 的字面意思可以很容易地看出，它们之间的区别在于统计规则。衡量一国产出的时候，前者根据国土原则，后者则根据国民原则。正因为如此，与 GNP 相比，GDP 的统计能够更为真实地反映一国经济发展水平。按照国土原则统计 GDP 时，一切产出必须出自经济体境内。这意味着任何产出的实现，不论投入的经济资源的所有权属于东道国还是外来者，都必须在东道国经济体内发挥作用。按照国土原则统计的 GDP 与按照国民原则统计的 GNP 相比，前者显然更能在政治、经济、社会、文化等各方面直接影响东道国经济体的发展和进步，比如解决就业问题、推动技术进步、提高管理能力、减少资源消耗等。因此，与 GNP 相比，GDP 更准确地表现了一国经济发展的质量和效率。首先，GDP 的规模大小体现了东道国经济体对外部资本的吸收能力。GDP 增大，往往源于大量外国资本的直接投资，包括合资、独资和合作经营企业，而要吸引外国投资，没有雄厚的硬件基础和相对完备的软件条件是不可能实现的。硬件基础包括基础设施的建设、人才队伍的培养、消费能力的积累等，软件条件则包括社会文化制度的健全、市场机制的完善、消费习惯的转变等。只有具备了这些基本条件，改善了投资环境，才有可能吸引外资进入，这就是所谓的"筑巢引凤"。其次，GDP 的组成结构体现了一国的真实社会福利水平。一般而言，在一国经济发展到一定阶段后，人们会对生态环境、社会保障、公平正义等提出更高的要求，经济增长将从"物"的增长转变为"人"的发展，产业结构从以制造业为主转向以服务业为主。如何更好地改善国民的生存环境、提供更多的公共产品和服务、提高社会保障水平、实现社会公平等，将成为经济发展的重中之重。这些社会进步的量化标准，就体现为东道国经济体 GDP 结构的合理变迁。

5）市场活动与非市场活动

GDP 一般仅指市场活动所创造的价值，许多产品和服务虽然对改善人们的福利大有裨益，但如果不属于市场活动，就不包括在 GDP 的统计范围之内。比如，一家的男主人花钱雇佣了保姆，则保姆的工资应当计入 GDP，因为保姆提供的家务劳动是市场活动。但如果两人结为夫妇，即使该保姆在婚后每日做同样甚至更多的家务，但由于这种劳动已不再属于市场活动，就不能计入 GDP。其他如自给自足的生产、慈善机构的捐助、对灾区的救援等，都不能计入 GDP。

3.2.2　其他衡量国民经济总量的宏观指标

1）国民生产总值

如前文所述，国民生产总值和国内生产总值的区别在于其统计口径不同，前者遵循国民原则，后者遵循国土原则。两者的差额为国外要素净支付（Net Foreign Payment，NFP）。以中国为例，NFP 等于中国国民在国外取得的要素收入减去外国国民在中国取得的要素收入。与前文相比，此处以收入替代了产出，其间的区别仅在于统计方法的不同，结果是一样的。GNP、GDP 和 NFP 三者的关系为：

GNP = GDP + NFP

为理解 GNP 和 GDP 的关系，可以设想两种极端的情况：某国只吸引外资而不对外投资，在这种情况下，该国的 GDP 必然大于 GNP；或者某国只对外投资而不吸引外资，则其 GNP 大于 GDP。真实情况一般都是介于这两者之间的，如果一国吸引外资远远大于对外投资，则其 GDP 更大，比如 20 世纪 90 年代的中国。如果一国对外投资远远大于吸引外资，则其 GNP 更大，比如 20 世纪 80 年代的日本。

2）国内生产净值或国民生产净值 NNP

国内生产净值（Net Domestic Product，NDP）是指国内生产总值减去资本消耗即折旧以后的价值。这个指标表明补偿了资本损耗以后的总产出的价值。

稍加思索即可发现，NDP 比 GDP 更确切地反映了一个经济体的总产出，我们在前文介绍 GDP 的时候详细分析了什么是中间产品，在那里我们是以原材料为例说明必须扣除中间产品的价值，而此处之所以要扣除折旧，是因为机器设备和厂房等资本品的价值是分批转入产品价值中的，如果不扣除，明显是重复计算。那么，为什么 NDP 很少在其他地方经常出现？因为统计 GDP 比较方便，数据来源可靠，而折旧的数据难以获得。一般情况下，GDP 和 NDP 同增同减，高度相关。为了省事，人们也乐于使用 GDP。如果把对资源和环境消耗的代价也一并计入广义的折旧，则 NDP 更接近于所谓的"绿色 GDP"。

同理，如果要依照国民原则进行统计，可由 GNP 减去资本折旧得到 NNP。

3）个人收入 PI（Personal Income）

进行国民经济统计时，经常需要调查个人收入。个人收入如果遵循国土原则来统计，则要从 NDP 出发，减去企业留存的利润，减去向政府缴纳的间接税，减去个人缴纳的社会保险等，再加上个人得到的转移支付。

4）个人可支配收入（Disposable Personal Income，DPI）

我们在媒体上最常见的关于个人收入的指标是个人可支配收入，它等于个人收入减去个人所得税。这是实际进入家庭的、可供其任意支配的收入。在一般的宏观经济学分析中，个人可支配收入可以分为个人消费和储蓄。

3.3 国内生产总值的核算

国民经济循环过程纷繁复杂，不同经济体在不同时期的生产过程千差万别，要统计一定时期一个经济体的产出，必须遵循一定的规则与方法。我们主要介绍支出法，然后简要介绍收入法。

3.3.1 用支出法核算国内生产总值

本书所用的主要方法是从国民经济各部门支出的角度，衡量一个经济体的总产出。这种方法是将对该经济体所有最终产品的购买支出加以汇总，这些支出包括四个方面：家庭的消费支出 C、企业的投资支出 I、政府的购买支出 G 和净出口（X−M），净出口即外国居民的购买支出。图 3—1 的两部门经济循环可帮助我们理解支出法的统计原理，尽管它只画出了两个部门，但是同时包含了两个市场：下半部是产品市场，上半部是要素市场。支出法统计的就是下半部的产品市场。GDP 既然是产品和服务的总产出，假设所有产出都卖出去了，只要把国民经济全体参与者的购买支出加以汇总即可。但是我们的问题是，企业的产品并不总是能够按时卖出去的，如果发生这种情况，用支出法核算 GDP 时要将企业没能卖出去的货物算成被企业自己买下了，这种购买被列为企业的存货投资。支出法核算的 GDP 计算公式为：

$$GDP=C+I+G+（X−M） \tag{3—1}$$

式中，X 为货物和服务的出口，由本国生产，外国支出；M 为货物和服务的进口，由外国生产，本国支出。

其统计上的含义是，要统计一个经济体在一年内究竟生产了多少最终产品和服务，只要把这个经济体内的所有常住单位用于购买最终产品和服务的货币支出加总即可。所有常住单位包含 3 个部门，即家庭、企业和政府。其中，家庭购买消费品支出为 C，企业购买投资品（包括存货投资品）支出为 I，政府的各项购买支出为 G。这样计算带来了两个问题：首先，本国经济体内的所有家庭、企业和政府部门所支付的货币（C+I+G）并未把产自本国经济体的所有产品和服务购买一空，本国经济体的产出实际上有相当大一部分被外国居民购买了，要统计本国经济体的产出，（C+I+G）这 3 项显然不够全面，必须再加上外国居民对该国经济体最终产品和服务的购买支出，即加上出口 X；其次，以上 3 个部门购买的最终产品和服务，并非全部产自本国经济体内，它们所花出的钱有相当一部分是用在购买来自境外的产品和服务上的，这部分必须扣除，即减去进口 M。经过这样修正的 GDP 才大体上可以代表该国经济体的产出。表 3—3 摘自国家统计局公布的《中国统计年鉴 2010》，让我们细心体会一下各种统计口径的计算方法。

表 3—3 国民经济核算 （亿元）

年份	1978	1990	2000	2008	2009
支出法 GDP	3 605.6	19 347.8	98 749.0	314 901.3	341 515.0
最终消费支出	2 239.1	12 090.5	61 516.0	152 346.6	166 126.2
居民消费	1 759.1	9 450.9	45 854.6	110 594.5	121 712.8
政府消费	480.0	2 639.6	15 661.4	41 752.1	44 413.4
资本形成总额	1 377.9	6 747.0	34 842.8	138 325.3	162 297.1
固定资本形成	1 073.9	4 827.8	33 844.4	128 084.4	155 333.3
存货增加	304.0	1 919.2	998.4	10 240.9	6 963.8
货物和服务净出口	−11.4	510.3	2 390.2	24 229.4	13 092.0

数据来源：中华人民共和国国家统计局：《中国统计年鉴 2010》，北京，中国统计出版社，2010。

应用专栏 3—1 中国国民经济统计口径[①]

最终消费支出：指常住单位为满足物质、文化和精神生活的需要，从本国经济领土和国外购买的货物和服务的支出。它不包括非常住单位在本国经济领土内的消费支出。最终消费支出分为居民消费支出和政府消费支出。

居民消费支出：指常住住户在一定时期内对于货物和服务的全部最终消费支出。居民消费支出除了直接以货币形式购买的货物和服务的消费支出外，还包括以其他方式获得的货物和服务的消费支出，即所谓的虚拟消费支出。居民虚拟消费支出包括如下几种类型：单位以实物报酬及实物转移的形式提供给劳动者的货物和服务；住户生产并由本住户消费了的货物和服务，其中的服务仅指住户的自有住房服务；金融机构提供的金融媒介服务；保险公司提供的保险服务。

政府消费支出：指政府部门为全社会提供的公共服务的消费支出和免费或以较低的价格向居民住户提供的货物和服务的净支出，前者等于政府服务的产出价值减去政府单位所获得的经营收入的价值，后者等于政府部门免费或以较低价格向居民住户提供的货物和服务的市场价值减去向住户收取的价值。

---

① 资料来源 国家统计局网站，http：//www.stats.gov.cn/tjsj/ndsj/2010/indexch.htm。

　　资本形成总额：指常住单位在一定时期内获得的减去处置的固定资产和存货的净额，包括固定资本形成总额和存货增加两部分。

　　固定资本形成总额：指常住单位在一定时期内获得的固定资产减处置的固定资产的价值总额。固定资产是通过生产活动生产出来的，且其使用年限在一年以上、单位价值在规定标准以上的资产，不包括自然资产。可分为有形固定资本形成总额和无形固定资本形成总额。有形固定资本形成总额包括一定时期内完成的建筑工程、安装工程和设备工器具购置（减处置）价值，以及土地改良、新增役、种、奶、毛、娱乐用牲畜和新增经济林木价值。无形固定资本形成总额包括矿藏的勘探、计算机软件等获得减处置。

　　存货增加：指常住单位在一定时期内存货实物量变动的市场价值，即期末价值减期初价值的差额，再扣除当期由于价格变动而产生的持有收益。存货增加可以是正值，也可以是负值。正值表示存货上升，负值表示存货下降。存货包括生产单位购进的原材料、燃料和储备物资等存货，以及生产单位生产的产成品、在制品和半成品等存货。

　　货物和服务净出口：指货物和服务出口减货物和服务进口的差额。出口包括常住单位向非常住单位出售或无偿转让的各种货物和服务的价值；进口包括常住单位从非常住单位购买或无偿得到的各种货物和服务的价值。由于服务活动的提供与使用同时发生，一般把常住单位从非常住单位得到的服务作为进口，把非常住单位从常住单位得到的服务作为出口。货物的出口和进口都按离岸价格计算。

　　与一般宏观经济学教科书不同的是，我国国家统计局把政府消费和居民家庭消费一同并入"最终消费"项目，支出法 GDP 表述为最终消费（包含居民家庭和政府）、资本形成（包括固定资本和存货资本）和货物服务净出口三个部分，计算结果和一般宏观经济学教科书是一样的。这里需要注意的是，支出法统计公式中的 G 并非政府的一切支出，比如政府支付给退休人员的养老金，对退伍军人、贫困家庭和残疾人等的补助金以及政府支付公债的利息等转移支付就不计入 GDP。这些转移支付之所以不计入 GDP，是因为获得这些收入的人并未因此提供相应的产品和服务，而按照 GDP 的定义可知，只有政府支出中用于购买当期产品和服务的部分才能计入 GDP。所以今后提及支出法 GDP 时，不要把 G 笼统地理解为"政府支出"，而应该理解为"政府购买"。

3.3.2　用收入法核算国内生产总值

　　除了支出法外，还可以用收入法核算 GDP，其基本原理是，一年的产出应该等于其投入的要素价值，而投入要素是要获得相应报酬收入的，如果将这些收入全部加总，就应该等于产出了。它和支出法的区别与联系可以参考图 3—1 所示的国民经济循环。如果只有家庭和企业两个部门，支出法相当于从图 3—1 的下半部核算 GDP，即企业出售产品和服务给家庭，要统计企业究竟生产了多少产品和服务，只要计算家庭为此支付了多少货币就可以了。收入法是从图 3—1 的上半部要素市场计算 GDP，即家庭提供四种生产要素给企业，企业因此支付报酬给家庭，家庭获得的报酬收入也等于 GDP，因为总产出的来源正是这些要素的投入。从图 3—1 中可以自行分析得出结论，这两种方法核算的 GDP 是相等的。

　　由于在实际核算中，收入法涉及各种复杂的税制、保险、资本折旧和转移支付过程，统计工作量极为浩繁且标准不一，因此国内外大多数教科书在进行分析时都采用支出法，我国国家统计局对 GDP 进行统计时采用的也是支出法。有趣的是，尽管几乎所有分析模型都采用支出法，GDP 却在所有场合都被称为"国民收入"，由此可以看出，国民经济循环的模型是何等深入人心。

3.4　国民经济核算中的恒等式

　　在后面章节的宏观经济学分析中，我们将会用到一些非常有用的恒等式，即各种统计口径的投资和储蓄恒等式。

3.4.1　两部门经济投资和储蓄恒等式

　　由支出法和收入法统计的 GDP 可知，从产品市场和要素市场统计的国内生产总值应该是相等的。

　　从产品市场看，企业的产品共有两个去处：一是被家庭购买用于消费；二是被企业购买用于投资。这两者购买了全部产品，即有：

GDP = C+I

　　从要素市场看，家庭出卖要素后获得的收入用于两个地方：一是用于消费；二是用于储蓄，即有：

GDP = C+S

　　既然上述两式中的 GDP 相等，则不难得出：

$$I = S \tag{3—2}$$

　　这就是两部门经济的投资和储蓄恒等式。

3.4.2　三部门经济投资和储蓄恒等式

　　与上述情况相比，三部门经济多出的是政府。与上述分析相类似，我们从产品和要素市场的国内生产总值统计结果，可以得出相应的结论。

　　从产品市场看，企业的产品一共有三个去处，除了被家庭和企业购买，剩余部分被政府购买。这三者购买了全部产品，即有：

GDP = C+I+G

　　从要素市场看，除了家庭出售自己的各种要素获得收入外，政府通过自身的权力强制性地从家庭和企业获得了税收收入，同时履行了自己的职责，对社会上需要帮助的人进行了转移支付，税收收入和转移支付两相抵消形成了政府的净税收入 T。全社会的收入除了用于家庭消费和储蓄外，剩余部分形成了政府的净税收收入，即有：

GDP = C+S+T

　　由于上述两种方法统计的 GDP 相等，我们可以得到三部门经济的投资和储蓄恒等式：

$$I = S+ (T–G) \tag{3—3}$$

　　括号中的 T–G 就是政府的储蓄。这样，三部门经济的投资和储蓄恒等式可以理解为企业投资等于家庭储蓄加政府储蓄。

3.4.3　四部门经济投资和储蓄恒等式

如果引入对外贸易，我们可以得出四部门经济的投资与储蓄恒等式。其产品市场与三部门经济相比，由于对外贸易的加入，企业的产品多了一个去处，即外国居民的净购买（X–M）。支出法国内生产总值为：

GDP=C+I+G+（X–M）

要素市场与三部门经济相同，即有：

GDP=C+S+T

由此可以推出：

$$I=S+（T-G）+（M-X）\tag{3—4}$$

以我国为例，M 为我国进口支出，X 为我国出口收入，（M–X）为外国居民持有的对我国的净债权，即外国人在我国的储蓄。这样，四部门经济体的企业投资等于我国居民储蓄、政府储蓄和外国居民在我国的储蓄之和。

3.5　潜在的国内生产总值

前文所述国内生产总值是一个经济体在一定时期内达到的实际数值，并不意味着资源的充分利用。宏观经济学的重要任务在于研究如何充分利用经济资源，达到充分就业。这就涉及潜在国内生产总值的概念。

3.5.1　潜在国内生产总值

所谓潜在国内生产总值，是指一个经济体的全部经济资源以通常的使用率投入运营，工人以正常的劳动时间和强度被充分利用时所能生产的产品和服务的正常值。这个正常值是理想状态下的产值，有时未必能够达到，特殊情况下也可能超过。比如，在经济萧条时，大量工人失业，在岗的工人也不一定满负荷工作，此时的实际产出远低于潜在 GDP。但在战争总动员时，全部机器设备满负荷运行，工人也加班加点，此时的实际 GDP 就可能远远超过潜在 GDP。一般情况下，实际 GDP 和潜在 GDP 都随着技术进步而不断增长，实际 GDP 围绕潜在 GDP 上下波动，其间的差值被称为 GDP 缺口。不论实际情况如何，当一个经济体在一定时期内的经济资源数量与质量给定时，总有一个客观存在的正常潜在产出量。这个潜在 GDP 可用公式简单加以描述：

$$GDP^{*}=\Pi^{*}L^{*}H^{*}\tag{3—5}$$

式中，GDP* 为潜在 GDP，L* 为充分就业时投入的劳动力数量，H* 为单个劳动力每年正常工作小时数，Π^{*} 为单个劳动力每小时的产出价值。

由式（3—5）可以看出，一个经济体的潜在 GDP 的影响因素有三个：首先是充分就业时的劳动力数量，它又受经济体人口总量与结构的影响。当其他条件一定时，人口总量越大，其中未成年人和老年人比重越低，充分就业时的劳动力数量就越大，潜在 GDP 也越大。其次是单个劳动力每年正常工作小时数，在发达国家，这一数量自 20 世纪以来有不同程度减少。最后是除劳动力数量之外的其他因素，如自然资源、资本的数量和质量以及劳动力的质量等。

3.5.2　奥肯定律

由于世界各国宏观经济管理中最突出的矛盾往往是就业问题，同时也为了统计方便，宏观经济学中多将资源充分利用问题简化为充分就业问题。经济波动往往伴随着失业率的起伏，两者之间的关系可由奥肯定律（Okun's Law）来描述。

阿瑟·奥肯（Arthur Okun）是约翰逊任美国总统时的经济顾问委员会主席，他发现美国经济走出衰退时，产出增加的比例大于就业上升的比例；而经济进入衰退时，产出减少的比例大于就业下降的比例。他的实证研究结果表明，失业率下降1个百分点，产出上升3个百分点，这一规律被称为奥肯定律。尽管新近的实证研究结果表明失业率上升1个百分点只带来不到3个百分点的产出下降，但产出波动明显低于失业率波动且方向相反的规律得到认可。对奥肯定律的解释是，企业发现招聘和培训工人成本较高，当经济暂时下滑时，如果匆忙解雇工人，万一经济回暖再重新招聘和培训就很不划算，所以企业选择暂时不解雇工人，即使劳动力资源没有充分利用，企业也宁愿让工人处于负荷不满的半空闲状态而继续雇用他们，这被称为劳动力雪藏（Labor Hoarding）。当经济再次回暖时，这些工人可以重新回到满负荷工作状态。

图3—6为2010年度美国总统经济报告中对奥肯定律在美国经济运行中的实证研究结果。[①]

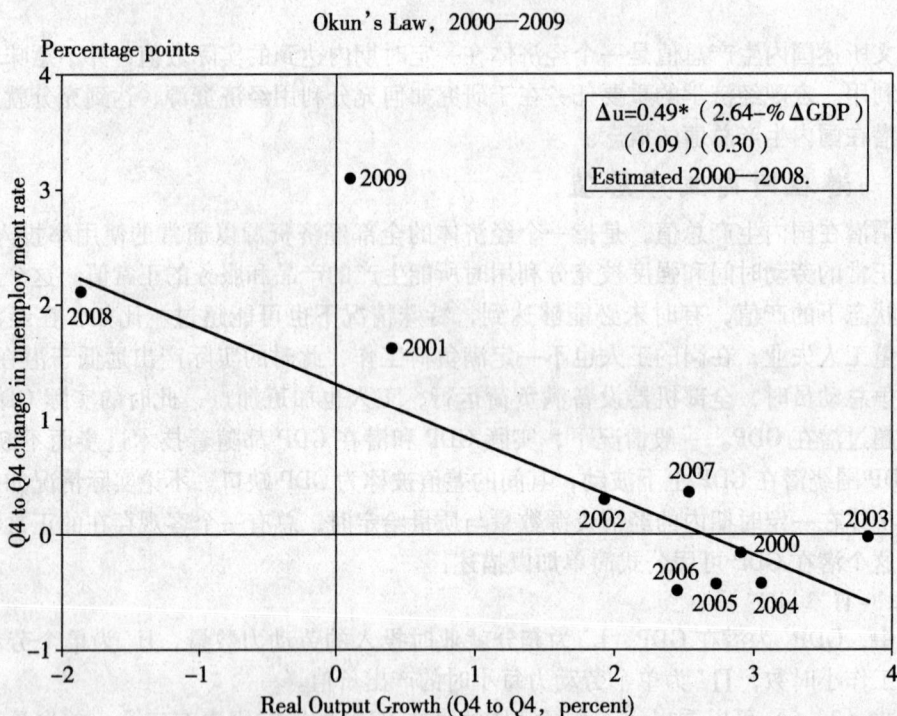

Okun's Law, 2000—2009

$$\Delta u = 0.49 * (2.64 - \% \Delta GDP)$$
$$(0.09)(0.30)$$
Estimated 2000—2008.

Sources: Department of Commerce (Bureau of Economic Analysis), National Income and Product Accounts Table 1.1.1, line 1; Department of Labor (Bureau of Labor Statistics), Current Population Survey Series LNS 11 000 000 and LNS 113 000 000; CEA calculations.

图3—6　奥肯定律：2000—2009年

图3—6中表明，美国2000—2009年之间失业率和实际产出水平负相关，且后者变动

---

① Economic Report of the President, http：//www. whitehouse. gov/administration/eop/cea/economic-report-of-the-President。

为前者的大致倍数基本符合奥肯定律。尽管奥肯定律并不十分严格，但可作为政府制定政策的参考依据。

应用专栏 3—2	我国 GDP 中第三产业的统计

　　2005 年 12 月 20 日，国家统计局举行新闻发布会，根据 2004 年第一次全国经济普查资料对 2004 年中国 GDP 总量数据进行了修正，新发布的数据为 159 878 亿元，比原先数值多出 2.3 万亿元，增加了 16.8%，修正后新增部分的 93% 来自第三产业。对数据修正的原因，国家统计局进行了解释，"主要是常规统计中第三产业存在明显的漏统问题"。例如，在个体、私营经济成分占较大比重的交通运输、仓储、邮电、通讯、批发、零售、住宿、餐饮和房地产业中，普查后的增加值比常规统计多出近 1.5 万亿元，占第三产业新增部分的 70% 。[①]

　　出现上述情况的原因，源自我国长期以来国民经济核算方法中存在的缺陷。近现代世界经济史上并行两种国民经济核算体系：物质产品平衡体系（Material Product Balance System，MPS）和国民核算体系（System of National Accounts，SNA）。前者根据马克思主义政治经济学理论设立，认为只有物质产品才能体现经济活动的价值，而第三产业的服务只是物质产品价值的再分配，其本身并不创造价值。这一体系比较适合计划经济体制的需要，中国从 1952 年开始长期使用这一方法，排斥对第三产业产值的全面统计；1982 年开始探索新的国民经济核算体系模式，经过 10 年过渡，直到 1992 年才宣布实行国民核算体系。

　　国民核算体系对价值的认识以现代经济学为基础，把属于非物质产品生产的第三产业的活动全部包括在国民经济统计范围内。国内生产总值这一概念就是国民核算体系用以衡量国民经济活动总规模的一个主要指标。市场经济国家全部采用这一核算体系。

　　我国改行 SNA 之后，统计工作的难点在于服务业数据的采集。20 世纪 50 年代库茨涅兹的大量实证工作表明，在经济发展过程中，随着经济结构的演进，农业在国内生产总值中的比重会逐渐降低，而服务业的比重则逐渐上升；人均 GDP 越高的国家，服务业所占的比重越大。中国目前的经济发展程度要高于印度、巴基斯坦、孟加拉国、斯里兰卡等国，这些国家 GDP 统计数据均显示其服务业比重超过 50%，而中国国家统计局统计的我国 2004 年修正前服务业比重仅为 31.9%，统计数据明显偏低，这说明中国的服务业数据漏报相当严重。

　　中国将凡不属于采掘业、农业和工业的其他产业都归入第三产业，其中交通、运输、仓储、邮电、通讯等行业的经济活动比较容易统计，而批发、零售、住宿、餐饮、娱乐等行业的数据就难保不出现遗漏，至于家政服务（如保姆、装修等）行业的统计就更加困难了，至今中国的 GDP 统计中仍未包括这部分产值。

---

　　① 国家统计局核算司：《经济普查后中国 GDP 数据解读之二：GDP 三次产业结构及国际比较》，国家统计局网站，2011-8-21http://www.stats.gov.cn/zgjjpc/cgfb/t20060307_ 402309438.htm。

应用专栏 3—3	世界各国 GDP 产业构成	(%)				
国家和地区	第一产业		第二产业		第三产业	
	2000	2008	2000	2008	2000	2008
世　界	3.6	3.0	29.2	28	67.1	69
低收入国家	30.6	24.8	24.1	27.7	45.3	47.5
最不发达国家	32.9	24.8	23.6	28.3	43.4	46.9
重债穷国	32	27.7	23.5	26.1	44.3	46.3
中等收入国家	11	10.1	35.4	36.9	53.6	53
下中等收入国家	16.8	13.7	39.4	40.8	43.8	45.5
上中等收入国家	6	5.1	31.7	30.9	62.3	64
中、低收入国家	12	9.5	35	31.9	53.1	58.6
东亚和太平洋	14.6	11.9	44.4	47.5	41	40.6
欧洲和中亚	9.5	6.7	33.9	32.8	56.6	60.4
拉丁美洲和加勒比	6.1	5.4	29.6	28.6	64.3	66
中东和北非	12.6	11	43.3	35.3	44.1	53.5
高收入国家	1.8	1.4	28	26.1	70.1	72.5
非经合组织成员国	2	1.5	35.6	34.3	62.5	64.2
经合组织成员国	1.8	1.4	27.7	25.8	70.4	72.8
中　国	14.8	11.1	45.9	48.5	39.3	40.4
印　度	23.4	17.8	26.2	29.4	50.5	52.8
日　本	1.8		32.4		65.8	
韩　国	4.9	3	40.7	39.4	54.4	57.6
马来西亚	8.8	8.5	50.7	50.6	40.5	40.9
新加坡	0.1	0.1	35.6	31.1	64.3	68.8
墨西哥	4.2	3.6	28	25.3	67.8	71.1
美　国	1.2		24.2		74.6	
巴　西	5.6	4.9	27.7	30.6	66.7	64.5
俄罗斯联邦	6.4	4.8	37.9	38.6	55.6	56.7

数据来源：中国国家统计局网站，2011 - 08 - 21，http：//www.stats.gov.cn/tjsj/qtsj/gjsj/2009/t20100408_ 402632746. htm。

本章小结

两部门到四部门经济循环展示了家庭、厂商、政府、外国居民以及金融市场在国民经济运行中的角色与作用，这是学习国民经济核算原理和方法的基础。

国内生产总值有五层含义：GDP 核算的是流量，除了考虑时间因素，还要扣除物价上涨因素；GDP 测度的是最终产品，所以不能含有中间产品的价值；GDP 是指生产的价值，而非实际销售的价值；GDP 是指一个经济体内的长期经济单位用其拥有的生产要素所生产的价值，而不管这些经济单位的产权是否属于东道国。GDP 是一个市场价值概念，必须实现其市场价值。

国内生产总值核算的主要方法是从国民经济各部门支出的角度，衡量一个经济体的总产出。这种方法是将对该经济体所有最终产品的购买支出加以汇总，这些支出共有四个方面：家庭的消费支出 C、企业的投资支出 I、政府的购买支出 G 和净出口（X–M），净出口即外国居民的购买支出。

两部门到四部门国民经济核算恒等式表述的意思，依次是企业投资等于家庭、家庭和政府，以及家庭、政府和外国居民在东道国的储蓄之和。

所谓潜在国内生产总值，是指一个经济体的全部经济资源以通常的使用率投入运营，工人以正常的劳动时间和强度被充分利用时所能生产的产品和服务的正常值。

思考与训练

一、判断题

1. 两部门经济循环分析中不可包含资本市场。　　　　　　　　　　　（　　）
2. 家庭与厂商由截然不同的两个人群构成。　　　　　　　　　　　　（　　）
3. 国内生产总值与国民生产总值多数时间是相等的。　　　　　　　　（　　）
4. 毛线与布匹是中间产品。　　　　　　　　　　　　　　　　　　　（　　）
5. 国内生产总值统计的是已经销售出去的产品和服务的价值。　　　　（　　）
6. 名义国内生产总值是基期价格乘以计算期数量的总和。　　　　　　（　　）
7. 奥肯定律描述经济波动和失业率之间的起伏关系并不十分精确。　　（　　）
8. 两部门经济的企业投资等于家庭储蓄与政府储蓄之和。　　　　　　（　　）

二、简答题

1. 一名厨师的烹调活动在什么情况下计入 GDP，在什么情况下不必计入 GDP？为什么？
2. 制衣厂的毛衣存货与家庭主妇织给孩子的毛衣同样未售出，为什么前者计入 GDP 而后者不计入 GDP？

三、作图题

作图说明不含金融市场的两部门经济循环过程。

四、讨论题

搜集资料，分析中国历年 GDP 与 GNP 的差异及形成原因。

第4章 古典宏观经济模型

学习目标

了解萨伊定律、货币中性和古典宏观经济学模型的含义，理解传统经济学面临的困境，掌握凯恩斯宏观经济学对传统经济学的突破。

导入场景

凯恩斯以前的传统经济学认为，现实世界具有无限广阔的投资机会，供给可以自动创造需求，不存在所有商品都过剩的经济危机。供给和需求即使偶有失衡，也会通过市场这只"看不见的手"，自动调节直至两者均衡。经济学家专注于经济理论的逻辑严谨与形式优美，对经济学在宏观经济调控中的应用漠不关心。1929年开始的经济危机，波及整个世界，各主要工业国家的生产大幅度萎缩，商品滞销，工厂倒闭，大批工人失业，传统经济学的论调宣告破产。随后出现的罗斯福新政对美国经济的成功干预，与同时出现的凯恩斯经济学说遥相呼应，预示着宏观经济理论崭新时代的到来。

凯恩斯在1936年出版的《通论》是经济学发展史上划时代的著作，本书介绍的宏观经济模型就是凯恩斯在《通论》中首次提出，而后由各国经济学家在不断争论中修正、补充和发展的理论成果。凯恩斯要探讨的问题是：一个经济体在一定时期内，在市场供求机制作用下，当总供给和总需求从不平衡趋向平衡时，它的国民收入或者说就业量是如何决定的。与前一章相比，国民经济核算研究的是事后的衡量，即"实际上"的数量；从本章开始，我们分析的是国民收入"应该"有多大。凯恩斯所用的方法是微观经济学里面常用的静态均衡分析法。也就是说，假定决定国民收入总量的生产函数和决定总需求的四个变量，即消费、投资、偏好和货币供应量均被给定的条件下，国民收入的均衡值到底如何决定。

本章先介绍凯恩斯以前的古典宏观经济模型，通过古典经济学对产品市场、要素市场和资本市场的分析，并结合货币数量论，我们将理解古典宏观经济模型的缺陷所在。古典宏观经济模型在当时是符合社会经济的实际状况的，只是到了后来不能很好地说明资本主义经济大衰退出现的原因，也提不出有效的解决办法，后来才发生了凯恩斯革命。

4.1 萨伊定律与古典宏观经济模型

4.1.1 萨伊定律

法国经济学家萨伊在《政治经济学概论》中提出了一条饱受争议的萨伊定律：供给

会创造出自己的需求，生产会自行创造销售。其含义是，任何产品的生产除了满足生产者自身的需求以外，其余部分总会用来交换其他产品，即形成对其他产品的需求。

由于任何生产活动都创造出参与该产品生产的生产要素所有者的收入，人们获得的收入除了用于消费以外，剩余部分就形成了储蓄。当人们从事扩大再生产并引进货币作为交换媒介的时候，萨伊定律就等价于如下命题：任何数量的储蓄都会全部转化为投资。李嘉图对萨伊定律深表认同，他认为，任何人从事生产，都是为了消费与销售；而任何人销售，都是为了购买对他自己直接有用或者有助于他未来生产别的产品。在其论著中，李嘉图还说，"需求是无限的，只要资本还能够带来某些利润，资本的使用也是无限的"。既然需求是无限的，任何储蓄都会作为投资用于生产，以满足人们的需求。

按照这一逻辑，总供给过剩或总需求不足的经济危机是不存在的。萨伊定律并不否认部分产品可能生产过剩，但他认为某些产品之所以过剩，是因为另一些产品生产不足。例如，生产家具用以交换服装的人之所以无法出售全部家具，是因为没有足够的服装与之交换。如果把全社会商品分为消费品和投资品两大类，上述推论又可推出如下命题：如果消费品过剩，则是因为投资品不足，而所有商品都过剩的经济危机是不存在的。凯恩斯理论与古典经济学最大的分歧就在这里：古典经济学认为既然一切供给都能找到需求，市场能够自己出清，政府干预又有何必要？

如果用所谓"存在决定意识"的规律来解释，则萨伊定律在一百多年内被很多人深信不疑主要是出于两个原因：首先，截至 20 世纪 30 年代，资本主义世界广阔的市场为资本家和企业家提供了看起来几乎是无限的投资机会，萨伊定律符合人们的直观感受；其次，30 年代以前的经济危机并不十分严重，经济学家可以用市场机制的短期摩擦来解释生产过剩和失业。

4.1.2 萨伊定律与利率理论：资本市场的均衡

萨伊定律之所以在一百多年间被经济学界广泛接受，除了它大体符合当时的社会经济发展状况之外，还因为它与古典经济学的利率理论在逻辑上高度一致。

在当时的经济学界，在利率决定机制上有比较一致的看法。古典经济学的集大成者马歇尔（Alfred Marshall 1842—1924）于 1890 年出版的《经济学原理》综合前人成果，对利率决定理论做了经典表述，如图 4—1 所示。

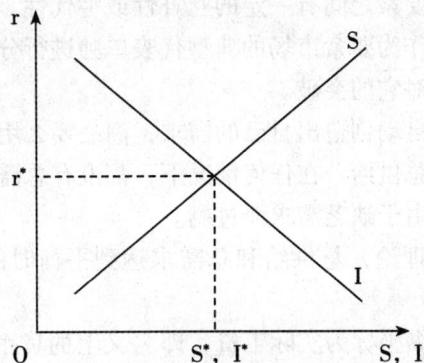

图 4—1 古典经济学的利率决定

在图 4—1 中，储蓄 S 与投资 I 都是利率的函数，利率 r 越高，资本供给者愿意并且能够提供的储蓄 S 越多；利率 r 越高，资本需求者愿意并且能够进行的投资 I 越少。正如商品的市场价格引导商品的供求趋于一致一样，资本的市场价格，即利率引导储蓄 S 与投资 I 达到资本供求的均衡。

在古典经济学的利率决定理论中，萨伊定律可以解释为：在资本市场上，总有一个利率水平，使得储蓄正好全部转化为投资，从长期看，储蓄总能找到投资机会，多余的储蓄是没有的。

4.1.3　基于萨伊定律的货币职能：货币中性

萨伊定律推定储蓄总能转化为投资，而储蓄是人们获得的货币收入用于消费之后的剩余部分。这就是说，人们的货币收入除了用于购买消费品，就是用于投资牟利。由此可见，基于萨伊定律视角的货币职能只有交换媒介与价值尺度。

从萨伊定律及其推论出发，人们可以进一步推定价值理论与货币理论之间存在互不相涉的两分法（Dichtomy），即商品价格和货币价格由各自的供求决定。

在古典经济学中，商品价格不过是各种商品相互交换的比例。如果考虑货币数量，并把货币作为特殊商品，则除货币之外的普通商品的绝对价格为各自和货币的交换比例。货币自己的价格由自身的供求决定，货币供求均衡的实现和自身价格的决定过程，与普通商品供求均衡和价格决定过程原理相同。货币的存在，只是起到一般等价物，即交换媒介和价值尺度的作用，它的存在对实体经济的市场均衡既无促进也无阻碍作用，是中性的。普通商品市场的商品总量、结构和交换比例跟货币供应量的存量和变动毫无关系，货币数量只决定普通商品的名义价格。经济学史上关于货币中性的争论，除了纠缠于实体经济和货币经济的运作机理，还事关对货币政策的看法：如果货币真是中性的，干预货币市场的货币政策就是多余的。

4.1.4　古典经济学中的劳动力市场均衡

劳动力市场属于典型的要素市场，我们可在微观经济学中学习有关要素市场的若干特征，这里只作简略介绍。要素市场有若干区别于商品市场的特征：首先是它的派生性，因为要生产某种商品，才派生出了对生产这种商品所需要的要素的供求。其次是各种不同要素价格之间的关联性，比如劳动力价格不仅取决于劳动力市场的供求，还要受其他要素如资本供求的影响，因为不同要素之间有一定的互补性或替代性。这一点在微观经济学中多有论述，此处我们将劳动力作为要素市场的典型代表单独进行分析，从中可以体会古典经济学的局限性和凯恩斯理论对它的突破。

按照萨伊定律，供给会自动创造出自己的需求，商品要么用于生产者自己消费，要么用于交换，总需求肯定等于总供给。在任何情况下，都没有总需求过剩，商品供给只受生产能力本身的制约，不可能由于缺乏需求而过剩。

按照古典经济学的工资理论，总供给和总需求达到平衡时的就业，就是充分就业水平，如图 4—2 所示。

横坐标为劳动力数量，纵坐标为实际工资，即名义上的货币工资除以价格水平的商。名义工资、实际工资和价格水平之间的关系类似于名义 GDP、实际 GDP 和物价水平之间的关系。图 4—2 中上升的曲线代表劳动供给函数，雇主提供的实际工资越高，工人愿意并能够出卖的劳动力越多。劳动需求函数的意义与之相反，是一条下降的曲线，代表工人

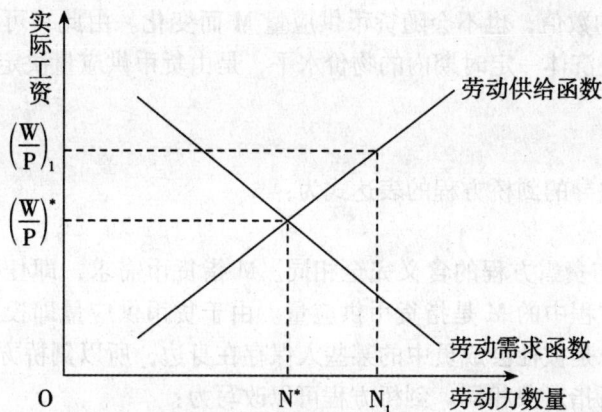

图 4—2　古典经济学的劳动力市场均衡

提出的价码越高，雇主愿意并且能够雇用的劳动力越少。两者的交叉点就是劳动力市场的均衡点。如果市场是完全竞争的，则当实际工资水平高于图 4—2 中的均衡点时，劳动力市场供过于求，劳动力之间的竞争将使实际工资水平回落。反之，当实际工资水平低于均衡点时，劳动力市场供不应求，雇主之间的竞争将使实际工资水平恢复到均衡点。古典经济学认为，图 4—2 中的均衡点就是充分就业点，如果还有人未能就业，那是自愿失业，因为他们开出的价码太高，雇主拒绝雇用。劳动力市场是终年均衡的，就业水平是天然充分的，如果偶有偏离，也会自动恢复。

在古典经济学看来，既然工资水平的涨跌能够自动引导要素市场，比如劳动力市场的均衡，则政府干预要素市场也是多余的。

4.1.5　货币数量论与价格水平的决定

以萨伊定律视角分析的价格水平，是各种商品的相对交换比例，是各种商品供求均衡时的实际（非货币）因素决定的。下面我们来分析古典经济学中各种商品价格的绝对水平是如何决定的，这就是在西方经济学中已有数百年历史的货币数量论，其中最具代表性的是费雪方程和马歇尔、庇古倡导的剑桥方程。

1）费雪方程

美国经济学家费雪于 1911 年出版了专著《货币的购买力》，提出了著名的费雪方程：

$$MV = PY$$

式中，M 为货币供应量，是个存量；V 为货币流通速度，即单位时间内货币作为交换媒介被使用的次数；Y 为实际国民收入；P 为一般价格水平。如果将 Y 理解为以货币衡量的销售额，则 P 为计算期与基期相比的物价指数。如果进一步简化，可以将 Y 理解为实物，而 P 就是每个实物单位的价格的加权平均数。

费雪方程既可以作为一个定义性的恒等式，也可以作为经济主体的行为方程，用来描述相关变量的函数关系。各变量的数据可从国民收入核算报表中得到。式中左边为表示原因的自变量，右边为表示结果的因变量，PY 是由 MV 决定的。更进一步说，货币供应量 M 是已知的外生变量，物价水平 P 是模型相关因素决定的内生变量。

古典经济学中的货币数量论有两个重要假定：首先，它认为货币流通速度 V 取决于制度性因素，在相当长的时期内可保持不变，不受货币供应量 M 的影响；其次，国民收入 Y 是充分就业时的数值,也不会随货币供应量 M 而变化。由此,可以得到货币数量论的核心命题:一个经济体一定时期内的物价水平,是由货币供应量决定的,物价水平与货币供应量成正比。

2) 剑桥方程

马歇尔和庇古倡导的剑桥方程的表达式为:

$$M = kPY$$

式中的 P 和 Y 与费雪方程的含义完全相同。M 指货币需求,即任一时刻人们手中持有的货币,而费雪方程中的 M 是指货币供应量。由于货币供应量即投入流通领域的货币数量,在任一时刻总是被社会成员中的某些人保存在身边,所以剑桥方程与费雪方程中的 M 大小相等,因为所指对象相同。剑桥方程可以改写为:

$$k = \frac{M}{PY}$$

式中,M 为人们经常保留在身边的货币数量,Y 为实际国民收入,PY 为名义国民收入。k 是 V 的倒数,V 等于 4 表示每单位货币一年参加流通 4 次,而 k 等于 1/4 表示人们经常持有的货币数量是一年交易量的 1/4。

剑桥方程和费雪方程一样,假定 k 和 Y 是常数,则价格水平 P 由 M 决定。

4.1.6　古典宏观经济模型

综上所述,古典宏观经济模型包含五个独立的方程:

(1) $N_d \left(\frac{W}{P}\right) = N^* = N_s \left(\frac{W}{P}\right) \sim N^*, \left(\frac{W}{P}\right)^*$

(2) $Y = F(\bar{K}, N) \sim Y^*$

(3) $S(r) = I(r) \sim r^*$

(4) $M = kPY \sim P^*$

(5) $W = \left(\frac{W}{P}\right) P \sim W^*$

(1) 式表示劳动力市场的均衡,$N_d \left(\frac{W}{P}\right)$ 和 $N_s \left(\frac{W}{P}\right)$ 分别为劳动力的需求与供给,括号内表示它们都是实际工资率 $\frac{W}{P}$ 的函数。当两者相等时,就决定了均衡就业量 N^* 和均衡实际工资率 $\left(\frac{W}{P}\right)^*$。

(2) 式表示国民收入 Y 作为资本 K 和劳动力 N 的函数,当资本总量不变时,均衡就业量 N^* 决定了均衡国民收入 Y^*。

(3) 式表示储蓄 S 和投资 I 作为利率 r 的函数,当两者相等时,资本市场达到均衡,此时决定了均衡利率 r^*。与凯恩斯理论相比,此处的储蓄与投资分别为计划储蓄与计划投资,通过利率的升降,两者趋于一致。

(4) 式为剑桥方程,由于 M 和 k 被假设为常数,一旦均衡国民收入 Y^* 被求出,则 P^* 随之被决定。

(5) 式表示货币工资、实际工资和价格水平之间的关系,是个定义性恒等式。

从上述方程组中可以看出古典经济学中实物分析和货币分析互不相涉的两分法:

（1）、（2）和（3）式表述了实际因素之间的函数关系，（4）和（5）式描述了物价水平和货币工资之间的关系。

以上我们用方程组说明了古典宏观经济模型，下面我们结合图形进一步加以说明，如图4—3所示。

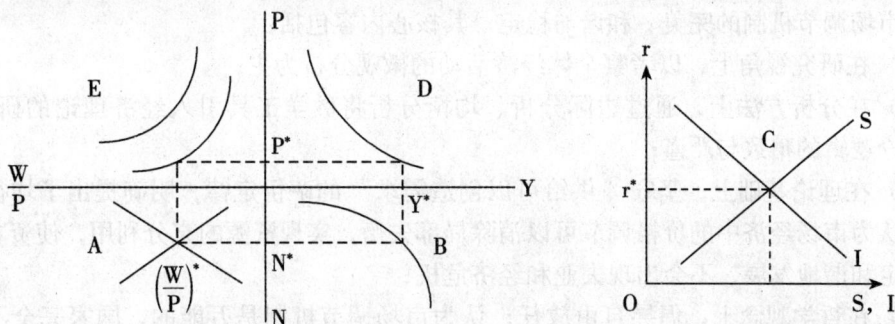

图4—3　古典宏观经济模型图解

在图4—3中，A象限表示劳动力市场的均衡，劳动力的供给和需求共同决定了均衡状态下的就业水平 N^* 和实际工资率 $\left(\dfrac{W}{P}\right)^*$。

B象限为总量生产函数，表示资本K保持不变的时候，总产出随着劳动力的投入呈边际产出递减趋势。一旦均衡就业量 N^* 被决定，则可得到总产出水平 Y^*。

C象限描述了资本市场均衡的情形，储蓄S和投资I相等时，决定了均衡利率 r^*。

D象限描绘剑桥方程，它的几何含义十分直白：因为M和k是常数，所以P和Y呈双曲线关系，而且是直角双曲线，即P和Y等比例反向变化，这条曲线也叫总需求曲线。如果要画总供给曲线，则它将是一条穿过 Y^* 垂直于Y轴的直线，因为实际国民收入 Y^* 是充分就业时的水平，即使货币供应量M增加了，也对Y的数值不起作用，只是相应提高P的水平。

E象限描绘实际工资率和物价水平之间的关系。当货币工资一定时，价格水平和实际工资率成反比。如果货币供应量增加，则价格水平也相应增加，双曲线将向外推移。

4.2　传统经济学面临的窘境

4.2.1　传统经济学的主要观点

在凯恩斯革命以前，西方传统经济学经历了古典经济学和新古典经济学两个发展阶段。古典经济学发展于自由竞争资本主义阶段，其主要代表有斯密、李嘉图、萨伊和约翰·穆勒等人。古典经济学的核心命题是：

（1）经济活动的主体是理性的"经济人"，他们追求自身利益最大化的行为推动了经济增长和社会进步；

（2）市场这只"看不见的手"能够自发调节经济运行，使供求达到均衡，因此应当提倡自由竞争和自由贸易，不必实行国家干预；

（3）因为产品市场和劳动力市场处于完全竞争状态，在价格调节作用下，供给总能创造出等量的需求，所以不仅从长期看产品市场供求均衡，而且社会生产必将扩展到充分就业水平，不存在生产过剩造成的经济危机。

新古典经济学兴盛于自由竞争资本主义转向垄断资本主义时期，其代表人物包括边际学派的门格尔、杰文斯和瓦尔拉斯，剑桥的马歇尔等人。新古典经济学力图论证以价格为中心的市场调节机制的完美、和谐与稳定。其核心内容包括：

（1）在研究视角上，以考察个体经济活动的微观分析为主；

（2）在分析方法上，通过边际分析、均衡分析将数学工具引入经济理论的研究中，以求理论逻辑的精致与严谨；

（3）在理论基础上，坚守"供给可以创造需求"的萨伊定律，明确提出了均衡价格理论，认为市场经济中的价格调节可以消除局部失衡，实现资源的充分利用，使资本主义经济稳定和谐地发展，不会出现失业和经济危机；

（4）在哲学观念上，倡导自由放任，认为市场调节机制是万能的，国家完全不必干预经济运行；

（5）在分配制度上，认为任何生产要素的价格都是由市场供求决定的，因此不存在收入分配不公的问题。

传统经济学经过数百年的积累，尤其是经过"边际革命"中众多经济学家的不懈努力，越来越显得体系完备，逻辑严谨，内容充实，形式优美。如果不是后来发生的经济危机，传统经济学对经济运行的解释倒也像模像样。奈何现实世界的发展不以人的意志为转移，1929—1933 年发生了世界历史上空前的经济危机，整个资本主义世界的经济全面衰退，倒退到 20 世纪初甚至 19 世纪末的水平。

4.2.2　20 世纪 30 年代经济大危机

1929 年 10 月 29 日，纽约证交所股价一天之内暴跌 12.8%，这个记录一直保持了 58 年。以此为开端，西方各主要工业国家堕入了至今仍谈之色变的深重危机。这次经济危机持续时间之长、创痛之深、波及面之广，史无前例。具体表现有以下几方面：

1）股指暴跌

表 4—1 为部分工业国家 1929—1932 年经济危机期间股指下跌的情况。

表 4—1　　　　　　　　　部分工业国家危机期间股指下跌概况

国　别	基期	1929	1930	1931	1932
比利时	1928 年 1 月	79（12 月）	53（11 月）	35（11 月）	31（5 月）
加拿大	1924 年	209（11 月）	120（12 月）	74（10 月）	49（6 月）
法　国	1913 年	465（11 月）	349（12 月）	217（12 月）	225（5 月）
德　国	1924—1926 年	107（12 月）	78（12 月）	67（6 月）	45（4 月）
日　本	1930 年 1 月		57（10 月）	65（10 月）	86（6 月）
荷　兰	1921—1925 年	98（11 月）	60（12 月）	35（12 月）	27（5 月）
瑞　典	1924 年 12 月 31 日	154（12 月）	129（10 月）	79（12 月）	51（6 月）
瑞　士	票面	212（11 月）	178（12 月）	117（12 月）	103（5 月）
英　国	1924 年	121（11 月）	99（12 月）	78（9 月）	73（6 月）
美　国	1926 年	145（11 月）	102（12 月）	54（12 月）	34（6 月）

资料来源　［美］查尔斯·P. 金德尔伯格：《1929—1939 年世界经济萧条》，138 页，宋承先、洪文达译，上海，上海译文出版社，1986。

表4—1中基期指数为100，从中我们可以看出，除英国和日本外，其他工业国家的股价指数在危机期间跌去了一半以上。英国与日本之所以跌幅较小，是因为英国在20世纪20年代经济长期陷入萧条，而日本在1927年就已经爆发了金融危机。

2）企业破产

股价指数的迅速下跌，伴随着商品严重滞销，物价暴跌，生产萎缩，随之导致了企业成批破产，民不聊生。表4—2为美、英、德、法四个主要工业国家在危机期间破产的企业个数。

表4—2　　　　　　　　美、英、德、法四国危机期间破产企业数

	1930	1931	1932	1933
美国破产股份公司数（千家）	26.4	28.3	31.3	20.3
美国破产银行数	934	1 440	1 453	1 783
英国破产企业数	6 267	6 818	7 321	6 212
德国破产企业数	15 486	19 254	14 138	7 954
法国破产企业数	8 974	10 876	14 034	13 764

资料来源　宋则行、樊亢：《世界经济史》中卷，132页，北京，经济科学出版社，1998。

3）生产萎缩

这次经济危机的主要特征在于持续时间特别长，生产下降幅度极大。表4—3以1914年为基期，列出了英、德、法、美四国历年工业生产指数的变化。工业生产指数是用加权算术平均数编制的工业产品实物量指数，衡量的基础是数量而非金额，是西方国家普遍用来计算和反映工业发展速度的指标，也是景气分析的首选指标。工业生产指数的基本原理是把报告期各种代表产品产量与基期相比计算出个体指数，然后用各种产品在工业经济中不同重要性的权数，加权平均计算出产品产量的分类指数和总指数。

表4—3　　　　　　英、德、法、美四国工业生产指数的变化

时间		英	德	法	美
危机前	1890	62	40	56	39
	1900	79	65	66	54
	1910	85	89	89	88
	1913	100	100	100	100
危机前最高点	1929	104	108.3	144	182
危机中最低点	1932	70.7	51.8	92	81

资料来源　［苏］尤·瓦尔加：《世界经济危机，1848—1935》，戴有等译，54页，北京，世界知识出版社，1958。

由表4—3中可以看出，美、德两国工业生产下降最为严重，与危机前的最高点相比，生产萎缩过半，英、法两国也下降了1/3左右，四国工业生产分别退回到20世纪初甚至19世纪末的水平。此次危机对美国的打击尤为沉重，按危机前最高点1929年和危机时最低点1932年的月度数据，美国工业生产下降56%。其中采煤下降66%，生铁下降87%，炼钢下降85%，汽车制造下降92%，机床制造下降96%[①]。

---

① 宋则行、樊亢：《世界经济史》中卷，123页，北京，经济科学出版社，1998。

4）失业剧增

随着生产萎缩和企业大批破产，各国失业率急剧攀升。当时各资本主义国家的完全失业人数曾高达3 000万以上，加上半失业人数共计4 000~4 500万。在危机最严重的时候，德国和美国都有近半数的工人失业①。表4—4是危机期间各国完全失业工人的比例。

表4—4　　　　　　　　　　　危机期间各国完全失业工人的比例　　　　　　　　　　（％）

国别	1929	1930	1931	1932
德国	13.2	22.2	34.3	43.8
奥地利	—	—	20.3	24.8
比利时	1.3	3.6	10.9	19.0
加拿大	5.7	11.1	16.8	22.0
丹麦	15.5	13.7	17.9	31.7
美国	12.0	21.0	26.0	32.0
挪威	15.4	16.6	22.3	30.8
荷兰	7.5	9.7	18.2	29.9
英国	8.2	11.8	16.7	17.6

资料来源　宋则行、樊亢：《世界经济史》中卷，126页，北京，经济科学出版社，1998。

5）农业危机

1929年以前，欧洲于19世纪70年代和90年代就已经发生过两次农业危机，主要原因是印度和美洲的大量廉价粮食输入欧洲，使欧洲国家出现了粮食过剩。而20世纪二三十年代资本主义世界又一次发生严重农业危机，却是从处于农业"黄金时代"的美国开始的，涉及所有的主要资本主义国家，席卷了谷物、畜牧和经济作物等一切农业部门，并与工业经济危机相互交织。受第一次世界大战的影响，欧洲壮丁参战，田地荒芜，产量缩减，而与此同时，美国的农产品产量却呈跳跃式增加，加上其他国家农产品稳步增长，到危机发生前，世界农产品库存增加150%，其中小麦增加110%，糖增加230%，橡胶增加310%，棉花增加1倍。农产品库存增加，和因工业危机导致的工业企业和城市居民购买力的急剧缩小构成了尖锐矛盾。农业危机的激化表现为农产品价格急剧下跌和农业收入大幅度降低。以美国为例，农产品价格下跌幅度比工业品大得多，且农业货币收入总额1932年比1929年减少了58%②。为阻止农产品价格大幅度下跌，美国曾出现了对农产品的大规模销毁，这一点至今仍饱受指责。

4.2.3　国家干预经济的实践

19世纪末，自由竞争资本主义开始向垄断资本主义转变。为了准备第一次世界大战，私人垄断资本加速了和国家权力的结合。但在传统经济学看来，国家对社会经济运行的干预是不合理的，最多只能被视为特殊情况下的权宜之计，所以战争结束之后，战时国家经济管理机构也相继撤销，各主要工业国家对经济运行的调控活动随之减弱。但是1929年

---

① 宋则行、樊亢：《世界经济史》中卷，126页，北京，经济科学出版社，1998。
② 陈明星：《经济危机对农业农村发展影响的国际考察及启示》，载《世界农业》，2010（2），1页。

大危机爆发之后，各主要工业国家纷纷颁布经济法规，设立管理机构，通过财政政策、货币政策或其他政策干预经济。美国的"罗斯福新政"历来被看做政府干预经济的成功典范。

1933 年 3 月 4 日，富兰克林·罗斯福宣誓就任美国第 32 任总统。3 月 6 日，他果断宣布全国银行放假四天，以便通过整顿金融业的立法。3 月 9 日，国会通过《紧急银行法》，授权财政部迅速行动，对 6 468 家"健全银行"提供 30 多亿美元资金支持，同时对 2 352 家"非健全银行"进行清理整顿。罗斯福政府的主动干预使美国银行和证券业得以全面恢复。

为了挽救濒临灭亡的农业，罗斯福于上任当月下旬出台《农业调整法案》，在农业部下设农业调整局。因为预测当年即 1933 年夏季会丰收，该局派出大量专员前往美国南部和西南部农村，以联邦财政补贴为交换条件，劝说当地农民毁产保价，当即毁掉了 1 000 万英亩（1 英亩等于 6.07 亩）棉花和小麦，宰杀了 22 万头生猪和 600 万头苗猪，缓解了农产品过剩。

为赈济城乡饥民，与《农业调整法案》同时施行的还有《紧急救济法案》，根据该法案，罗斯福政府建立了联邦紧急救济署。该机构斥巨资对穷人进行直接救济，购买农产品和轻工业品，直接分发。

直接救济虽能解燃眉之急，却无助于恢复信心与重振经济，两全其美的办法是以工代赈。为此，罗斯福政府自 1933 年起先后成立了民间资源保护队、民政工程署、全国青年总署等以工代赈机构。这些机构耗资上百亿美元，雇用了当时美国 1 700 万失业人口中的至少 600 万人，将他们投入到 3 万个以上的工程项目中，包括建学校、请教师、兴水利、设邮局、修公路、筑桥梁、办医院、造机场、架电线杆、植树造林、改造绿化带、放养野生动物、打通下水道和涵洞、建造公共游泳池和运动场以及儿童游乐场、兴建发电厂和火车站等。以工代赈不但增加了就业，缓解了民生困难，而且通过财政拨款和政府投资的方式扩大了国内需求，基础设施建设也有助于国家的长远发展。其中备受瞩目的是"田纳西河流域工程"，该工程在 20 世纪三四十年代共新修、扩建了 25 座水坝，不但吸纳了大量的就业人口，扩大了对劳动力的需求，同时还为沿岸居民提供了电力，并保护了 120 万公顷农田免受水灾，使整个流域的居民平均收入提高了 9 倍以上，至今仍在造福一方百姓。

罗斯福最重要的举措是组建庞大的民间资源保护队。在 8 年期间，共有将近 300 万青年参加了这支造林大军。该组织在军官和农林机构的指导下，为全美国增加了 700 万公顷林地，种植树木 2 亿棵，开辟养鱼池放养鲜鱼 10 亿尾，开挖了许多引水渠和运河，修建了 600 万座预防土壤侵蚀的堤堰，通过有效控制蚊蝇滋生帮助消灭疟疾。据统计，美国历史上全部的公私造林成果，有一半以上出自这支队伍之手。

美国全国青年管理署还特别致力于帮助那些刚刚毕业的年轻人找工作，帮助大专院校的学生得以继续上学或训练新的职业技能。在短短 7 年间，它就为 60 多万名大学生和 150 多万名高中生找到了半工半读的工作，也为 260 万刚刚步出校门的无业青年找到了事情做。

民政工程署更是在短短的时间里让人们做了尽可能多的有意义的事情——修建、改建了 80 万公里公路、4 万所学校、3 500 多个运动场、1 000 个机场。这不仅有效地拉动了内需，改善了社会环境，也使得更多的人通过充实的工作找回了久违的活力和自信。

1934 年元旦后的第三天，罗斯福总统在国会咨文中宣布，他的第一次"新政"就此结束，因为美国经济正在逐渐恢复。事实确实如此，1934 年，美国的国民生产总值实现了自 1929 年以来的首次增长，高达 17%。《纽约时报》一语中的地指出：罗斯福已经挽救了一场史无前例的绝大危局[①]。

综上所述，罗斯福新政从具体措施上看，包括整顿金融，调整农业，赈济贫民和兴建公共工程。从经济学角度看，是在扩大财政支出，实行赤字财政；增加货币信贷，不惜通货膨胀；兴建基础设施，创造就业机会。此次危机解除之后，随着人们对经济发展规律的认识不断深化，在世界各国，政府对经济的强力介入已不再是应付突发事件的临时举措，而是调控经济的常规手段。

4.2.4 传统经济学面临的窘境

这次经济危机不仅冲击了资本主义的政治经济基础，还意味着传统经济学面临尴尬窘境，它对现实经济世界的理论解释显得左支右绌，狼狈万状。这主要表现在：

（1）萨伊定律的失效：萨伊定律断言供给创造需求，不会发生生产过剩的危机，但是大量产品过剩、数千万人失业的严酷现实，使得萨伊定律不攻自破。

（2）自由放任经济学的破产：古典经济学与新古典经济学认为市场这只"看不见的手"能够随时调节经济运行，使之和谐稳定，但是经济危机期间社会生产过程中各种矛盾总爆发，证明了国家干预的必要性。事实上，危机发生后，各主要资本主义国家政府对经济的成功干预也宣告了自由竞争资本主义时代的终结。

（3）研究方法的局限：新古典经济学对微观层面单个主体经济行为的价格分析，已不能解释现实世界国民经济总体的失衡现象，也无法提供国家干预经济运行的理论依据。

面对如此窘境，一些原先积极倡导经济自由主义的经济学家也不得不承认传统经济学的失败。在经济大衰退中，新政派、货币学派、财政学派等各派经济学家纷纷建言，各自从自身的理论出发，分析危机爆发的原因和解决对策，但没有一派能够真正提出经世致用、切中时弊的经济改革理论。正是在这种形势下，凯恩斯革命应运而生。

4.3 凯恩斯革命对传统经济学的突破

本书第 1 章对凯恩斯主义的理论体系已有概述，后续章节也将对凯恩斯理论的具体细节详加介绍，此处主要针对凯恩斯理论对传统经济学观点的突破进行简要说明。

与传统经济学相比，凯恩斯理论的突破表现在以下几方面：

（1）传统经济学认为既然供给能够创造需求，则均衡产量只取决于供给，生产将自动扩张到资源充分利用的极限，即充分就业的均衡水平。凯恩斯认为古典学派所谓充分就业的均衡只是一个特例，通常情况总是小于充分就业的均衡，造成这一现象的根本原因在于有效需求不足。所谓有效需求，就是总供给和总需求均衡时的总需求量。只有有效需求足够大，才能实现充分就业，否则即使均衡也是非充分就业的均衡。其中隐含的政策含义在于，当有效需求不足时，需要政府采取措施提高国民收入水平。

（2）传统经济学假定货币工资率（即名义工资率）将适应劳动力市场的供求而自动调整。如果出现劳动力供大于求的失业现象，可通过货币工资率的降低解决劳动力的过剩问题。凯恩斯认为货币工资率将在一定时期内保持刚性，强行降低货币工资率必将遭到强大的阻力，只有通过增加货币供应、降低实际工资率才能减缓失业问题。

（3）传统经济学认为现实世界具有无限广阔的投资机会，因此储蓄总能转化为投资。即使两者之间偶有偏离，也可通过利率的变化加以调整，使得计划储蓄等于计划投资。凯恩斯引入消费函数的概念，认为消费是收入的函数。随着收入的增加，收入中用于消费的比例将越来越小，储蓄部分的比例将越来越多。储蓄未必等于投资，造成总需求不足，也需要国家进行干预。

（4）传统经济学认为总供给和总需求总是处于充分就业的均衡状态，利率是由资本市场而非货币市场决定的，经济运行中货币数量的增减只能相应改变商品价格的绝对水平，商品市场和货币市场的运行互不干涉。而凯恩斯认为多数情况下经济运行处于总需求不足的状态，利率是由货币市场供求决定的，货币的供求会通过利率传导机制影响消费与投资，进而影响产品市场的总供给和总需求，货币中性不成立。

一般认为，《通论》的出版和当时的时代背景密不可分。1929—1933 年的大危机空前惨烈，在人们心中引起了广泛的消沉和迷惘，各国政府和民众在恢复生机的努力之余，对危机发生的原因和重振经济的途径陷入了深深的思考。不管经济学家承认与否，"看得见的手"代替了"看不见的手"，有力地扭转了危局已是不争的事实。现在需要对过去发生的一切进行解释，并指明未来的方向。①

本章小结

基于萨伊定律的传统经济学认为供给会创造出自己的需求，任何数量的储蓄都会全部转化为投资，市场这只"看不见的手"能够自发引导供给和需求达到均衡，市场能够自己出清，政府没有干预经济运行的必要。

1929 年开始的世界经济危机和随后的罗斯福新政，使传统经济学陷于困境。 方面，经济危机期间主要工业国家出现了产品大量过剩导致的生产萎缩、企业倒闭和失业风潮，宣告了萨伊定律的破产；另一方面，罗斯福新政对美国经济的成功干预，彰显了国家干预的必要和可行。

凯恩斯对传统经济学进行了多方面的突破，他认为古典学派所谓的充分就业的均衡只是一个特例，通常情况总是小于充分就业的均衡，造成这一现象的根本原因在于有效需求不足。为解决有效需求不足导致的种种弊端，需要政府进行干预。

思考与训练

一、判断题

1. 按照萨伊定律，生产会自行创造销售。 （ ）

---

① ［美］斯皮格尔：《经济思想的成长》，230 页，晏智杰等译，北京，中国社会科学出版社，1999。

2. 按照萨伊定律，从长期看，没有多余的储蓄。　　　　　　（　　）

3. 如果货币真是中性的，干预货币市场的政策就是多余的。　（　　）

4. 新古典经济学以研究宏观经济问题为主。　　　　　　　（　　）

5. 凯恩斯认为货币中性是成立的。　　　　　　　　　　　（　　）

6. 凯恩斯认为充分就业均衡只是一个特例。　　　　　　　（　　）

二、简答题

1. 传统经济学的主要观点有哪些？

2. 凯恩斯对传统经济学的突破包括哪些方面？

三、作图题

作图说明古典宏观经济模型。

四、讨论题

搜集资料，讨论关于罗斯福新政效果的争议。

第5章 简单的凯恩斯宏观经济模型

学习目标

理解凯恩斯的宏观均衡概念，掌握消费函数和储蓄函数的关系、两部门到四部门经济体国民收入决定机制和乘数原理。

导入场景

改革开放以来，我国经济高速增长，1979—2010年GDP年均增长近10%，创造了经济增长的奇迹。投资、消费和净出口是拉动我国经济发展的"三驾马车"，但长期以来我国经济快速增长主要依靠投资和出口拉动，消费尤其是居民消费对经济的拉动作用呈不断减弱态势。

胡锦涛总书记在党的十七大报告中指出："要坚持走中国特色新型工业化道路，坚持扩大国内需求的方针，促进经济增长主要依靠投资、出口拉动向依靠消费、投资、出口协调拉动转变……"这充分说明在当前我国经济实力显著增强的新时期，尤其是在国际金融危机的影响下，扩大消费需求不是权宜之计，而是加速转变经济发展方式，构建"内需驱动、消费支撑"发展模式的客观要求，也是促进经济社会协调发展的必然选择。

在当前国际形势下，国际金融危机的影响使得我国的出口环境恶化，出口对经济的拉动作用降低，扩大居民消费对拉动我国经济的持续增长有着更为特殊的意义。消费需求尤其是居民消费需求已成为党和政府以及社会各界倍加关注的热点问题之一。我国目前居民消费市场走势良好，但居民消费潜力仍然很大，要进一步启动居民消费，必须对相关消费理论进行深入研究，了解影响消费的各个因素，在此基础上对我国目前居民消费现状、消费倾向、消费水平、消费结构以及消费潜力进行进一步分析，并结合我国的实际情况适时出台有针对性的刺激或扩大居民消费的政策措施，以保持、延续和扩大目前良好的居民消费势头。

强劲的消费可以很好地拉动经济快速增长，我们在了解了消费的相关理论及知道如何进一步扩大消费的相关知识后，需要进一步了解消费是如何影响国民收入的，如消费的变化会对国民收入产生多大的影响，如何产生影响，投资、出口又是如何影响国民收入的等。本章将着重介绍以上相关知识和理论。

凯恩斯宏观经济模型试图说明国民收入的决定机制。本章标题之所以冠以"简单"二字，是因为分析国民收入决定机制时，假设价格水平、总供给函数、利率和投资保持不变，既没有考虑利率和金融市场的作用，也排除了物价、总供给和总需求的相互影响。为便于理解，以下几章将前提条件逐步放宽，使理论分析逼近实际，由浅入深地介绍凯恩斯及其追随者建立的宏观经济理论模型。本章先分析两部门经济的国民收入决定机制，再渐次引入政府和外贸部门。

5.1　凯恩斯的宏观均衡概念

宏观均衡是指总供给和总需求的均衡，而凯恩斯的宏观均衡有特定的前提假设，我们以此为出发点来探讨宏观均衡的概念。

5.1.1　总供给

总供给是全体厂商提供的总产出。总供给曲线表示在各种价格水平上厂商愿意并且能够提供的总产出。这一定义与微观经济学中各个产品的供给曲线颇为相似，但是经济含义不同。此处的价格水平，从经济学含义上看应当是指所有产品的价格总和，而不是某一产品的价格。为了统计上的方便，也可采用有代表性的"商品篮子"的价格总和。

按照《通论》的定义，总供给是指所有厂商提供的产品数量总和。总供给价格是指所有厂商雇用一定量工人所要求的最低限度的总收益。这个收益等于总成本加总利润之和。凯恩斯进行的是短期分析，在短期内，价格不易变动，或者说有价格刚性，总供给曲线即使不是水平的，也是极为平坦的上升曲线，纵坐标价格水平稍有上升，便会引发横坐标总供给的极大增加。凯恩斯写作《通论》时，面临 1929—1933 年的经济大危机，工人大批失业，生产资源大量闲置。这种接近水平的总供给曲线，可以很好地拟合当时的经济现象，此时的宏观均衡是由总需求而不是由总供给决定的。

5.1.2　总需求、有效需求与宏观均衡

总需求是指在各个不同的价格水平上，全体消费者愿意并且能够购买的商品数量。总需求与价格水平之间的关系相当复杂，它反映产品市场和货币市场同时达到均衡时价格水平和总需求数量之间的关系。简单地说，当价格水平上升时，实际货币供给（等于央行名义货币供给除以价格水平）将减小，总需求会随之缩小。我们直接给出凯恩斯的总供求模型的图形，见图5—1。

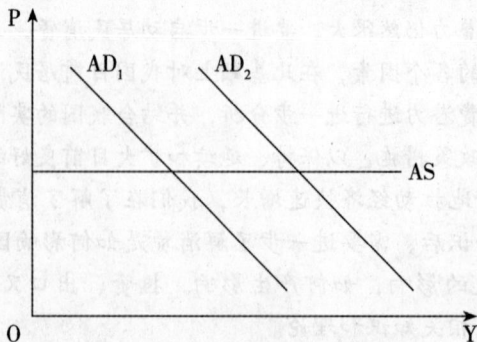

图5—1　凯恩斯的总供求均衡

在图5—1中，总供给曲线和总需求曲线的交叉点即是供求均衡点，总供给曲线 AS

是凯恩斯所分析的短期情形。在短期内，价格具有刚性，而由于大量资源闲置，无论总需求如何扩大，或者说无论总需求曲线 AD 如何右移，都不足以抬高均衡价格，所以总供给曲线是接近水平的。换言之，对于接近水平的总供给曲线，最终达到宏观均衡时的国民收入水平实际上由总需求决定。凯恩斯把达到宏观均衡时的总需求称为有效需求，上述说法可以变为：在短期内，当资源有大量闲置或经济萧条时，宏观均衡的国民收入取决于有效需求。由此我们很自然地遇到一个重大课题：总需求是由什么因素决定的？这就是以下章节要讨论的问题。通过第 3 章的学习，我们知道总需求由消费、投资、政府购买和净出口组成。本书把政府购买和进出口视为常数，在本章还把投资假设为常数，凡是与国民收入无关的常数，都可称为自主性支出。在第 6 章我们将讨论金融市场的利率决定机制，此后我们再把投资视为利率的函数。本章较为详细地介绍消费函数，在此基础上分析两部门经济，即家庭消费需求和企业投资需求，再依次引入政府购买需求和净出口需求，研究决定国民收入的机制。

5.2　消费函数与储蓄函数

5.2.1　消费函数与储蓄函数的关系

在现实生活中，消费是个多元函数，决定它的自变量很多，比如家庭收入水平、家庭财产存量、国民收入分配、消费信贷约束、个人偏好、人口年龄构成、社会制度、风俗习惯、价格高低和利率水平等。一般认为，诸因素中最具有决定性的是家庭收入。

根据凯恩斯的观察，消费变化与收入增长之间存在一条基本的规律：当收入增加时，消费也随之增加，但是消费的增加不如收入的增加多。如果把收入作为自变量，把消费作为函数，用消费对收入求导，这个导数被凯恩斯称为边际消费倾向（Marginal Propensity of Consume，MPC），它应该小于 1。其含义是，当收入增加时，一旦生活的基本需要得以满足，人们会把多余的收入用于储蓄。在短期内，满足基本生活所需的费用相对稳定，随着收入增加，收入和消费之间的差额将越来越大，这个差额就是储蓄。凯恩斯认为，当收入增加时，边际消费倾向是递减的。

为研究问题方便，我们假设消费函数为线性函数，即有：

$$C=a+bY \tag{5—1}$$

式中，$a>0$，$0<b<1$。a 为收入为零时举债也要进行的消费支出，因为这是维持生活所必需的。b 为边际消费倾向，表示收入 Y 增加一单位时，用于消费的比例。如果把 a 称为自主性消费，则 bY 就是收入 Y 引致的消费。

消费和收入之间的这种线性函数关系可用图 5—2 表示。横坐标为收入 Y，纵坐标为消费 C，图 5—2 中 45 度线上所有点表示纵坐标与横坐标相等，这种图形被称为凯恩斯交叉图（Keynesian Cross Diagrams）。消费函数线是图 5—2 中的 C 线，其斜率的经济含义就是边际消费倾向，由于是直线，斜率处处相等，表示边际消费倾向是常数。随着收入的增加，边际消费倾向不变。另外，随着收入增加，总收入中用于消费的比例叫平均消费倾向（Average Propensity of Consume，APC），几何含义为消费函数线上任意一点到坐标原点的连线的斜率。从图 5—2 中可以清楚地看到，平均消费倾向大于边际消费倾向。按照凯恩斯的分析，平均消费倾向和边际消费倾向都随收入的增加而递减，本书为了分析问题简便，假设消费函数是线性的，则边际消费倾向不变，而平均消费倾向递减。

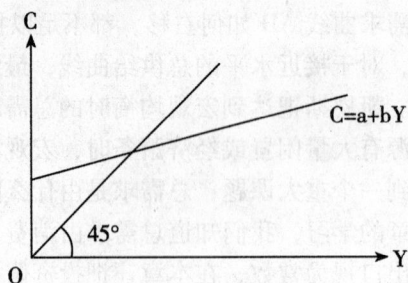

图5—2   消费函数

按照宏观经济学的定义，储蓄就是收入中未被消费掉的剩余部分。既然平均消费倾向是递减的，则平均储蓄倾向就应该是递增的。两者的关系可在图5—3中清晰地看出来。

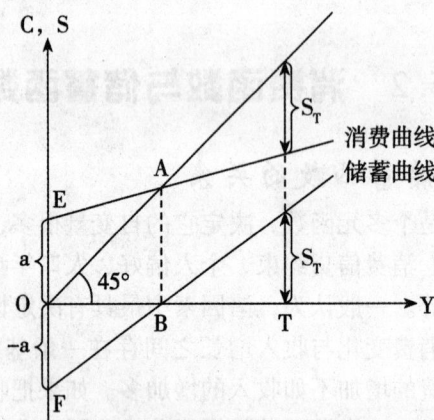

图5—3   消费函数和储蓄函数的关系

由图5—3可以看出，消费曲线一旦确定，即可很方便地画出储蓄曲线。因为消费曲线在纵轴上的截距表示自发消费a，消费者在毫无收入的状况下进行的消费，一定是来自借贷，这种借贷，可以理解为"负储蓄"。这说明储蓄曲线在纵轴上的截距和消费曲线大小相等，符号相反。消费曲线和45度线的交点A在横轴上有个投影B，A点表示消费和收入正好相等，B点表示收入全部用于消费时储蓄为零。由此可见，只要消费曲线确定，在纵轴上找到消费曲线在纵轴上的出发点E位于相对于坐标原点的对称点F，作出由F点出发，穿过B的射线，这条射线就是储蓄曲线。此外，我们还可以看出，在横轴上任何一点，比如T点，45度线和消费曲线的高度差，就是对应于该收入水平的储蓄S_T。

5.2.2   消费理论的发展

上述消费函数由凯恩斯提出，它假定消费仅由收入决定，与现实生活相比稍显简陋。自《通论》出版以后，多位经济学家对消费函数的研究进行了进一步探索，下面简略介绍。

1）美国经济学家杜森贝利的相对收入假定

杜森贝利对凯恩斯的消费理论进行了修正，认为消费支出受相对收入而不是绝对收入的影响。所谓相对收入，包括收入在空间与时间两个方面的对比。首先是空间上的对比，如果某家庭的绝对收入增加了，但是其左邻右舍的收入也一起同比例增加，则该家庭的消费占其收入的比例不会变化；反之，如果该家庭的收入并未增加，但其左邻右舍的收入增加了，为了维持在所属人群中的地位，该家庭的消费占收入的比例会增加。或者说，周围的人对他的消费行为有示范作用。其次是时间上的对比，人们的消费支出不仅受当期收入的影响，还受既往收入的影响。如果人们的当期收入下降，他们为了维持过去的生活水平而拒绝降低消费支出，就会增加当期的消费占收入的比例。这种行为类似于机械装置中的棘轮，只能进不能退，因此也叫消费的"棘轮效应"。

2）美国经济学家弗兰克·莫迪里阿尼的生命周期说

按照这一学说，人的消费并不总是受其当期收入的影响，理性决策的消费者，将把一生的总收入在其生命的各个阶段进行配置，使消费效用最大化。比如，青年人的收入一般偏低，但是为了家庭基本建设或是个人的进修，消费往往超过同期收入，哪怕是通过借贷也要消费。当他们步入中年后，随着经济实力的增强，收入渐丰，消费小于收入，收入的多余部分一方面偿还青年时期的债务，另一方面为将来养老进行储蓄。一旦年老力衰，收入下降，消费可能超过当期收入。如果不留遗产，到其寿终正寝之时，正好花光所有积蓄。这种理论在宏观经济上的意义在于，如果一个经济体中出现了人口老龄化趋势，或者相反，出现了"婴儿潮"，则全社会的消费倾向会升高。

3）美国经济学家米尔顿·费里德曼（Milton Friedman）的持久收入论

这一理论认为，人的消费支出主要是由其持久收入而非当期收入决定的。所谓持久收入，是指他可以预见到的长期收入。与持久收入相区别的是暂时性收入。举例来说，如果一个工程师的级别提升了，则加薪带来的收入是持久收入；如果他临时加班获得了劳务报酬，这就是暂时性收入。按照这一理论，理性的消费者总是试图判断他新获得的收入究竟是持久收入还是暂时性收入。如果是持久收入，他会相应地增加消费；如果是暂时性收入，则由它引起的消费会很少。持久收入理论的政策含义在于，政府通过增减税收来改变人们的消费倾向是很难奏效的，因为人们把这种情况下的收入变动看成是暂时性的。

莫迪里阿尼是凯恩斯学派的领袖人物，而费里德曼是现代货币主义的开山祖师，两人都是诺贝尔经济学奖得主。他们关于消费的理论已在后人的整合中融为一体，被称为生命周期—持久收入假说（LC—PIH）。

5.3　两部门经济体国民收入的决定机制

本节我们假定企业投资是常数，研究两部门经济体的国民收入决定机制，并分析国民收入变动的动态过程和乘数原理，为后面分析三部门和四部门经济体国民收入决定机制打下基础。

5.3.1　从消费函数角度分析国民收入的决定

既然是讨论两部门经济体，应该将消费与投资都作为变量进行分析才是。上一节我们已经分析过消费函数，因为投资函数牵涉甚广，要等到下一章阐述了利率决定机制和资本的边际效率后才能对投资函数作深入剖析。此处为了简便叙述，突出重点，暂且假定两部门经济体中企业的投资是常数，与国民收入无关，也叫自发性投资。

在本章第 1 节中，我们说明了在凯恩斯的理论框架中，总供给线是水平的，最终达到均衡的国民收入实际上是由总需求决定的。两部门经济体的总供求均衡表达式为：

Y＝C＋I

消费函数为：

C＝a＋bY

将以上两个方程联立，可以解得：

$$Y=\frac{a+I}{1-b} \tag{5—2}$$

由式（5—2）可以看出，如果已知消费函数与投资量，就可以求出均衡国民收入。假定自发消费 a 为 100 单位，边际消费倾向为 0.8，投资为常数 60 单位，则可解得均衡国民收入为 320 单位。

均衡国民收入的决定机制也可用图5—4来说明。

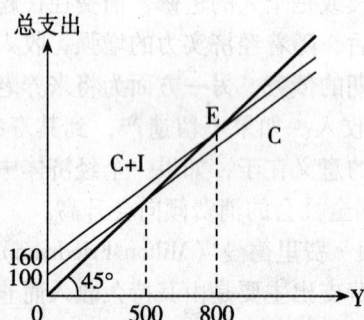

图5—4   两部门经济体均衡国民收入的决定

如图5—4所示，横坐标为国民收入，纵坐标为总支出，当总支出仅由消费构成时，均衡国民收入为 500；当加入投资 60 时，总支出变为 C＋60，这是一条与消费曲线平行的射线，它与45度线的交点 E 代表新的国民收入均衡点，这一点的均衡国民收入为 800。由此引发的疑问在于：总支出由 C 增加为 C＋60，均衡国民收入何以增加得如此迅猛，由 500 增至 800？总收入变动幅度达到总支出变动幅度的 5 倍多，其中的机理是什么？这就涉及宏观经济学中十分重要的乘数原理。

5.3.2 乘数原理

下面我们分别用数字和图形来说明乘数原理。

在上述例子中，假设原先总支出仅由 C 构成，现在增加了一笔 60 单位的投资支出，这笔投资去了哪里？可以想象一下，无论购买什么形式的投资品，这笔支出一定是这些投资品出售方的销售收入。这笔 60 单位的销售收入一定会在这些投资品生产过程的参与者之间进行分配，参与者就是生产这些投资品所需要素的提供者。其分配的形式为各类要素提供者的报酬：劳动者获得工资，自然资源提供者即地主获得地租，资本家提供机器、设备、厂房等获得利息，企业家因其管理和创新才能而获得利润。所有这些人获得的收入就构成了国民收入的新增加值。这些人中普通劳动者收入较低，在满足其基本生活需要之后收入就所剩无几了，边际消费倾向较高；而地主、资本家和企业家由于收入较高，新增收入中用于消费的比例可能低于普通劳动者。把这些人的边际消费倾向加权平均，就可得到抽象的"国民"边际消费倾向，如前文假设为 0.8，即人们把新增收入的 80% 用于消费，把 20% 用于储蓄。其中用于购买消费品的支出又构成了生产这些消费品的要素提供者的收入，这是第二轮新增的国民收入。同理，生产这些消费品的要素提供者将其获得的收入储蓄20%，其余用于消费，又会导致国民收入第三轮增加。这样的过程持续下去，将会导致国民收入增加 300 单位。其算式如下：

$$60+60\times 0.8+60\times 0.8^2+60\times 0.8^3+\cdots\cdots 60\times 0.8^{n-1}$$

式中，第一轮国民收入新增加值为 60，第二轮为 48，以此类推，第 n 轮新增国民收入为 $60\times 0.8^{n-1}$。当 n 趋向于无穷大时，新增加的国民收入为：

$$60\times \frac{1}{1-0.8}=60\times 5=300$$

从以上过程可以看出，最初一笔 60 单位的投资经过一系列的动态过程，导致国民收入增加了 300 单位，是最初支出变动的 5 倍。这种支出变动引起若干倍数国民收入变动的现象被称为乘数效应。乘数 K 的大小与边际消费倾向 MPC 的关系是：

$$K=\frac{1}{1-MPC} \tag{5—3}$$

如果我们把边际储蓄倾向 MPS 定义为新增收入中用于储蓄的比例，则边际消费倾向和边际储蓄倾向之和为 1，则式（5—3）还可以表述为：

$$K=\frac{1}{MPS} \tag{5—4}$$

从以上两式可以看出，一个经济体的边际消费倾向越高，或边际储蓄倾向越低，则乘数效应越大。

下面我们结合图形简要说明乘数和边际消费倾向之间的关系。如图 5—5 所示，横坐标为国民收入 Y，纵坐标为总支出，此处暂且假设原先的总支出 AE_0 为 C，后来增加为 AE_1 即 C+I。

由图 5—5 中可以看出，如果消费函数是一条直线，即边际消费倾向保持恒定，则乘数为国民收入增加额 ΔY 和总支出增加额 ΔAE 的比值，即 $K=\frac{\Delta Y}{\Delta AE}$，而 AE_0 的斜率就是边际消费倾向，即 $MPC=\frac{\Delta Y-\Delta AE}{\Delta Y}$，读者可以由此自行证明式（5—3）和式（5—4）。值得注意的是，边际消费倾向越大，即总支出曲线越陡峭，同样的支出变动引起的国民收入变动越大，即乘数越大。这一结论可从图 5—5a 和图 5—5b 的比较中得出。

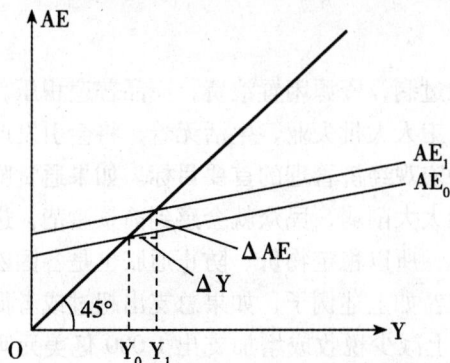

图 5—5a　平坦支出曲线的乘数效应　　图 5—5b　陡峭支出曲线的乘数效应

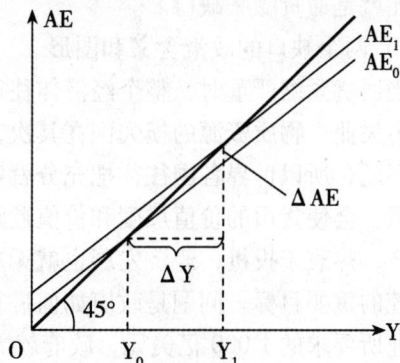

图 5—5　乘数效应

以上说明的是总支出由只含消费变为增加了自发投资后引起的国民收入变动，实际上，总支出的任何变动，包括消费的变动、政府支出的变动、税收的变动、净出口的变动等，都会引发类似的乘数效应，而且这些变动既包括增加也包括减少。具体情形，我们逐步分析。

5.3.3　国民收入的两个缺口

总支出和总收入的均衡未必正好在充分就业的水平上发生，事实上，刚好处于充分就业水平的均衡，好比刀刃上的平衡，脆弱而又偶然。在多数情况下，总收入和总支出达到均衡时，不是高于就是低于充分就业水平。如果总收入和总支出均衡时的总支出小于充分就业时的国民收入水平，将存在通货紧缩缺口；反之，将会有通货膨胀缺口。下面我们用数字并结合 45 度线来分析这两种情况。

1）通货紧缩缺口

通货紧缩缺口是指总支出与总收入达到均衡时，总支出均衡值低于实现了充分就业时的总支出水平，为了达到充分就业，需要增加自主性支出。所谓自主性支出，是指与收入无关的支出。

例如，全社会实现充分就业时的潜在国民收入为 10 000 亿美元，而实际上该经济体并未达到充分就业，总支出与总收入在一个较低水平，比如 9 000 亿美元实现了均衡，则国民收入"缺口"为 1 000 亿美元。此时通货紧缩缺口为多大呢？根据前面介绍的乘数原理，假设乘数为 5，则通货紧缩缺口为 200 亿美元，即总需求增加 200 亿美元，便能使总支出与总收入在充分就业水平上达到均衡。这个缺口之所以被称为通货紧缩缺口，是因为这个水平上的有效需求不足以充分利用劳动力和其他社会经济资源，失业和设备闲置将引发经济衰退。

2）通货膨胀缺口

与上述情况相反，如果总支出超过充分就业所要求的水平，此时社会经济资源已经充分利用，总支出中多出的部分无法实现其购买力，就会引发通货膨胀。为消除总支出中超额的部分所要减少的自主性支出，就是通货膨胀缺口。例如，充分就业水平的国民收入为10 000 亿美元，而总支出达到 11 000 亿美元，超额的 1 000 亿美元将引发通货膨胀。为消除这多出的 1 000 亿美元，假设乘数也是 5，则只要使总支出减少 200 亿美元即可，这 200亿美元就是通货膨胀缺口。

3）两个缺口的政策含义和图形

当通货紧缩严重时，整个经济体往往产能过剩，资源闲置浪费，产品普遍积压，大量劳动力失业。物质资源的损失倒在其次，如果工人大批失业、生活无着，将会引发严重的社会问题，所以世界各国往往把充分就业作为宏观经济管理的首要目标。如果通货膨胀较为严重，会使货币的价值尺度和价值贮藏功能大大削弱，民众就会感到前景渺茫，进而无心生产，热衷于投机，经济发展也就无从谈起，所以稳定物价、防止通胀也是各国宏观经济调控的重要目标。问题是政府如何进行调控？如上述例子，如果总支出超过或者低于充分就业所要求的 1 000 亿美元，政府就需要马上减少税收或增加支出 1 000 亿美元吗？由乘数原理可知，为了消除 1 000 亿美元的差额，政府实际上需要面对的"缺口"只有 200亿美元，这也可以通过图 5—6 很清楚地看出来。

在图 5—6 中，假定充分就业水平的国民收入 Y^* 为 10 000 亿美元；Y_1 表示总支出和

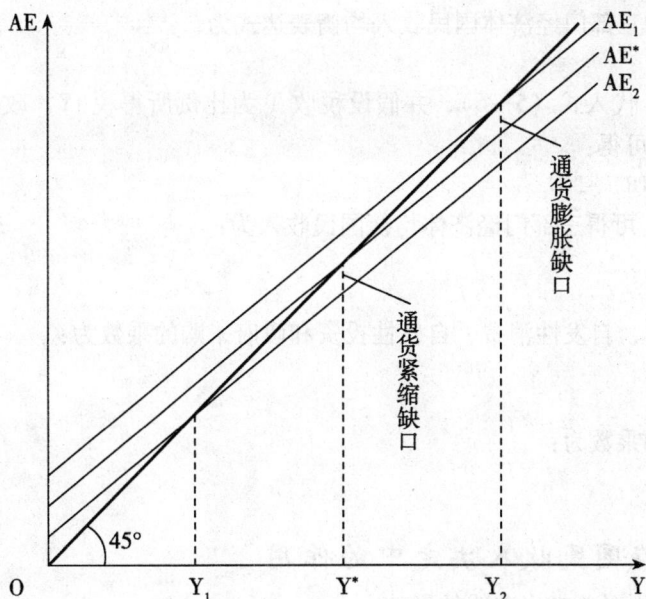

图5—6 国民收入的两个缺口

总收入在低于 Y^* 的水平上达到了均衡，假设其值为 9 000 亿美元；Y_2 表示总支出超过充分就业时所能达到的总收入水平，假设其值为 11 000 亿美元。如果乘数为 5，为了消除通货紧缩，只要增加 200 亿美元支出即可。同样，为了消除通货膨胀，只要减少 200 亿美元支出即可。图 5—6 中的通货紧缩缺口和通货膨胀缺口均为 200 亿美元，其政策含义在于，为了消除上述两种经济波动，需要增加或减少的总支出"缺口"往往小于总支出和潜在国民收入之间的差距，"缺口"的大小取决于乘数。此处我们为了说明问题简便，假设只有两个部门，且投资为常数，这样乘数就只由边际消费倾向决定，实际上政府税收、转移支付和外贸等变量都可能影响乘数的大小。

5.4 三部门和四部门经济体国民收入的决定机制

5.4.1 三部门经济体国民收入的决定

本章第 3 节分析了两部门经济体国民收入的决定机制，在现实生活中，这种"无政府经济"难以保证持久稳定运行，一旦发生经济波动，人们便希望政府出面进行干预。本书第 2 章已经简要地介绍了政府的经济作用，本节将进一步分析有政府参与的三部门经济体的国民收入决定机制。

政府干预经济的主要手段就是改变其收入和支出。财政收入主要来自税收，财政支出包括政府采购和转移支付。其中政府采购是总需求的重要组成部分，税收和转移支付通过影响人们的可支配收入来改变均衡国民收入。

所谓可支配收入，是指家庭收入 Y 减去税收 T 再加上从政府获得的转移支付 TR 后的净收入，即 $Y_D = Y - T + TR$，消费函数变为：

$$C = a + bY_D = a + b(Y - T + TR) \tag{5—5}$$

引入政府后的三部门经济体国民收入均衡表达式为：

$$Y=C+I+G \tag{5—6}$$

将式（5—5）代入式（5—6），并假设税收 T 为比例所得税 tY，政府支出 G 和转移支付 TR 为常数，可得：

$$Y=a+b（Y-tY+TR）+I+G \tag{5—7}$$

从式（5—7）可得三部门经济体均衡国民收入为：

$$Y=\frac{a+bTR+I+G}{1-b（1-t）} \tag{5—8}$$

由此可以看出，自发性消费、自发性投资和政府采购的乘数为：

$$\frac{1}{1-b（1-t）} \tag{5—9}$$

而转移支付的乘数为：

$$\frac{b}{1-b（1-t）} \tag{5—10}$$

5.4.2　政府在国民收入决定中的作用

1）政府的介入对总支出曲线的影响

与两部门经济体均衡国民收入表达式（5—2）相比，可以看出式（5—8）的自主性支出多了政府采购 G 和来自转移支付的支出量 bTR。引入政府部门后总支出和总收入之间关系的变化可在图 5—7 中更清楚地看出来。

在两部门经济体中，总需求即总支出：

$$AE_1=C+I=a+I+bY \tag{5—11}$$

引入政府部门后，总支出就是式（5—7）的右边：

$$AE_2=C+I+G=a+bTR+I+G+b（1-t）Y \tag{5—12}$$

在图 5—7 中，横坐标为国民收入 Y，纵坐标为总支出 AE。从中可以看出，引入政府部门后，总支出曲线的截距增大了 bTR+G，斜率从 b 降低为 b（1-t）。我们知道，图 5—7 中总支出曲线的斜率就是边际消费倾向，如果假设原先的边际消费倾向 b 为 0.8，税率 t 为 0.25，则引入政府部门后，边际消费倾向降为 0.6。

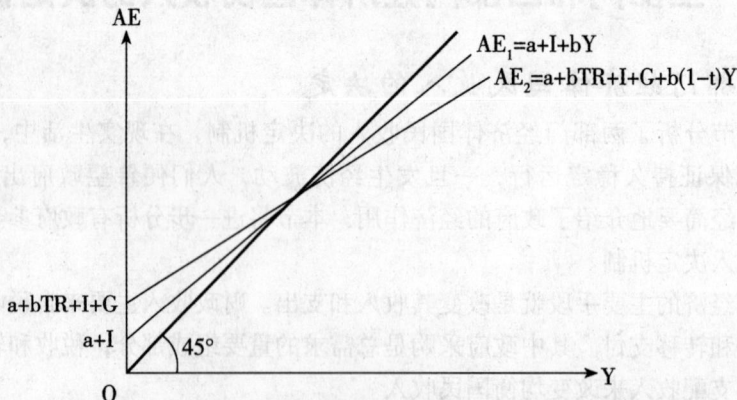

图 5—7　引入政府部门后总支出和总收入之间关系的变化

2）财政政策对乘数的影响：自动稳定器的例证

从式（5—8）可以看出，政府征收所得税的行为降低了乘数，乘数降低是因为所得税减小了边际消费倾向，从而降低了居民由收入引起的消费。假设两部门经济体中边际消费倾向 b 为 0.8，则乘数为 5。引入政府部门后，假设税率为 0.25，边际消费倾向减小为 0.6，则乘数变为 2.5，只有原来的一半。在图 5—7 中，所得税使总支出曲线变得更为平坦，这意味着与两部门经济体相比，同样幅度的自发性支出的变动，即 a、bTR、I、G 等的变动，只能引起较小幅度的 Y 的变动。这一现象显示了财政政策在宏观经济调控中的一个重大作用，即自动稳定器作用。自动稳定器可以自动减缓任何一种自主性支出的变动对国民经济的冲击，而无须政府逐项干预。一般认为，经济运行周期性的波动是自主性支出，特别是自主性投资的波动造成的。投资者乐观时投资高涨，悲观时投资下滑，如果没有自动稳定器的缓冲，这种自主性投资的变动将以若干倍的乘数效应，造成总支出需求的波动，从而冲击总供求均衡。而自动稳定器的存在，有望将总支出的波动幅度降下来。在本例中，如果没有税收这种自动稳定器，乘数高达 5；而征收税率为 0.25 的所得税之后，乘数下降了一半，只有 2.5。

自动稳定器对经济运行的稳定作用，除了减小乘数，从而降低总支出波动幅度的缓冲效应之外，还有一种"负反馈"机制。例如，在经济繁荣阶段，实行同样比例的所得税税率 t，政府实际上征收的税收更多，这相当于给过热的经济迎头泼了一盆冷水，有助于防止通货膨胀；在经济衰退期间，同样比例的所得税税基变少，客观上起到了雪中送炭、减缓衰退的作用。从这个角度来看，转移支付 TR 实际上也是一种自动稳定器：作为政府扶危济困的主要手段之一，转移支付给予的对象是要符合一定标准的，这个标准就是经过测算得出的贫困线。在经济繁荣阶段，处于贫困线以下的人数较少，转移支付自然减少。在经济衰退期间，大量工人失业并生活于贫困线以下，转移支付相应增多。这种"负反馈"机制也是自动发挥其效能的，无需政府特意干预，就可以减缓经济运行的大起大落。二战以来世界经济的周期性波动不像以往那样剧烈，就是因为主要工业国家施行了高所得税税率和高转移支付政策。

3）财政政策变动的效应

现在结合图形来考察政府财政政策变动对均衡收入水平的影响。首先考虑政府增加采购，如图 5—8 所示。Y_0 是原先的收入水平，政府增加采购是一种自主性支出的增加，它导致总需求曲线向上方平移，平移的垂直距离就是政府增加的采购支出。由图 5—8 可以看出，总需求曲线上移，直至在 E_1 处和 45 度线相交，表示厂商为满足新增加的政府采购需求，需要扩大产出，导致收入增加到 Y_1。

政府支出增加 ΔG，总收入变化多少？由式（5—9）可知，当其他变量保持不变时，总收入变化量为 $\dfrac{\Delta G}{1-b\,(1-t)}$。假设边际消费倾向 b 为 0.8，所得税税率为 0.25，则乘数为 2.5，即政府采购增加 1 亿美元，均衡国民收入将增加 2.5 亿美元。

如果政府不增加采购，只增加转移支付，而其他条件不变，结果如何？由式（5—10）可知，总收入变化量为 $\dfrac{b\Delta TR}{1-b\,(1-t)}$。假设边际消费倾向 b 为 0.8，所得税税率为 0.25，则转移支付乘数只有 2。转移支付乘数之所以低于政府采购乘数，原因是转移支付

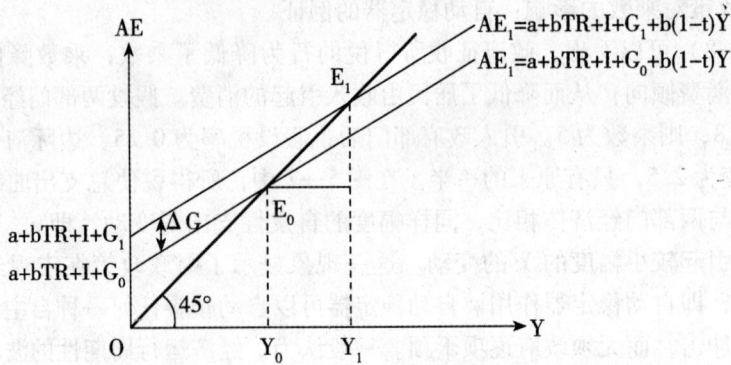

图5—8 增加政府采购的效应

的获得者必然会将其中一部分储蓄起来，将剩余部分用于消费，其消费支出形成后续的国
民收入；而政府采购支出直接就形成了销售者的国民收入。

4）政府财政预算

我们用 BS 表示财政预算盈余（Balance of Surplus），它等于预算收入减去预算支出。
预算收入就是税收 T，即前文所述税率和国民收入的乘积 tY；预算支出包括政府采购 G
和转移支付 TR。其公式为：

$$BS = tY - G - TR \tag{5—13}$$

如果式（5—13）的计算结果是负的，BS 就是预算赤字。

假设 t、G 和 TR 都是常数，则式（5—13）可以图 5—9 表示。

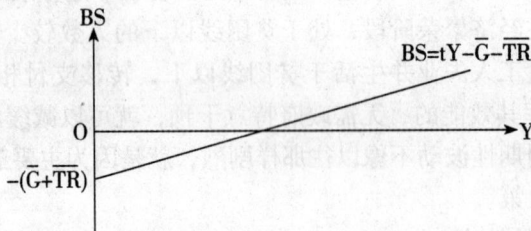

图5—9 预算盈余和国民收入

由图 5—9 可以看出，预算盈余 BS 是国民收入 Y 的函数，BS 曲线的斜率为税率 t，截
距为负的预算支出，即政府采购 G 和转移支付 TR 之和。图 5—9 显示，在经济繁荣期间，
由于国民收入因投资增加等因素而上升，即使政府在财政政策方面不加以任何干预，即当
税率、政府采购和转移支付保持不变时，仍然会出现财政盈余增加或者赤字减少。在经济
衰退期间，随着国民收入减少，将会出现赤字，而且在经济衰退时转移支付也会随着救济
金的发放而增加。

5）财政政策对预算盈余的影响

现在我们来分析财政政策对预算盈余的影响，先看转移支付保持不变，增加政府采购
的后果如何。直觉告诉我们，政府采购支出的增加会降低盈余或提高赤字，但是这样的直
觉可靠吗？前述乘数原理告诉我们，政府采购支出的增加将导致国民收入的成倍增加，这
又将引起所得税的增加，根据式（5—13），能看出预算盈余的变化吗？

简单的推导可以证明最初的直觉是对的，令税收变化为 ΔT，政府采购支出乘数为

K_G，由式（5—9）和式（5—13）可以得到：

$$\Delta BS = t\Delta Y - \Delta G$$
$$= tK_G\Delta G - \Delta G$$
$$= t\frac{1}{1-b(1-t)}\Delta G - \Delta G$$
$$= \left[\frac{t}{1-b(1-t)} - 1\right]\Delta G$$
$$= -\frac{(1-b)(1-t)}{1-b(1-t)}\Delta G$$

由于 b 和 t 是小于 1 的正数，所以 ΔBS 显然为负，即增加政府采购果然恶化了财政预算。但是由此也可以看出，预算盈余的减小量显然小于政府支出增加量。如果沿用前述例子，b 为 0.8，t 为 0.25，则政府采购增加 1 亿美元，预算盈余只减少 0.375 亿美元。

6）平衡预算乘数

对预算余额的计算式 BS=T-G-TR 稍加分析，即可引发另一个问题：如果式中右边收入与支出变量互有消长且幅度相同，结果如何？比如税收与政府采购增加同样数目，税收与转移支付增加同样数目，政府采购增加而转移支付减少同样数目，这些财政政策运行的共同点是预算余额保持不变。我们的问题是，在这种平衡预算之下，国民收入如何变化？或者说平衡预算乘数是多大？

由式（5—9）和式（5—10）可以轻易得出政府采购增加而转移支付减少同样数目时的平衡预算乘数为 $\dfrac{1-b}{1-b(1-t)}$，读者可以自行思考其经济含义并推演出税收与政府采购增加同样数目，以及税收与转移支付增加同样数目这两种情况的平衡预算乘数。

5.4.3　四部门经济体国民收入的决定和乘数

当今世界各国都是程度不同的开放经济体，与其他经济体都有或多或少的商品、服务或投融资往来，因此，各国的均衡国民收入不仅取决于国内的家庭消费、企业投资和政府采购，还要受净出口的影响。

在净出口 NX 中，进口 M 是国民收入的函数，即 M=mY。要说明出口与国民收入的关系，用文字表述起来比较复杂，为了简便，我们用符号"→"来表示"引起"或"导致"之类的意思，用"↑"表示上升，用"↓"表示下降。

假设世界由本国与外国两部分组成，本国的出口就是外国的进口，而外国的进口由其国民收入决定。如果本国是个小国，则有如下逻辑关系：

本国是个小国→本国进口少→外国对本国出口少→外国国民收入↑少→外国进口↑少→本国出口↑少

由上面的推导可知，如果本国是个小国，则本国国民收入的增加虽然会导致进口的增加，但是这种增加将不会引起外国对本国出口商品购买的增加，因此出口可被看做与本国国民收入无关的常数。

于是，四部门经济体的均衡国民收入决定模型是下面这些方程的联立：

$$Y = C + I + G + X - M$$
$$C = a + bY_D$$
$$Y_D = Y - T + TR$$

T=tY

M=mY

式中，I、G、TR 和 X 为常数。

由此我们可以轻松求得四部门经济体均衡国民收入：

$$Y=\frac{a+I+G+bTR+X}{1-b(1-t)+m}$$（5—14）

对比式（5—8）三部门经济体均衡国民收入，可知四部门经济体乘数进一步减小，这是因为增加的收入有一部分被用于进口了。

四部门经济体的总需求为：

$$AE=C+I+G+X-M=a+bTR+I+G+X+[b(1-t)-m]Y$$（5—15）

如果仿照图5—7画出四部门经济体的总支出曲线，我们会发现它变得更加平坦了。

应用专栏5—1	财政预算

财政预算是指政府的基本收支计划，是按照一定的标准将财政收入和财政支出分门别类地列入特定的收支分类表格之中，以清楚反映政府的财政收支状况。透过财政预算，人们可以了解政府活动的范围和方向，财政预算体现了政府的政策意图和目标。表5—1和表5—2分别为2009年我国中央财政收入预算表和支出预算表。财政预算由财政收入预算和财政支出预算组成。如果财政支出大于财政收入，则其差额在会计核算中用红字处理，称为财政赤字。赤字的出现有两种情况：一是有意安排，称为"赤字财政"，它属于财政政策的一种；二是预算没有安排赤字，但执行到最后出现了赤字，也就是"财政赤字"。由表5—1最后一行可以看出，2009年中央财政预算赤字比上年度执行数上升3倍有余。改革开放以来，由于大规模的经济建设和社会各项事业发展的需要，财政赤字在我国正在成为一种正常现象。目前世界上一些主要国家也有程度不同的财政赤字，但并非所有国家都是如此。表5—3是最近几年世界部分国家中央政府财政收支余额占GDP的比重。公众和媒体关注财政赤字，主要是担心持续巨额的财政赤字会导致社会发展难以为继，充分理解这个问题有待于以后章节的深入剖析。

表5—1　　　　　　　　　2009 年我国中央财政收入预算表　　　　　　　　单位：亿元

项目	2008 年执行数	2009 年预算数	预算数为上年执行数的%
一、税收收入	30 967.48	33 807	109.2
国内增值税	13 497.42	14 563	107.9
国内消费税	2 567.8	4 434	172.7
进口货物增值税、消费税	7 391.07	7 995	108.2
出口货物退增值税、消费税	-5 865.9	-6 708	114.4
营业税	232.1	245	105.6
企业所得税	7 173.4	7 605	106
个人所得税	2 234.18	2 390	107
城市维护建设税	7.79	147	1 887
印花税	949.68	245	25.8
其中：证券交易印花税	949.68	245	25.8
船舶吨税	20.1	21	104.5

续表

项目	2008 年 执行数	2009 年 预算数	预算数为 上年执行数的%
车辆购置税	989. 75	970	98
关税	1 769. 95	1 900	107. 3
其他税收收入	0. 14		
二、非税收入	1 704. 51	2 053	120. 4
专项收入	198. 88	277	139. 3
行政事业性收费	368. 61	418	113. 4
罚没收入	31. 61	33	104. 4
其他收入	1 105. 41	1 325	119. 9
中央财政收入	32 671. 99	35 860	109. 8
调入中央预算稳定调节基金	1 100	505	45. 9
支出大于收入的差额	1 800	7 500	416. 7

资料来源　中华人民共和国财政部网站，http：//www. mof. gov. cn/zhengwuxinxi/caizhengshuju/ 200903/t20090319_ 124155. html, 2011-08-21。

表 5—2　　　　　　　　　　2009 年我国中央财政支出预算表　　　　　　　　单位：亿元

项目	2008 年 执行数	2009 年 预算数	预算数为 上年执行数的%
一般公共服务	1 216. 65	1 313. 61	108
其中：中央本级支出	1 060. 15	1 013. 86	95. 6
对地方转移支付	156. 5	299. 75	191. 5
外交	239. 24	268. 93	112. 4
其中：中央本级支出	239. 16	268. 93	112. 4
对地方转移支付	0. 08		
国防	4 101. 41	4 728. 67	115. 3
其中：中央本级支出	4 100. 93	4 722. 51	115. 2
对地方转移支付	0. 48	6. 16	1 283. 3
公共安全	875. 77	1 161. 31	132. 6
其中：中央本级支出	648. 62	732. 6	112. 9
对地方转移支付	227. 15	428. 71	188. 7
教育	1 598. 54	1 980. 62	123. 9
其中：中央本级支出	491. 65	623. 27	126. 8
对地方转移支付	1 106. 89	1 357. 35	122. 6
科学技术	1 163. 29	1 461. 03	125. 6
其中：中央本级支出	1 077. 41	1 428. 24	132. 6
对地方转移支付	85. 88	32. 79	38. 2
文化体育与传媒	252. 81	279. 75	110. 7
其中：中央本级支出	140. 61	142. 28	101. 19
对地方转移支付	112. 2	137. 47	122. 5
社会保障和就业	2 743. 59	3 350. 69	122. 1
其中：中央本级支出	344. 28	300. 48	87. 3
对地方转移支付	2 399. 31	3 050. 21	127. 1

续表

项目	2008 年执行数	2009 年预算数	预算数为上年执行数的%
保障性安居工程	181.9	493.01	271
其中：中央本级支出	7.11	31.38	441.4
对地方转移支付	174.79	461.63	264.1
医疗卫生	854.45	1 180.56	138.2
其中：中央本级支出	53.96	56.28	104.3
对地方转移支付	800.49	1 124.28	140.4
环境保护	1 040.3	1 236.62	118.9
其中：中央本级支出	66.21	37.35	56.4
对地方转移支付	974.09	1 199.27	123.1
城乡社区事务	63.16	3.95	6.3
其中：中央本级支出	7.22	3.65	50.6
对地方转移支付	55.94	0.3	0.5
农林水事务	2 702.2	3 446.59	127.5
其中：中央本级支出	314.39	303.4	96.5
对地方转移支付	2 387.81	3 143.19	131.6
交通运输	1 600.29	1 887.2	117.9
其中：中央本级支出	1 037.59	934.75	90.1
对地方转移支付	562.7	952.45	169.3
采掘电力信息等事务	600.76	757.5	126.1
其中：中央本级支出	455.96	489.36	107.3
对地方转移支付	144.8	268.14	185.2
粮油物资储备等事务	1 105.1	1 780.45	161.1
其中：中央本级支出	600.63	838.43	139.6
对地方转移支付	504.47	942.02	186.7
金融事务	975.51	315.58	32.4
其中：中央本级支出	975.51	315.58	32.4
对地方转移支付			
地震灾后恢复重建支出	600	970	161.7
其中：中央本级支出	62.46	130.61	209.1
对地方转移支付	537.54	839.39	156.2
国债付息支出	1 278.69	1 371.85	107.3
其中：中央本级支出	1 278.69	1 371.85	107.3
对地方转移支付			
预备费		400	
其他支出	566.94	1 688.39	297.8
其中：中央本级支出	411.77	831.19	201.9
对地方转移支付	155.17	857.2	552.4
对地方税收返还	3 342.26	4 934.19	147.6
对地方一般性转移支付	8 277.13	8 854.5	107
中央财政支出	35 379.99	43 865	124
安排中央预算稳定调节基金	192		

　　资料来源　中华人民共和国财政部网站，http：//www. mof. gov. cn/zhengwuxinxi/caizhengshuju/200903/t20090319_ 124155. html，2011−08−21。

表5—3		各国中央财政收支余额占 GDP 的比重				（%）
国家和地区	2000	2003	2004	2005	2006	2007
世　　界		-2.7	-2.4	-1.7	-1.1	
中　　国		-2.4	-2.1	-1.6		
孟加拉国		0.1	-0.7			
柬　埔　寨		-4.4	-2.2	0	-1.7	
印　　度	-3.9	-3.7	-3.3	-3.3	-2.7	
印度尼西亚		-2.3	-1.1			
伊　　朗	1.8	1.6	4.1	6	3.2	4.1
以　色　列	-2.1	-6.4	-4.3	-2.5	-1.6	
哈萨克斯坦	0.1	-0.6	0.2	2.6	1.6	
韩　　国	4.6	1.8	0.1	0.7		
缅　　甸		-2.7	-2.2	-1.8		
巴基斯坦	-4.1	-2.9	-2	-3.2	-4.2	-4.5
菲　律　宾	-3.9	-4.7	-4	-3	-1.3	
新　加　坡	11.4	3.1	4.1	6.8		
斯里兰卡	-8.4	-6.9	-7.3	-7	-6.9	
泰　　国		1.5	1.1	2.5	1.9	
埃　　及	-3.3	-4.2	-4.4	-5	-5.8	-3.3
南　　非	-2	-2.7	-2.1	0	1.2	
加　拿　大	1.4	1	1.1	1.6	1.5	
美　　国		-3.8	-3.6	-2.9	-2	-1.8
阿　根　廷		-2.8	-0.5			
委内瑞拉	-1.2	-4.1	-1.3	2.2		
白俄罗斯	0.1	-1.1	-0.2	0.2	1.4	
捷　　克	-3.6	-4.9	-3.2	-3.5	-4.3	
法　　国	-1.7	-4.2	3.5	-2.8	-2.3	
德　　国	1.4	-2.2	-2.4	-2.3	-1.4	
意　大　利	-0.7	-3.1	-2.6	-3.5	-3.3	
荷　　兰	2	-2.8	-1.6	-0.1	0.5	
波　　兰		-5.5	-5.5	-4.2	-3.5	
俄罗斯联邦	2.5			9.9	8	
西　班　牙	-0.5	0.7	-0.3	1.3	1.9	
乌　克　兰	-0.6	-0.2	-3.2	-1.4	-1	
英　　国	1.7	-3.5	-3.2	-2.9	-2.8	
澳大利亚	2.1	0.9	0.8	1.3	1.8	
新　西　兰		2.9	3.7	4.5	4.7	

资料来源　国家统计局网站，http：//www.stats.gov.cn/tjsj/qtsj/gjsj/2009/t20100409_402633217.htm，2011-08-21。

本章小结

凯恩斯认为，在经济萧条时期，短期内资源有大量闲置，总供给曲线非常平坦，接近水平线，此时宏观均衡取决于有效需求。

在现实生活中，消费是个多元函数，决定它的自变量很多。一般认为，诸多因素中具有决定性的是家庭收入。凯恩斯认为，当收入增加时，边际消费倾向是递减的。为研究问题方便，我们假设消费函数为线性函数。按照宏观经济学的定义，储蓄就是收入中未被消费掉的剩余部分。既然平均消费倾向是递减的，则平均储蓄倾向就应该是递增的。

两部门国民收入 $Y = \dfrac{a+I}{1-b}$，三部门国民收入 $Y = \dfrac{a+bTR+I+G}{1-b\ (1-t)}$，四部门国民收入 $Y = \dfrac{a+I+G+bTR+X}{1-b\ (1-t)\ +m}$，从这三式可以推导出各种情况下自发性消费 a、自发性投资 I、政府购买支出 G、转移支付 TR 以及自发性出口 X 的乘数。

当有效需求超过或低于充分就业水平时，将出现通货膨胀缺口或通货紧缩缺口。

思考与训练

一、判断题

1. 凯恩斯所指的有效需求是指总供求均衡时的总支出。 （   ）
2. 凯恩斯认为，当收入增加时，边际消费倾向是递减的。 （   ）
3. 杜森贝利认为消费受绝对收入影响。 （   ）
4. 根据生命周期理论，青年人边际消费倾向较低。 （   ）
5. 通货膨胀缺口是指总需求超过充分就业水平的部分。 （   ）

二、简答题

1. 为什么三部门经济体的总需求曲线比两部门的更平坦？其政策含义是什么？
2. 财政政策作为自动稳定器，其作用原理如何？

三、计算题

某三部门经济体自发性消费为 100 单位，自发性投资为 60 单位，政府购买支出为 50 单位，转移支付也为 50 单位，边际消费倾向为 0.8，税率为 0.25。试求其均衡国民收入、投资乘数、政府采购增加而转移支付减少同样数目时的平衡预算乘数。

四、作图题

作图说明消费函数和储蓄函数的关系。

五、讨论题

探讨凯恩斯与萨伊所处时代对他们各自经济理论的不同影响。

第6章 投资与国民收入决定机制

学习目标

掌握货币在社会经济运行中的主要职能，理解货币为履行这些职能而演变出来的各种形态；了解银行的起源、现代银行体系的产生与发展；理解商业银行的信用创造过程、现代银行体系中货币的发行机制，以及中央银行对货币供给的控制与影响；掌握货币需求的动机与货币需求函数；掌握货币市场均衡和利率决定机制；掌握投资的概念、投资的决定，以及投资变动影响国民收入的机制。

导入场景

面对当前复杂的国际经济形势，为了更快地消除国际金融危机对各国经济的不利影响，加快经济复苏的步伐，维护各国的国家利益，各国央行的货币政策出现了不同程度的分歧。

美联储货币政策决策机构联邦公开市场委员会4月26日至27日召开货币政策决策例会。会议发表的声明表示，美联储将在2011年6月底之前继续实施第二轮量化宽松货币政策，购买美国长期国债。当日的声明指出，美国经济正在温和复苏，家庭消费和企业投资持续增长，就业市场正在逐渐改善，但美国的失业率依旧居高不下，美国房地产市场仍然低迷不振。美联储同时宣布，将联邦基金利率维持在0~0.25%的水平不变。为应对金融危机和经济衰退，美联储于2008年12月将联邦基金利率降至历史最低位，并一直保持在这一水平上[1]。

美联储副主席耶伦6月初称，鉴于美国国内失业率居高不下、美国房地产市场仍然低迷不振，美国利率水平应该继续保持历史低位，美联储实施的宽松货币政策依然是合理的。然而，美联储官员也已经意识到宽松货币政策带来的风险，在必要时会采取措施应对该风险[2]。

而在4月7日，欧洲中央银行宣布将欧元区主导利率提高0.25个百分点，达到1.25%。这是欧洲央行自2008年7月以来首次提高利率，预示着欧元区的货币政策今后将由宽松转向偏紧[3]。欧洲央行管理委员会委员卢克·科恩接受采访时表示，这次升息不是一次性的举措。科恩认为1%的政策利率显然太过宽松，通胀和政策利率之间的差距扩大会带来许多问题，希望将利率调至正常水平。科恩还认为有必要调高利率以控制通胀。另一名欧洲央行管理委员会委员、意大利央行行长马里奥·德拉吉发表讲话时表示，即使

---

① 《美国维持量化宽松货币政策》，载人民网，2011-04-30。内容有改动。
② 《美联储副主席耶伦：当前宽松货币政策依然恰当》，载汇通网，2011-06-02。内容有改动。
③ 《欧洲中央银行宣布将欧元区主导利率提高0.25%》，载新华网，2011-04-07。内容有改动。

在升息后，目前的利率仍"非常宽松"，欧洲央行正在寻找时机和方法来撤销"增长性极强"的货币政策。

为什么面对同样的国际经济形势，世界上最有影响力的两个经济体作出了不同的货币政策？这些货币政策将对货币的供给与需求、国民收入产生怎样的影响？要弄清楚这些问题，需要深入了解货币、利率与国民收入相关的理论与知识。本章将介绍货币供给与货币需求的知识，以及货币、利率变动对国民收入的影响。

上一章我们研究了简单的凯恩斯国民收入决定模型，重点分析了消费函数，并假设投资是个"从天而降"的外生变量，即不受国民收入影响的常数。本章我们继续深入探讨当投资是个变量时，国民收入的决定如何受其影响。为此，我们要找出影响投资决策的现实因素，即利率和资本的边际效率。为了弄清利率的决定机制，我们必须研究货币的需求和供给。

6.1 货币的职能与形态

6.1.1 货币的职能

所谓货币的职能，是指货币在社会经济运行中充当的角色及所起的作用。货币最重要的职能是交换媒介、价值尺度和价值贮藏。

1）交换媒介

可以想见，在人类社会早期的易货贸易中，如果没有货币作为一般等价物，商品和服务的交易将是多么混乱和低效率：一个农夫在集市上如果看中了一条漂亮的裙子，为了获得它，就必须拿自己的产品，比如豆子去交换。但是这件美服的缝制者对豆子的味道敬谢不敏，说是只愿意和绘画作品相交换。这个农夫好不容易找到一个卖画的，并且十分幸运，画家可以接受他的豆子作为下一周的食物，可是先前那个裁缝对这个街头画家的素描作品不屑一顾，坚持要色彩绚丽的工笔花鸟画。而跟踪而至的画工笔花鸟的画家对豆子和裙子都毫无兴趣，他今天赶集是为了寻找上好的颜料……可以看出，交易双方供求的"耦合"是多么困难与渺茫。实际上，这个农夫想为太太添置一件漂亮衣服的小小愿望，甚至到了赶集日临近结束的时候，也未必能够实现。尽管他既不愚笨也不懒惰，完全是个合格的古代好老公。在没有货币作为交换媒介的时代，实现商品和服务交易过程的艰苦实在让人无法想象。

聪明的人类并未放任这种尴尬局面持续下去，而是发明了货币来作为交换媒介。一旦有了货币，交易双方的供求"耦合"就变得极其轻松。农夫可以直接手持货币购买裁缝的裙子，裁缝只要价钱合适就愿意成交。至于裁缝所需要的绘画作品，大可自行持币购买，何劳农夫四处搜寻。而农夫为了获得交易所需的货币，自可摆摊出售其豆子。

2）价值尺度

上述例子中，在没有货币作为交换媒介的情况下疲于奔波的农夫，即使幸运地找到了颜料，并好说歹说地用豆子勉强换回了颜料，用颜料交换了工笔花鸟画，再用这幅画换得了做工精良的裙子，其间经历的商品五花八门、种类各异，价格谈判过程的艰苦可想而知。事实上，假设市场上有 N 种商品，如果没有货币，则它们之间相互交换有 $\dfrac{N(N-1)}{2}$ 种换法。50 种商品将有 1 225 种换法，100 种商品将有 4 950 种换法，1 000 种商品将有 499 500 种换法。在这样的市场上进行易货贸易，其交易效率之低下，令人难以接受。

　　然而，一旦有了货币，它在充当交换媒介的同时，又发挥着另一极其重要的职能，即价值尺度。在货币这把价值"尺子"的丈量下，N 种商品就只有 N 种价格了，这个价格就是每种商品和货币之间的交换比例，货币因为同时具有交换媒介和价值尺度的职能，所以又被称为"一般等价物"。

　　3）价值贮藏

　　人们出售其产品或服务从而获得货币之后，往往既不需要也不太可能马上将其全部花掉。以购买生活资料为例，所谓"不需要"立马花掉，是因为家中还有剩余粮秫；所谓"不可能"立马花掉，是因为需要花些时间在市场上搜寻可心的商品。而货币因为具有交换媒介和价值尺度职能，人们"手中有钱，心中悠闲"，完全可以在时间上统筹调度，以丰补歉；或在空间上从容搜索，货比三家。货币在这种情况下执行的就是价值贮藏职能。设想由于某种原因，比如材质容易腐烂，使得货币没有这种价值贮藏职能，可以预料，人们一旦获得货币，为了防止它"变质"，一定会忙不迭地赶紧购买，跑慢了货币就失去价值了……此时也顾不得从容比较或是统筹安排了，社会经济运行一定是人心惶惶，无人专心生产。由此读者可以联想到恶性通货膨胀的情景。在恶性通货膨胀期间，货币失去了价值贮藏职能。一定还有读者会想到，除了货币之外，股票、国债、房地产，甚至艺术品，也有价值贮藏职能，它们为何成不了货币？尽管它们的流动性不如货币，但是它们有程度不同的收益性，而不管是古代的黄金白银，还是现代的纸币和信用卡，作为货币，其收益为零，有什么优越性？这就涉及货币的具体形态问题。什么形态的货币才能最好地执行货币的各种不同职能呢？

6.1.2　货币的形态

　　从古至今，货币形态经历了不同阶段的演变。最初人类用普通商品充当货币，我国商代和周代的铜器铭文和甲骨文中，有用贝壳作赏赐的记载，墓葬发掘的物品中有被用作货币的贝壳实物，我国文字中大量与财富和货币有关的文字都以"贝"作偏旁部首，如财、货、币、贷等。产于南方海洋的贝壳，作为北方部族社会夏、商、周的货币，是普通商品作为货币的典型例证。此外，在非洲、美洲，以及日本和东印度群岛也有考古证据表明贝壳曾被用作货币。除了贝壳，还有一些普通商品也曾被用来行使货币的职能，如我国魏晋到唐代的几百年间，布帛曾作为货币与铜铸币并行流通。在古代欧洲、波斯和印度的一些地方，牛羊等牲畜被作为货币使用。拉丁文"金钱"一词 Pecunia 就源于"牲畜"Pecus，印度货币"卢比"一词就来源于古语"牲畜"Rupye。此外，埃塞俄比亚曾用盐，美洲一些地方曾用烟草、可可豆作为货币。在现代社会某些特殊环境中，也曾出现过把普通商品作为货币使用的例子，如第二次世界大战期间在纳粹的某些战俘营里，战俘们曾经用香烟作为营区内的货币。

　　上述被用作货币的普通商品，往往具备某种被人类普遍接受的"效用"，或者是食用，或可穿着，具有"可吃可穿"这种人类最需要的效用，是货币成为一般等价物最基本的条件。随着生产和贸易的发展，为了提高交易效率，降低交易成本，人们对货币材质特性的要求越来越明确：首先要单位体积价值大；其次要便于携带；再次要有稳定的物理和化学性质，不易变质，不易损毁；最后还要便于标准化和分割。用这些标准来衡量，烟草和咖啡豆就不太适宜，它们的价值不够大，也不便携带。而牛羊等牲畜虽然长了腿，可以携行，但是不便于分割，分成两半的牛羊，其价值一定小于整只的牛羊。贝壳做货币，材质不够坚固，易于损毁。布匹虽可携带和分割，但是质量不易标准化。同时，所有上述普通商品作为"货币"，其化学性质都不够稳定，难以承受风化与腐蚀。因此，在世界历史上，各民族都先后放弃了普通商品，转而使用金属作为货币。

在我国，黄金作为货币，在战国时期已有记载，到西汉达到顶峰，东汉以后数量锐减，随后很快失去了货币地位，其原因至今不明。白银这种金属在西汉著述中已经出现，到宋代才成为货币材料，此后与铜一道，作为主币的材料一直流通到20世纪30年代。在中国历史上，从周代开始，铜一直是货币的主要材料，直到20世纪30年代，还有铜板在流通。从世界范围看，在一些古代文明较发达的地区，白银作为货币使用的历史远远超过黄金。但是公元13世纪以来，金币逐渐增多；17—18世纪，金币日益占据主导地位，直至进入"金币本位"时期。20世纪初，世界主要工业国家的币材均由黄金垄断。

用金属作为货币使用，可比普通商品作为货币更好地满足商品交换的需要，提高交易效率。为了克服每次交易都要检验、称重和切割的弊端，可由具备最高权威的机构——政府进行金属货币的标准化：铸造形状、成色统一的铸币，并打上政府的印记。这就是我国古代的铜板、近代的银元和西方近代的金币。在典型的金本位制下，贵金属可以自由流通，人们也可将自家的贵金属送往官方造币厂铸造货币，贵金属还可以自由进出口。在理论上，这些"自由"不但可以保证货币对内价值的稳定，还可以保证各国货币之间的汇率不会发生剧烈波动。如果这样的制度能够维持下来，倒真是世界经济史上的"黄金时代"。然而由于官府的贪吝和"刁民"的狡诈，千百年来反复出现"劣币驱逐良币"的混乱局面：铸币者以次充好，偷工减料，用劣质货币在市场上"蒙事"，导致人们把足值货币收藏起来，让劣质货币在市面上流通。

在金属货币时代，不论是中国的钱庄、票号，还是外国的银行，甚至是中央政府，都曾发行过代替金属货币流通的纸币，并向持有者承诺兑换贵金属。中国的宋代、元代和明代都曾发行过全国流通的纸币并承诺兑换；工业化国家都发行过银行券，从19世纪开始，这些国家先后由中央银行垄断了纸币发行权。

由于黄金等贵金属的勘探与开采远远赶不上近现代飞速发展的市场经济的需求，金本位制逐渐土崩瓦解：官府先是规定只有达到一定数量才可用纸币兑换黄金，这就是金块本位制；再后来连这个要求也达不到，便规定只有国家层面参与的国际金本位制：金汇兑本位制；最后连这个要求也无法满足，金本位制最终归于消失。1972年崩溃的"布雷顿森林体系"就是人类金融史上最后的金汇兑本位制失败了。

根据货币所用的材质，人们把不同货币制度称为金本位制、银本位制等。到了当代，贵金属早已退出了货币流通，政府发行货币并不需要金准备，也不再承诺兑换黄金等贵金属，这样的货币制度所依据的是国家或发行者的信用，所以叫信用本位制。你如果感到"本位"比较费解，可以从英文"Gold Standard"看出，所谓本位，不过就是发行货币所依据的"标准"。在信用货币制度之下，货币为纸币，发行者已不再承诺兑换贵金属。信用货币在中国通常被认为产生于唐代，但流通的范围和时间有限，现代信用货币则产生于西方。

在现代社会经济运行中，除了现金，还有大量的票据，如支票、汇票和本票。在信息技术高度普及的当代，不仅各种银行卡取代了现金和各种票据，网络银行的发展也呈迅速上升的态势。货币的形式日益发生深刻的变化，将来各类电磁信号形式的货币大有取代纸质和金属辅币的可能。

在信用本位制下，流通中的现金只是货币的一小部分，交易者的货币收付更多是通过支票、转账卡等金融工具，对各自的银行存款进行划拨和存取。按照货币的流动性，我们把流通中的现金称为 M_0，M_0 加上支票存款和转账卡存款等活期存款称为 M_1，M_1 加上定期存款称为 M_2。

6.2　金融体系与货币供给

6.2.1　银行的产生与发展

1）银行的起源

早期银行起源于古代的货币经营业，其原始业务包括铸币、鉴定、兑换、保管和汇款等。前两种比较容易理解，兑换与汇款业务是由于商品交易发展的需要而存在的。在古代，由于各国、各地区的货币在材料、重量、成色与形状上存在较大差异，商人在从事跨地区交易时，必须进行货币兑换，由此产生了专门的货币兑换商。随着商品经济的发展，商务活动日益频繁，为了避免失窃的风险与长途携带的不便，商人就把货币交由货币兑换商保管，并委托其办理支付与汇款业务。这些业务的发展使得早期的货币兑换业逐步演化为货币经营业。经营货币的业主手中积累了大量的货币资产，随着前述各项业务的不断拓展，他们渐渐发现，为了应付客户提现，不必保留已经收存的全部资金，因为所有客户在同一时刻要求提现的可能性很小，于是，经营货币的业主们便大着胆子将手中的货币贷放出去，以牟取利息。当货币经营业不再局限于保管、支付和兑换这些传统业务，而主要依靠放款来获取盈利时，就意味着古老的货币经营业已经完成了向银行业的转变。

中国古代货币经营业在历史文献中的大量记载始于唐代，经过宋、元、明、清，钱庄、票号生意兴隆，货币经营业有了长足发展，但由于封建社会的长期停滞，中国古老的货币经营业迟迟不能实现向现代银行业的跨越。因此，现代银行业的兴起需要从西方历史来考察。

2）现代商业银行

西方有关银行业的历史记载，可以追溯到公元前四五百年的古希腊时期。在当时的雅典，即可找到从事货币经营业务的商业机构，私营的银行业也已有了显著的发展。到了中世纪，欧洲商贸活动集中于地中海沿岸各国，其中心是意大利。位于地中海北岸的意大利各城邦商贾云集，贸易发达，经济繁荣，集市兴旺。为了满足商品交易的需要，在威尼斯、热那亚和米兰等地，先后成立了许多家银行。这些银行在完善了原先的货币经营业务之余，又向商人发放贷款，但是这些贷款规模小、品种少，而且具有高利贷性质，难以适应商品经济发展的要求。

17 世纪后半叶，西欧工商企业的迅猛发展迫切需要发达的金融业来支持。1694 年，英国商人在政府的扶持下，以股份公司的形式组建了世界上第一家典型的资本主义银行——英格兰银行，其贴现率一开始就定为 4.5%～6%，大大低于早期银行的贷款利率。英格兰银行的建立，标志着现代西方商业银行制度的诞生，由此也动摇了高利贷者在信用领域的垄断地位，极大地推动了资本主义工商业的发展。此后，西方各国相继成立了各种规模的商业银行，早期银行向现代银行的转变最终得以实现。

商业银行这一称谓由来已久，最初使用这一名词，是因为这类银行在早期的运作过程中，其业务活动受"商业贷款理论"的指导。这一理论 18 世纪产生于英国，是指导当时英国商业银行业务经营的主要理论，此后又被美、日等国商业银行奉为圭臬。根据这一理论，银行为了保证资产的流动性和安全性，其资金主要用于发放短期商业贷款，并以真实的商业票据作抵押。在资本主义经济发展的早期阶段，银行资金的来源主要是活期存款，定期存款和储蓄存款较少，资金来源的高度流动性必然要求资金运用的高度流动性，只有发放短期的商业贷款，才能满足这一要求。另外，企业营运资金主要靠自有资本，只有当发生临时性、季节性的资金不足时，才向银行申请贷款，如果需要长期负债，企业宁愿发行债券。此外，那时人们没有申请消费信贷的习惯和要求。正因为商业贷款偿还周期短、流动性强、安全性强，所以商业贷款理论在长达 100 多年的时间里，支配着银行资产业务的开展，对世界各国银行的经营思想都产生了深远的影响，甚至一度成为美联储制定和执行货币政策的基础。

随着商品经济的发展，商业贷款理论逐渐暴露出一些缺陷：首先，它没有考虑贷款需求的多样化。资本主义进入垄断阶段以后，企业对中长期贷款的需求日益扩大，举债消费观念的增强使得消费贷款的需求也不断增长。如果银行的贷款仅局限于短期信贷，不仅无法满足经济发展的需要，也使商业银行在竞争激烈的金融市场上处于不利境地。其次，这一理论片面强调银行存款的流动性。即使是流动性最强的活期存款，也会经常保持一个相对稳定的余额，更何况随着经济的发展，银行存款的结构逐渐发生了变化，定期存款和储蓄存款的比重不断上升，超过了活期存款。这就为银行扩大信贷规模、增加贷款种类提供了现实条件。最后，这一理论忽视了贷款清偿的外部条件。贷款能否按期偿还，首先取决于企业的生产经营状况，而不是借款期限的长短。如果发生经济危机，企业效益滑坡，即便是短期贷款，也难以保证安全。显然，传统的商业银行必须突破原有的业务经营范围，寻求新的发展空间。因此，许多国家的商业银行纷纷走上了综合发展的道路，时至今日，商业银行这一称谓早已名不副实，但由于习惯上的原因，人们还是沿用了这个名称。

要给现代商业银行下一个完整、准确的定义并非易事，简单地说，商业银行就是具有信用创造功能、实行企业化经营的综合性金融机构。我国《商业银行法》中对商业银行的定义为：商业银行是依法"设立的吸收公众存款、发放贷款、办理结算等业务的企业法人"。在我国，除了中央银行、政策性银行外，其他类型的银行都属于商业银行。20 世纪 70 年代以来，由于业务竞争加剧，商业银行与其他金融机构之间的界限越来越模糊了，我们可以通过对商业银行特征的描述，对它有一个初步的认识。与其他金融机构相比，商业银行主要有两个特征：

首先，在众多金融机构中，只有商业银行能够吸收活期存款并办理转账结算业务。吸收活期存款，利用活期存款账户办理转账结算，避免了现金结算的诸多不便，大大提高了交易效率。在信用制度发达的国家，绝大部分交易都是通过签发支票、转移活期存款予以结清的。吸收活期存款作为商业银行的一个主要特征，其经济学上的意义在于商业银行因此而具备了所谓"信用创造"的功能,这一点下文将要详细说明。

其次,与其他金融机构相比,商业银行的业务范围极其广泛,它的资金来源不仅包括活期存款、定期存款和储蓄存款,还可以自行发行股票和债券。它的资金运用也不仅限于发放长、中、短期贷款,还可以开展各类投资业务。此外,商业银行还可以开展各种资产负债表外的中间业务。现代商业银行实际上已经成为一个无所不包的金融百货公司,影响着社会经济生活的方方面面。

3)中央银行的产生

现代商业银行出现以后,在其运营过程中逐渐暴露出许多问题。首先,众多的银行都可以发行钞票,不利于货币流通的稳定,而且分散的小银行发行的钞票的流通范围也受到很大限制,需要国家以法令的形式把钞票发行权集中起来。其次,随着银行业务不断扩大,债权债务关系日益错综复杂,票据交换与清算若不能得到及时处理,会极大地妨碍经济运行。这在客观上需要建立一个全国统一的、具有权威的、公正的机构提供清算服务。再次,商业银行在运营中难免会遇到资金周转不便的困难,严重时银行会发生挤兑甚至倒闭。如果全国性的统一机构在银行发生资金困难时及时施以援手,就有助于平息金融系统的动荡,维护社会经济的稳定发展。最后,国家干预经济运行,除通过财政政策外,还需要在金融系统制定并执行统一的货币政策,并为众多金融机构的业务开展提供指导与协调。

世界各国银行中最早全面发挥中央银行职能的是英格兰银行,它成立于 1694 年。1854 年,英格兰银行成为英国银行业的票据清算中心。1872 年,它开始担当在危机时向其他商业银行提供资金支持的重任,成为"最后的贷款人"。1897 年,英格兰银行终于垄断了英国的钞票发行权。从 19 世纪初直到第一次世界大战爆发之前,世界上出现了第一次成立中央银行的高峰。其中,法兰西银行于 19 世纪 70 年代完成了向中央银行的过渡,德国于 1875 年把普鲁士银行改造为国家银行,美国在 1913 年建立了联邦储备制度。这一阶段一共成立了 29 家中央银行,多数在欧洲,基本上是由商业银行逐渐过渡为中央银行的。第一次世界大战后,面对世界性的金融恐慌和严重的通货膨胀,1920 年在比利时首都布鲁塞尔召开的国际经济会议要求尚未建立中央银行的国家尽快建立中央银行,以共同维护国际货币体系的稳定,由此推动了中央银行新一轮发展高峰。这以后成立的中央银行,很多都由政府出资、直接设计,并从法律上明确赋予其中央银行的职权。20 世纪 30 年代经济大危机之后,新老中央银行大多建立了存款保证金制度,并逐渐完善了自身的主要职能。

4)中央银行在金融体系中的地位和作用

现代经济社会的金融体系主要由中央银行、商业银行和非银行金融机构组成。

中央银行的主要职能和业务、它与商业银行和其他金融机构之间及它与政府之间的关系可通过图 6—1 来说明。中央银行的职能通常被表述为三个方面,即政府的银行、发行的银行和银行的银行。

政府的银行是指中央银行对国家提供各项金融服务,比如代理国库、代理国债发行、保管黄金与外汇、在政府资金匮乏时给予信贷支持等。此外,中央银行还代表国家制定并监督商业银行和其他金融机构执行各项政策与法规。发行的银行是指中央银行独家垄断了钞票的发行权。银行的银行是指中央银行对银行和其他金融机构开展的各项业务,这些业务兼有服务和调节货币供应量的功能,比如集中保管商业银行和其他金融机构缴存的一部

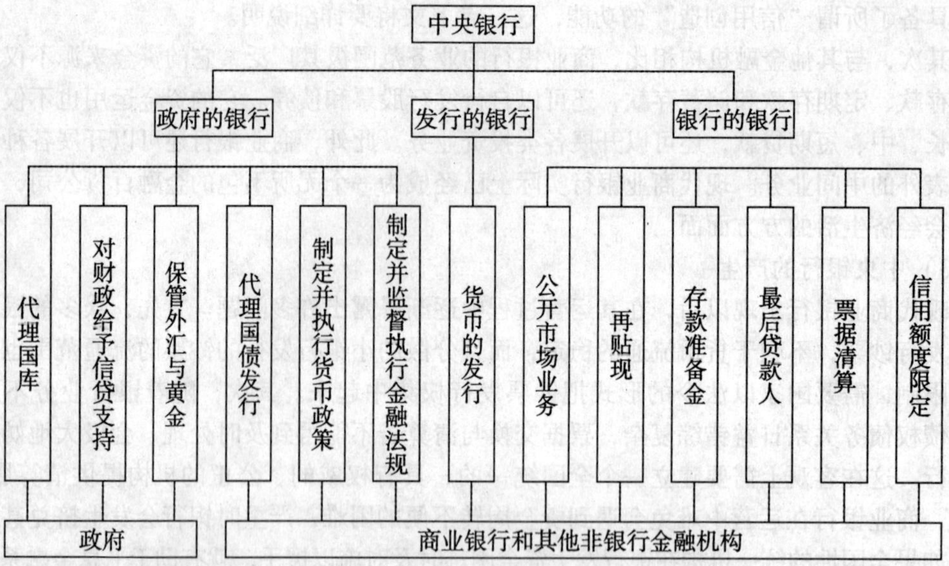

图6—1　中央银行在金融体系中的地位和作用

分存款准备金、主持全国的票据清算、充当金融体系的最后贷款人、开展公开市场业务、对银行和其他金融机构进行再贴现以及限定银行的信用额度等。

6.2.2　货币供给

中央银行直接控制现金数量，商业银行进行信用创造。中央银行通过公开市场业务、调整再贷款利率和存款准备金率影响货币供给。

1）商业银行的信用创造

假设银行 A 吸收了客户 1 一笔 10 000 元的钞票，作为客户 1 的存款，然后按照中央银行规定的比例，比如 10%，留足存款准备金，把其余 9 000 元的钞票找机会贷放出去，这笔贷款就成了银行 A 的资产。接受这笔贷款的客户 2 拿它向客户 3 购买空调，客户 3 把这笔现钞销售款存入自己的开户银行 B。银行 B 接受这笔 9 000 元的现金存款作为自己的负债，然后又按照中央银行的规定，留下 10%，即 900 元，把其余 8 100 元现金贷放给客户 4。客户 4 用这笔钱向客户 5 支付房租，客户 5 把这笔 8 100 元的房租存入自己的开户银行 C。银行 C 又可以留下 810 元作存款准备金，把其余 7 290 元现金贷放给客户 6。这个过程如果一直进行下去，即后来的银行总能找到客户把钱贷放出去，接受贷款的客户马上能够把钱花出去，接受这笔款项的下一个客户总是选择把接受的款项存入银行……则整个银行体系内各家银行的资产负债变化可由表 6—1 来说明。

从以上过程可以看出，原始存款为 10 000 元，经过整个商业银行体系的运转，最后存款变为 100 000，即原始存款的 10 倍，其间的倍数正好等于存款准备金率的倒数。

我们把以上过程称为"存款创造"，其实通过分析我们已经看出，其中不只是存款，连贷款也被不断地"创造"出来了，所以，更贴切的说法应该是信用创造。何为信用？撇开过于学究的解释，更直观地说，信用就是因为信任，所以把钱借给别人用。客户因为信任银行，所以把钱借给银行；银行因为信任客户，所以把钱贷给客户。信用创造的结果貌似神秘，其实内在机理十分清楚明白。

表6—1　　　　　　　　　　　　信用创造机制

银行	资产		负债
	存款准备金	贷款	存款
A	1 000	9 000	10 000
B	900	8 100	9 000
C	810	7 290	8 100
D	729	6 561	7 290
E	656	5 905	6 561
F	590	5 314	5 905
G	531	4 783	5 314
H	478	4 305	4 783
I	430	3 874	4 305
J	387	3 487	3 874
……	……	……	……
总计	10 000	90 000	100 000

首先，每一次信用创造，都不是银行平白无故地作出的，都有具体的经济交易背景，货币都在银行体系之外发挥了交换媒介和价值尺度的职能。

其次，与国民收入的乘数效应类似，银行的信用创造过程不是一锤子买卖，而是通过很多次经济交易逐步进行的。最初一笔 10 000 的原始存款，每次减去 10%，贷到工商业界作为应付款去发挥作用，接受这些款项的客户把它存入自己的开户行。这笔钱每次去掉 10% 作为存款准备金，重新存回银行体系。原始存款每次被扒掉 1/10，贷放出去执行一次价值尺度和交换媒介职能，再存回来执行一次价值贮藏职能，如此往复不已。每次去掉 1/10 使用无穷多次，等于原有金额被使用了 10 次。由此看来，所谓信用创造，不过就是货币的一再被使用。当它们流出银行时，执行交换媒介与价值尺度职能；存回银行时，执行价值贮藏职能。如果读者对此难以形成感性认识，可以想象，当客户存款时，一定会得到存款凭证。如果是活期存款，则银行会开出活期存款凭证，这属于 M_1；如果是定期存款，则客户将得到定期存单，这属于 M_2。由此可以看出，中央银行垄断了银行券，即钞票、铸币的发行权后，商业银行亦可以发行支票和定期存单，这也是货币的重要组成部分。

再次，原始存款只有 10 000 元，何以最后竟然有 10 倍之多的总存款？商业银行如何应付提现？这个问题又回到了起点：商业银行正是根据经验行事的，它们知道除非发生重大危机，在正常情况下，客户绝无可能同时来提取现金，所以才敢于发放贷款。更何况在现代银行制度下，商业银行已按中央银行的规定留足了存款准备金用于应付提现。除非客户回到银行将其存款提走，并且一直持有而不使用，或者使用之后接受这笔款项的其他客户并不将其存入自己的开户行，整个银行体系的存款才会减少。

最后，在上述例子中，原始存款是现金，发放的贷款也是现金，这笔钱在执行了交换媒介和价值尺度职能后，存回银行的也是现金。在现实生活中，大额交易多用支票进行。

如果原始存款是现金，后来的一系列信用创造过程都使用支票，其原理和上述过程相同。要注意的是，商业银行发放支票贷款之前，已在中央银行开立了存款账户，这个账户至少有两个重要作用：一方面，各商业银行之间支票形式的应收、应付差额可通过这些账户结清，而无须相互实际收付现金；另一方面，这个账户上的存款正是前文所述的存款准备金。银行吸收存款、发放贷款都要受存款准备金账户余额的限制，中央银行定期对以商业银行为代表的各金融机构的存款准备金进行核查。

此处是理解"存款创造"机制的重大节点，不可含糊。在使用支票时，商业银行吸收现金，留足存款准备金后，其余现金本欲用于贷款，却发现对方只接受支票，于是多余的现金被存入存款准备金账户。问题是发放出去的支票贷款是多少？是中央银行存款准备金账户上的9倍吗？比较简明的解答是：商业银行吸收的现金，除了上交中央银行作为法定存款准备金外，可以自留，作为应付日常客户提现的"备付金"。支票的使用，实际上增加了商业银行在中央银行的法定存款准备金账户余额，从而扩大了商业银行的信用创造能力。那么商业银行究竟发出去多少贷款？中央银行恐怕不便管理。中央银行能做的就是查账：一查存款准备金，二查吸收的存款，要求两者符合规定的比率。

2）现代银行体系中货币的发行机制

尽管学术论著中所指的货币可能包含 M_0 或 M_1 甚至 M_2，但迄今为止我国官方文件中所指的央行货币发行，是指钞票和硬币，我国民间习惯把钞票和硬币称为现金，国际货币基金组织把钞票和硬币称为 Currency。英文 Cash 在西方民间口语中多指现金或广义的"钱"，在专业场合多指现金加支票即 M_1。为避免概念之间相互混淆，本书此处分析的货币发行，是指现金的发行。

商业银行在日常经营中，要时时面临客户提取或存入现金。如果商业银行持有的现金满足不了提取的需要，则需要补充现金，补充的主要途径就是从自己在中央银行的存款准备金账户上提取。相反，如果商业银行的现金在满足客户的提取之后还有剩余，由于在发达的市场经济中，除了小额贷款外，其他贷款多使用支票而不是现金，所以商业银行会将多余的现金存入自己在中央银行的存款准备金账户。由此可见，商业银行与中央银行之间也像公众与商业银行之间一样，时时发生现金的频繁存取。当商业银行总体向中央银行提取的现金多于存入的现金时，就是现金的发行；反之，就是现金的回笼。尽管有银行卡可以代替现金，但从长期来看，商业银行总体向中央银行提取的现金多于存入的现金，现金的发行是增长的。其根本原因是经济的增长，商品和服务的交易需要大量现金执行货币职能。

商业银行从中央银行补充其存款准备金，主要有三条渠道：一是向中央银行申请再贴现或再贷款，二是向中央银行出售债券，三是向中央银行出售外汇。在向商业银行补充现金，即发行货币的过程中，中央银行一方面积累了资产，一方面形成了负债，这个负债就是发行出去的现金。这些现金最终有两个去处：一个是商业银行的存款准备金；另一个是流通在银行体系之外的"现金漏损"，也叫流通中的现金。这两者常被称为基础货币（Base Money），又因为它们一旦进入商业银行体系，就会形成信用创造机制，从而产生若干倍的存款，由此又可发放相应的贷款，所以又被称为高能货币（High-Power Money）。在市场经济国家，中央银行的负债绝大多数是基础货币。

基础货币 B、流通中的现金 C 和存款准备金 R 三者之间的关系为：

$$B = C + R \tag{6—1}$$

基础货币 B、流通中的现金 C 和货币供给 M_1 之间的关系大体上可由图 6—2 看出。

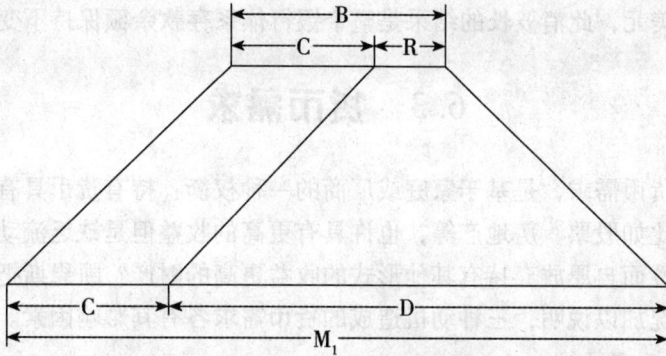

图 6—2　基础货币和货币供给之间的关系

流通中的现金 C 由中央银行垄断发行，发行多少便是多少，不会有成倍的增减，这就是 M_0，引起成倍增减的只能是存款准备金 R。R 经过整个银行体系的创造，其数量变成了 D。D 与 R 之商便是货币乘数，D 与 C 即 M_0 之和便是 M_1。

3）中央银行对货币供给的控制与影响

在以上对货币、银行尤其是商业银行信用创造机制进行分析的基础上，我们可以比较轻松地理解中央银行控制货币供给的途径。

首先，是改变法定存款准备金率。前文已经提到，各商业银行都按规定在中央银行开立了存款准备金账户。如果中央银行强制规定了存款准备金率，则商业银行所吸收到的存款，必须和这个账户上的存款准备金保持一定的比率。存款准备金率的高低直接影响了存款规模的大小，从而决定了贷款额度的高低。

其次，是调整再贷款利率。再贷款之"再"是相对于商业银行向个人和工商企业等客户的贷款而言的。当商业银行因缺乏资金而向中央银行再贷款时，这种再贷款利率如果提高，就意味着商业银行从中央银行的借款成本提高，商业银行可能不得不设法自筹资金，措施包括出售债券或收回贷放在外的贷款。出售债券时，流通中的货币将回到银行；收回贷款时，流通中的货币也会减少。这样，中央银行通过提高再贷款利率就可以间接地减少货币供给。

再次，是公开市场业务。所谓公开市场业务，是指中央银行在公开的金融市场上买进卖出债券的行为，这种场合中的债券最常见的品种是短期国库券。如果中央银行想减少货币供给，则可在公开市场上出售债券。以美联储进行公开市场业务为例，如果美联储卖给某债券经纪人 100 万美元债券，该经纪人从自己开户的商业银行开立支票购买这 100 万美元债券。美联储收到支票后把它交给该银行，并且从该银行的存款准备金账户中减去这 100 万美元。反之，如果美联储打算增加货币供给，则可在公开市场业务中购买债券，比如 100 万美元。美联储购买债券时开出的 100 万美元支票将被债券经纪人存入自己开户的商业银行，该商业银行把这张支票交给美联储，美联储将在该商业银行的存款准备金账户上增加 100 万美元。如果法定存款准备金率为 10%，则该商业银行将因此可以贷出 90 万美元。美联储在公开市场业务中买卖债券的操作会造成商业银行存款准备金账户的变动，存款准备金的这种变动将通过"存款创造"机制对货币供给和银行信贷产生成倍的影响。

这和工商客户或个人在公开市场上买卖同样数额的债券造成的影响是有根本区别的。如果是普通客户从债券经纪人那里购买 100 万美元债券，则客户存款减少 100 万美元，经纪人存款增加 100 万美元，此消彼长的结果是整个银行体系存款余额保持不变。

6.3　货币需求

本节讨论的货币需求，是基于家庭或厂商的一种权衡：持有货币具有流动性；持有其他形式的财产，比如股票、房地产等，也许具有更高的收益但是缺乏流动性。为什么人们为了货币的流动性而自愿放弃持有其他形式的收益更高的财产？凯恩斯把人们持有货币的动机分成三种情况加以说明，三种动机造成的货币需求各有其影响因素。

6.3.1　货币需求的动机

首先是交易性动机。这是指为了满足交易需要而持有货币。对家庭而言，为了应付柴米油盐、电视电话、书报杂志和房租水电等日常生活开支，即使明知持有货币会有利息损失，也需要在手边持有货币。对厂商而言，为了维持企业的正常运营，也需要持有一定数量的货币，例如购买原料、发放工资等。交易性动机引起的货币需求往往和当事人的收入水平相关，收入越高，需要应付的日常开支就越大，货币需求便越多。

其次是预防性动机。无论是个人还是企业，都会面临不时之需，这种动机形成了对货币的预防性需求。预防性动机需要的货币也与收入有关，如果低收入者乘坐公交车或班车上班，中产者驾车上班，则赶公交车或班车的人为应付误点而准备打出租车的现金要少于驾车出行的人为预防小碰擦事故而准备的现金。同样，大型企业为应付临时性的资金周转困难而准备的银行存款往往多于小企业。

再次是投机性动机。投机性动机引发的货币需求来源于个人或企业建立资产组合的需要。拥有财富的人必定以某种形式的资产持有其财富。最理想的情况是持有收益率最高的那种资产，但是未来的收益往往具有某种程度的不确定性，持有单一形式的资产未必明智。合理的做法是建立一个平衡了风险与收益的投资组合，在该组合中，货币作为一种安全的资产，往往被视为那些收益虽高但风险较大的资产的"平衡物"——其他资产与其报酬的增加意味着持有货币的机会成本增加，这会导致货币需求降低；与此相反，其他形式资产的风险增加会增加对货币的需求。

货币需求的交易性动机和预防性动机与 M_1 密切相关，强调的是货币的交换媒介职能。投机性动机引发的货币需求更多与 M_2 相关，侧重货币的价值贮藏职能。规避风险的投机者需要的货币可能要超过 M_1 的范围而达到 M_2，因为两者的风险相同而 M_2 的收益更高。对货币真实余额的需求数量往往取决于其持有的机会成本，由这一思路继续推演下去，可知这种机会成本的考量可能并不局限于金融市场：个人或企业不仅可以选择其他金融资产，还可以选择持有生活资料、机器设备或房地产等真实资产。比如在发生恶性通货膨胀时，货币贬值速度惊人，人们往往把货币当成烫手山芋一样赶紧交易出去购买真实资产。此时放弃持有真实资产，坐待货币贬值而失去的购买力就是持有货币的机会成本。莫迪里阿尼曾经提出一个经验法则：持有货币的机会成本是利率和通货膨胀率两者中较高的那个。

6.3.2　货币需求函数

1973 年，美国哥伦比亚大学的斯蒂文·戈德菲尔德（Steven Goldfield）对美国定期存款和商业票据的需求进行了研究，其研究成果体现了货币 M_1 需求的若干特性：

首先，名义货币需求与价格水平成正比例变动，不存在货币幻觉，人们对货币的需求是对其真实余额的需求。这体现了货币的价值尺度职能，即人们需要货币，首先是为了购买商品或服务，人们关心的是货币的购买力而不是名义上的数量，一旦价格水平上涨，人们对货币的名义需求也会随之增加。

其次，货币需求随收入的增加而增加。这一宏观经济分析结论和人们的日常生活经验相一致，大体上对应着人们的交易性动机和预防性动机。收入越高的人，其交易量越大，预防性动机也越强，与此相对应的货币需求也越多。

再次，真实货币需求和利率反方向变动。当利率升高时，由于 M_1 基本不会带来利息收益，持有 M_1 的机会成本升高，这会使得人们减少对 M_1 的持有。

对 M_2 的真实余额需求的经验研究也大体上显示了与 M_1 相类似的特征，即对 M_2 的需求与收入正相关，与利率负相关。但是由于金融创新的影响，M_1 可以比较容易地与其他金融资产相互转化。当货币在现金和银行账户之间流动时，M_1 发生了变化，M_2 却并未随之改变。因此，对 M_2 的需求似乎比 M_1 更为稳定。

货币需求函数的经验研究只是特定时空的局部性暂时结论，"准确"的函数关系至今并无统一认识，目前比较一致的意见是货币真实余额需求主要受收入和利率的影响。其函数形式可以写作：

$$\frac{M_d}{P} = kY - hr \tag{6—2}$$

式中，M_d 为货币名义需求，P 为价格水平，Y 为收入，r 为利率。k 和 h 为系数。

货币需求函数可用图 6—3 来表示。在图 6—3 中，纵坐标 r 为利率，横坐标 $\frac{M_d}{P}$ 为货币实际需求，货币实际需求在本书后面的分析中都简称为货币需求，用字母 L 表示。

$$L_1 = kY_1 - hr \tag{6—3}$$
$$L_2 = kY_2 - hr \tag{6—4}$$
$$Y_2 > Y_1 \tag{6—5}$$

从图 6—3 中可以看出，货币需求为下降曲线，表示随着利率上升，持币成本上升，货币需求下降；而当利率下降时，货币需求上升。当利率下降到很低水准时，持有其他金融资产的收益很低，持有货币就谈不上什么机会成本了，并且较为安全，所以对货币的需求就接近无穷大。凯恩斯把这一现象叫做"流动性陷阱"。当然，在图 6—3 中，流动性陷阱并不是垂直向下，而是横着的。值得注意的是，L_2 位于 L_1 的右边，意味着当利率相同时，收入越高，货币需求越大。

6.4　货币市场的均衡和利率的决定

6.4.1　古典经济学视角的利息本质和利率决定

在凯恩斯之前流行的利率决定理论被学界归结为古典利率理论，本书第 4 章在讲述萨

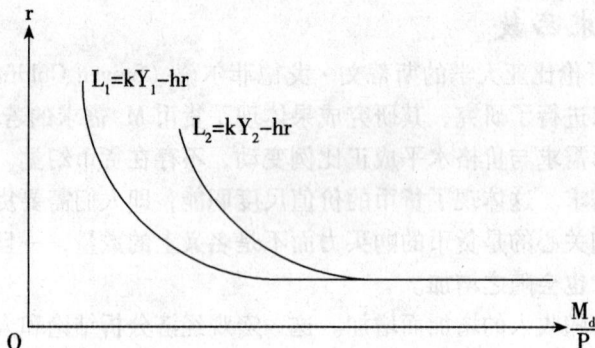

图6—3　货币需求函数

伊定律时也有提及,其代表人物除了马歇尔,还有庞巴维克和大名鼎鼎的费雪。利息的本质是什么?债权人在借贷期满收回本金时,还要收取一定的利息,是否违反道德原则?换句话说,利息合理合法性的经济学解释是什么?在庞巴维克等古典经济学家看来,可贷放资金来自储蓄,而储蓄又来自人们放弃现期消费的结余,放弃现期消费意味着忍耐和牺牲,利息就是对人们作出的这种忍耐和牺牲的补偿。至于单位资金单位时间内的利息即利率的高低是如何决定的,我们在第4章中已做了简要分析。按照萨伊定律,既然从长期看一切供给自有其需求,则一切储蓄都将转化为投资,均衡利率就是资本市场中能使所有储蓄正好转化为投资的那个利率。在本书第4章图4—1中,储蓄曲线随利率的升高而上升,投资曲线随利率的升高而降低,当两条曲线相交时,利率就是交点的纵坐标。

6.4.2　凯恩斯的流动性偏好理论

经历过大萧条的凯恩斯激烈反对古典利率理论,他认为古典利率理论存在逻辑上的致命缺陷。首先,牺牲本期消费,忍耐俭省生活,这种行为本身根本不能保证获得利息收入。比如人们只是把货币放在身边,而不去购买产品或服务,也算是放弃了现期消费,但是在这种情况下,货币在身边放一万年也生不出利息来。要得到利息收入,必须将其贷放出去用于产业投资,或购买债券用于金融市场投资。如此一来,利息就不是牺牲现期消费的补偿,而是牺牲流动性的补偿。因为人们天性爱好对货币灵活自主的掌控权,而将资金贷放出去就丧失了这种流动性。利息的本质是人们放弃了自己天性爱好的流动性而得到的补偿。其次,凯恩斯认为本书第4章提到的储蓄与投资的交叉图根本解释不了利率决定机制。在非充分就业条件下(这是凯恩斯理论的根本立足点),投资增加意味着收入增加(充分就业时收入不会再增加),而收入增加会导致储蓄增加。这样一来,投资曲线与储蓄曲线同时向右移动,利率究竟升高还是降低,取决于投资曲线和储蓄曲线两者究竟谁右移得更多。比如说,储蓄曲线右移更多将导致利率下降;而储蓄曲线究竟在哪里,需要知道收入水平,收入水平又受投资数量的影响,投资数量又取决于利率高低。这就形成了逻辑上的悖论:要知利率如何,必先预知利率如何。

凯恩斯认为,要解决这一悖论,只有从根本上否定古典利率理论,利率不是牺牲现期消费的报酬,而是牺牲其流动性的报酬。人们越偏好流动性,就越不愿意将货币贷放出去购买债券,利率便应该越高。在凯恩斯看来,利率既是持有非货币债券而放弃流动性的报酬,也是持有货币的机会成本,它纯粹是一种货币现象,其高低取决于货币市场的均衡。

6.4.3　货币市场的均衡与利率的决定

在普通商品市场上，当商品供求达到均衡时，商品价格随之被决定。货币市场的均衡和利率的决定机制与此类似，但又有其特殊性。如果直接套用普通商品市场的说法，则会造成理解上的混乱。首先，货币作为一种高流动性、低收益的金融工具，是低流动性、高收益的债券的对应物。所谓货币的价格，是指货币在一定期限内的使用权的价格，即债券的收益率，这种收益率也许包括债券的买卖差价加上票面利率，下文所说利率就是这种债券的收益率。其次，货币包括多层次外延，作为 M_0 的发行者，中央银行不会因为利率升高而提高其货币供给的积极性，而其他发行支票或定期存款的金融机构更多地受存款准备金率而不是利率的影响，利率升高也不会使各层次货币供给者像厂商由于商品价格升高而感到有利可图就多生产商品一样，增加货币的发行。事实上，货币供给主要是由中央银行控制的，所以在分析货币市场时，通常将货币供给看成一个既定的外生变量。明白了这两点，我们才可以继续讨论货币市场的均衡和利率的决定。

1）货币市场的均衡

货币市场的均衡是指货币供给正好等于货币需求的状态，图 6—4 说明了货币市场的均衡是如何达到的。在图 6—4 中，L 为货币需求曲线，它和利率负相关，是一条下降曲线。m_s 是货币供给曲线，当货币供给被视为外生变量时，m_s 为一垂直线，表示货币供给与利率高低无关。货币市场均衡点就是 L 和 m_s 的交点，此时利率 r_0 为均衡利率，它正好使得货币需求等于货币供给，m_0 为均衡货币数量。

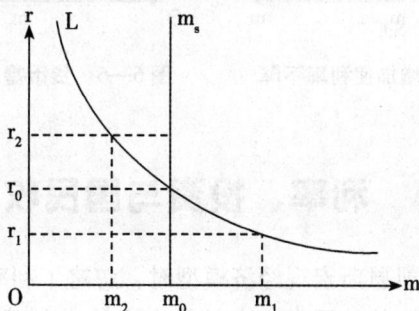

图 6—4　货币市场的均衡

当市场利率偏离均衡点，低于均衡利率，比如处于 r_1 的水平时，投资债券无利可图，出于对流动性的偏好，人们开始出售债券以获得货币，此时对货币的需求达到 m_1 的水平，而货币供给一定，仍然只有 m_0，货币供不应求。在这种情况下，人们为了得到货币而展开竞争，竞争手段就是在出售手中的债券时竞相压价，结果就是债券的价格越来越低，利率越来越高，最后逐渐恢复到 r_0 的水平，货币市场重新恢复均衡。

反之，如果市场利率高于均衡利率，达到 r_2 的水平，此时较高的利率吸引人们放弃了对流动性的偏好，转而用手中的货币购买债券，在图 6—4 中表现为对货币的需求下降到 m_2 的水平。众人对债券趋之若鹜的竞购行为，又会导致债券价格升高，利率回落，直至回到 r_0 的均衡水平。以上说的是债券二级市场，如果考虑债券一级市场，则竞相购买债券的行为将导致一级市场上债券的票面利率升高或发行价格下降，其实质仍然是利率升高。

2）利率的决定

理解了货币市场的均衡及实现机制，利率的决定机制就比较容易分析了。图 6—5 和图 6—6 分别说明了货币供给和货币需求对利率的影响。

在图 6—5 中，货币需求函数一定，如果中央银行增加货币供给，则货币供给曲线右移，从 m_{s0} 增加到 m_{s1} 的水平。如果利率维持原先的均衡水平，则多余的货币供给将被用于购买债券，这将导致债券价格上升而利率下降，直至多余的货币供给全部购买了债券，利率从 r_0 下降到 r_1 为止，此时货币市场供求在新的位置重新达到均衡。

在图 6—6 中，货币需求由于国民收入的增长而在每一个利率水平上增加，表现为货币需求曲线右移。由于货币供给不变，为了获得更多货币以应付交易性动机和预防性动机的需求，人们纷纷出售手中的债券以获得货币，这就使债券价格下降，利率上升，直至在新的水平重新达到均衡。

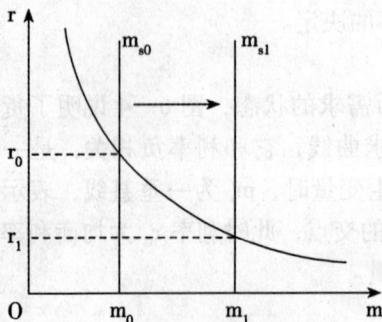

图 6—5　货币供给增加使利率下降　　　图 6—6　货币需求增加使利率上升

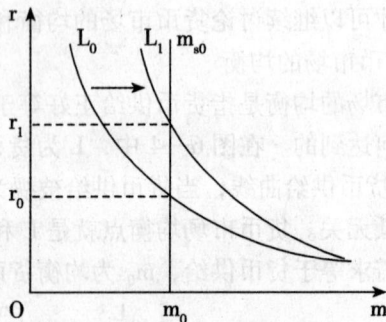

6.5　利率、投资与国民收入

本书第 5 章分析简单的凯恩斯宏观经济模型时，忽略了利率和货币市场的作用，假定投资是常数，或是是由模型之外的因素决定的外生变量。在现实生活中，投资并非常数，而是一个受到利率和货币市场影响的内生变量。以下我们将在本章前 4 节的基础上，考察投资的决定机制，以及投资对国民收入的影响。

6.5.1　投资的概念

1）经济学中的投资

在日常生活中，人们购买证券和土地的行为，都被说成是投资。在经济学中，投资是指导致物质资本存量增加或更换的行为过程，例如建造厂房、住宅，购置机器设备或者增加存货等经济活动，其实质是资源要素转化为资本的形成过程。购买证券或土地等行为只引起了财产的转移，并未因此发生资本的变动，因此不属于经济学中的投资。

2）固定资产投资、存货投资和无形资产投资

固定资产投资是指厂房、设备、商业用房以及住宅的新增或更换。

存货投资是指企业掌握的存货价值的变动。

无形资产是指不具备物质形态，而以某种特殊权利的形态存在并长期发挥作用的资

产，如土地使用权、专有技术、专利权、商标和商誉等。用于形成这类资产的投资，就是无形资产投资。在现代经济生活中，尤其是进入知识经济时代后，无形资产发挥的作用日益突出。

本书所讨论的投资，如无特殊申明，一般是指固定资产投资。

3）总投资、净投资和重置投资

总投资是一定时期内进入资本存量的流量。资本存量是经济体某一时点的资本总额。一定时期内资本总额的变动就是净投资。一定时期内的总投资有两个去处：一部分被用作补偿旧资本的有形或无形损耗，这部分通常被称为重置投资；另一部分用于增加投资存量，这部分投资便是净投资。

为帮助理解，可用一年中的人口变动来进行类比说明。资本存量相当于人口在某个时点的数量。一年中的总投资相当于当年总的新出生人口，而当年总的新出生人口并不会完全等于新增人口数，而是一部分补充当年死亡人口，这部分相当于重置投资，余下的才是新增人口数，这部分相当于净投资。这段拗口的文字可通过图6—7一目了然。图6—7中显示了净投资、重置投资和总投资三者的关系，以及投资变动和人口变动的类似之处。

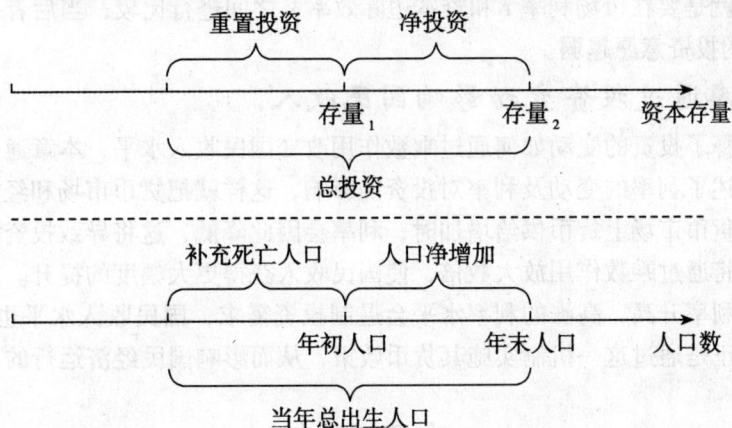

图6—7　投资变动示意图

6.5.2　投资的决定

投资成本、预期收益以及不确定性是影响企业投资行为的主要因素。限于篇幅，本节仅从宏观经济视角，简要分析前两者。

1）投资成本

按照迈尔斯（Myers）和马基洛夫（Majluf）提出的融资优序理论，企业进行投资，首先会选择内部融资，即用企业的自有资金进行投资；其次会选择外部融资，比如银行贷款、发行债券、发行股票等筹集资金进行投资。不论用哪种方式筹集资金进行投资，当货币市场利率提高时，企业投资成本都会上升。如果用自有资金投资，则市场利率越高，意味着企业放弃的在金融市场获利的机会成本越高；如果选择外部融资进行投资，市场利率越高，则企业在金融市场融资的会计成本越高。可见，市场利率构成了企业投资成本的重要组成部分，企业投资必先考量市场利率，投资与利率负相关。两者的关系如果用简单的线性函数表示，则可写成：

$$I=e-dr \tag{6—6}$$

式中，I 为投资；r 为利率；e 为自发性投资，和利率高低无关，利率为零时也会发生，由技术、人口和资源等外部因素决定。

2）预期收益

关于预期收益，凯恩斯提出了著名的同时也颇具争议的资本边际效率（Marginal Efficiency of Capital，MEC）概念。资本边际效率是指正好使得一项资本品的使用寿命期内各年预期收益和残值的现值之和等于这项资本品的现期供给价格或重置成本的贴现率。这个冗长定义用数学公式表达，就是那个我们十分熟悉的贴现公式：

$$P = \frac{R}{1+k} + \frac{R}{(1+k)^2} + \frac{R}{(1+k)^3} + \cdots + \frac{R}{(1+k)^n} + \frac{S}{(1+k)^n} \tag{6—7}$$

式中，P 为资本品的现期供给价格，即重置成本；R 为该项资本品在各期能够带来的预期收益；S 为该项资本品在第 n 期报废时的残值；k 为资本边际效率。如果企业使用自有资金投资，k 高于 r，则同样的重置成本换来的未来收益高于自有资金的机会成本。如果使用贷款进行投资，k 高于 r，说明投资收益高于贷款的会计成本。总之，k 越高，说明该项投资越划算，其投资效率自然就越高。

企业投资就是要在市场利率 r 和资本边际效率 k 之间进行比较，当后者一定时，利率 r 越高，企业的投资意愿越弱。

6.5.3　利率通过投资变动影响国民收入

第 5 章解释了投资的变动如何通过乘数作用改变国民收入水平，本章通过货币市场的供求分析，阐述了利率的变动及利率对投资的影响，这样就把货币市场和经济体总需求联系起来了。当货币市场上货币供给增加时，利率会因此降低，这将导致投资需求增加。增加的投资需求将通过乘数作用放大数倍，使国民收入获得更大幅度的提升。反之，减少货币供给将导致利率升高，高涨的利率水平会遏制投资需求，国民收入水平也会随之下降。各国中央银行正是通过这一机制实施其货币政策，从而影响国民经济运行的。

本章小结

货币的职能是指货币在社会经济运行中充当的角色及所起的作用。货币最重要的职能是交换媒介、价值尺度和价值贮藏。

古代银行起源于货币经营业，现代银行的出现适应了工商企业运营的需要。商业银行吸收公众存款并进行信用创造。中央银行行使发行货币、管理金融和充当最终贷款人的职能。

货币需求的动机包括交易性动机、预防性动机和投机性动机，三者在货币需求函数中都有体现。

凯恩斯认为，利率既是放弃流动性的报酬，也是持有货币的机会成本。它纯粹是一种货币现象，其高低取决于货币市场的均衡。

企业投资取决于投资成本与预期收益的权衡。投资成本由利率决定。利率通过投资变动影响国民收入。

思考与训练

一、判断题

1. 货币的交换媒介职能表现为促进交易者供求耦合。 （　　）
2. 恶性通货膨胀妨碍了货币价值贮藏职能的发挥。 （　　）
3. 吸收活期存款是商业银行的重要特征之一。 （　　）
4. 中央银行垄断了货币发行，意味着商业银行无法进行信用创造。 （　　）
5. 人们为应付不时之需产生了货币的交易性动机。 （　　）
6. 利率越高，货币的投机性动机越强。 （　　）
7. 如果资本边际效率高于利率，则企业不愿投资。 （　　）
8. 经济学中分析的投资包括购买证券的活动。 （　　）

二、简答题

1. 凯恩斯对利率的看法与古典经济学有何不同？
2. 股票为何不能当货币使用？

三、作图题

作图说明基础货币和货币供给之间的关系。

四、讨论题

搜集资料，对比我国中央银行制度和美联储制度的异同。

第7章 IS—LM模型

学习目标

掌握 IS 方程的推导，理解影响 IS 曲线斜率变动和曲线平移的因素，以及产品市场失衡时的纠正过程；掌握 LM 方程的推导，理解影响 LM 曲线斜率变动和曲线平移的因素，以及货币市场失衡时的纠正过程；掌握产品市场和货币市场同时达到均衡的过程。

导入场景

2011 年 3 月 5 日，十一届全国人民代表大会第四次会议在人民大会堂举行，听取和审议国务院总理温家宝关于政府工作的报告。温家宝在报告中谈及 2011 年重要工作时指出：进一步扩大内需，特别是居民消费需求。① 温家宝强调，扩大内需是我国经济发展的长期战略方针和基本立足点，也是促进经济均衡发展的根本途径和内在要求。积极扩大消费需求，要继续增加政府用于改善和扩大消费的支出，增加对城镇低收入居民和农民的补贴，继续实施家电下乡和以旧换新政策。

我国政府提出这一政策，既是对当前国际经济形势的反映，更是对我国未来经济发展的有效探索。我国经济近几十年的良好表现使整个世界为之侧目，人们在感叹中国经济奇迹的同时，也不禁暗暗担心中国经济运行中面临的问题。1998 年以来，我国经济中出现的有效需求不足成为经济发展的一个顽疾，期间多次"求医问药"，借鉴运用凯恩斯主义的需求管理政策，实施扩张性财政政策和货币政策，扩大内需，刺激经济增长。实践证明，这一选择客观上取得了积极效果，但仍未治愈这一顽疾，它依然困扰着我国经济。作为一个大国，特别是一个人口最多的大国，全国要成为经济强国，依靠国内需求是必由之路。

内需不振往往是导致经济增速放慢甚至衰退的主要原因之一。为了促进经济发展，各国政府往往采取扩大公共投资、减税、降息等措施，也都取得了积极的效果。20 世纪 80 年代以来，德国政府实行扩大内需政策，注重运用财政政策，积极培育市场主体，不断寻找新的经济增长点，带动德国经济从低迷走向高涨，成为欧洲最强的经济体。日本在第二次世界大战以后也实行了扩大内需政策，追加财政预算，发行国债，扩大公共事业投资，刺激经济增长，保持了日本经济的长期繁荣，使日本跃至世界第二大经济体。我国也面临内需不足的问题，也采取了大体相似的政策，扩大内需，刺激经济增长，但是效果不是很理想，消费尤其是居民消费对经济的拉动作用呈不断减弱态势。对比其他国家的成功，有效需求不足最终成为困扰我国经济的顽疾，很大程度上是由于财政政策和货币政策这两剂

---

① 《十一届全国人民代表大会第四次会议开幕》，载人民网，2011 年 3 月 5 日。内容有改动。

药方的功效没有完全发挥出来。要弄清楚原因，我们首先要了解财政政策和货币政策作用于经济的传导机制以及各种影响效果的因素，本章将重点阐述 IS—LM 曲线的推导以及它对宏观经济政策的影响。

　　凯恩斯在《通论》中建立的宏观经济学体系割裂了与古典经济学的联系，他把利率决定机制视为一种纯粹的货币现象，完全忽视储蓄与投资等实际因素影响的观点也饱受争议，后来许多经济学家为弥合凯恩斯经济学和古典经济学之间的裂缝付出了巨大努力。凯恩斯的学生罗伯森（D. H. Robertson, 1890—1963）提出了可贷资金理论，试图将实际因素和货币因素对利率的影响综合考量，这一理论受到俄林（B. G. Ohlin, 1899—1979）和勒那（A. P. Lerner, 1903—1982）的支持。但和凯恩斯的流动性偏好理论一样，可贷资金理论仍然属于局部均衡分析，可贷资金市场的均衡无法保证产品市场和货币市场同时达到均衡。与凯恩斯同时代的另一位英国经济学家希克斯于 1937 年提出了 IS—LM 模型的雏形 IS—LL 模型，旨在建立一个同时包容凯恩斯理论与古典理论的统一框架。希克斯的这一工作意义重大，但和许多开创性研究一样，最初的形式流于粗疏，并未获得广泛的认可。直到 1949 年美国经济学家汉森发现了希克斯的工作并加以重新表述和大力宣扬，IS—LM 模型才得以大放异彩，成为迄今为止经济学理论中最为精致、最负盛名的模型之一，被视为凯恩斯主义经济学的核心。它把利率作为一个新的变量引入国民收入决定机制，其分析问题的逻辑与方法极大地完善了凯恩斯宏观经济学说。

　　本章首先阐述产品市场均衡时 IS 曲线的由来和变动，再解释货币市场均衡时 LM 曲线的推导和变动，最后将两者综合起来，分析产品市场和货币市场同时均衡的情况。为避免横生枝节，在分析问题时，我们仍然假定价格水平不变。

7.1　IS 曲线与产品市场的均衡

7.1.1　IS 曲线的推导

　　初学者在首次接触 IS—LM 模型时所感到的困惑之一，是为什么要把产品市场均衡时利率和国民收入的关系命名为 IS 曲线？投资 I 和储蓄 S 这两个变量，并不具有典型的产品市场特征，恰恰相反，它们倒是更容易使人联想起金融市场的运行。尤其是储蓄 S，明明就是个金融市场的变量——如果不干脆把它说成货币市场变量的话。要解释清楚这个别扭的问题，得从它的发明者那里寻找原因。当初希克斯提出 IS 曲线，是为了融合古典经济学和凯恩斯的学说。在古典经济学中，供给会自动创造需求，产品市场均衡是自动达到的，不需要政府干预，因此，如果没有国际贸易，古典经济学模型倒像一个典型的两部门经济体。

　　本书第 3 章图 3—2 是带资本市场的两部门经济循环，当整个经济体供求均衡时，其资本市场上储蓄 S 等于投资 I。在古典经济学看来，利率就是由资本市场决定的，至于货币，不过就是罩在实体经济——产品市场上的一层薄纱，不影响经济运行。希克斯和汉森先把古典经济学中产品市场均衡时利率和国民收入之间的关系总结为 IS 曲线，以便和接下来的 LM 曲线相配合，一起说明经济体的一般均衡。

　　根据前述各章的分析，不必借助复杂的图形，我们可以用代数式轻松地推导出 IS 曲线。以两部门经济体为例，经过前面章节的阐述，一共有四个结论：

首先，当产品市场均衡时，投资等于储蓄，即：

$$I=S \tag{7—1}$$

其次，当其他条件一定时，投资是利率的减函数，即：

$$I=e-dr \tag{7—2}$$

再次，储蓄是国民收入减去消费之后的剩余部分，即：

$$S=Y-C \tag{7—3}$$

最后，消费在短期内一定程度上是国民收入的增函数，即：

$$C=a+bY \tag{7—4}$$

将后面三个式子代入式（7—1），可得：

$$Y=\frac{a+e}{1-b}-\frac{d}{1-b}r \tag{7—5}$$

或

$$r=\frac{a+e}{d}-\frac{1-b}{d}Y \tag{7—6}$$

这就是两部门经济体的 IS 曲线方程。同理，三部门经济体的 IS 曲线可由以下条件推出：

均衡条件变为企业投资 I 等于居民家庭储蓄 S 加上政府储蓄 $T-G_0$，T 为税收，即：

$$I=S+（T-G_0） \tag{7—7}$$

投资函数仍为：

$$I=e-dr \tag{7—8}$$

居民家庭储蓄等于国民收入减去家庭消费和纳税之后的剩余：

$$S=Y-C-T \tag{7—9}$$

税收函数为：

$$T=-T_0+tY \tag{7—10}$$

消费函数为纳税之后可支配收入的函数，即：

$$C=a+b（Y-T） \tag{7—11}$$

联立方程式（7—7）到式（7—11），可得：

$$Y=\frac{a+e+G_0+bT_0}{1-b（1-t）}-\frac{d}{1-b（1-t）}r \tag{7—12}$$

或

$$r=\frac{a+e+G_0+bT_0}{d}-\frac{1-b（1-t）}{d}Y \tag{7—13}$$

式（7—6）和式（7—13）分别是两部门和三部门经济体的 IS 曲线方程，纵坐标 r 和横坐标 Y 呈负相关关系，IS 曲线是一条下降曲线。

希克斯提出 IS—LM 模型的雏形，是为了把古典经济学和凯恩斯经济学统一起来，古典经济学强调的是产品市场而非货币市场，而且认为由家庭和企业构成的两部门经济运行并不需要政府的调节，两部门经济体产品市场供求均衡时，企业投资 I 等于家庭储蓄 S，遂有 IS 曲线之说。当 IS 曲线扩展到三部门经济体时，总供求均衡表现为式（7—7）那样的形式，投资依然是企业投资，而总储蓄已不再局限于家庭储蓄而是加入了政府储蓄。读者其实不必拘泥于 I=S 的刻板形式，只要理解了 IS 曲线的本质是产品市场的供求均衡，即使是包含外贸的四部门经济体 IS 曲线，也可轻松地推出来。产品市场供求均衡就是本书第 3 章介绍的支出法国民经济恒等式：

$$Y = C + I + G + (X - M)$$

只要将等式右边所有包含利率 r 或国民收入 Y 的项逐个展开，即可得到产品市场均衡时利率 r 和国民收入 Y 的关系，求得的新等式就是 IS 曲线方程。

7.1.2　IS 曲线斜率的变动

由式（7—13）可以看出，影响 IS 曲线斜率的因素主要有两个：

首先，当其他条件不变时，消费、投资或政府支出乘数越大，即 $\dfrac{1}{1-b(1-t)}$ 越大，IS 曲线斜率绝对值越小，IS 曲线越平缓；反之，这个乘数越小，IS 曲线斜率越陡峭。如果要细分，可知该乘数也受其他因素的影响，比如，当其他条件一定时，国民收入的边际消费倾向 b 越大，则乘数越大，IS 曲线越平缓；税率 t 越高，乘数越小，IS 曲线就越陡峭。

其次，当其他条件不变时，投资对利率的敏感度 d 越大，IS 曲线越平缓。在我国，宏观经济运行中投资主要由政府主导，对利率的敏感度一般不是很明显。

7.1.3　IS 曲线的移动

由式（7—13）可知，当其他条件不变时，IS 曲线的平移主要受以下因素影响：

首先，自发性消费的变动。自发性消费是指与国民收入总量 Y 无关的消费，一般取决于经济体内技术水平、人口与资源的比例关系以及国民收入分配政策等。在短期内，前两者难以发生明显的变化。如果由于某种原因，比如国民收入分配政策发生了向居民家庭，尤其是中低收入者的倾斜，使居民家庭对未来收入的增长产生了乐观预期，则自发性消费将增长，这会使得 IS 曲线在每一利率水平上提高，整个 IS 曲线将右移。反之，如果由于某种政策改革使人们对未来的收入和支出产生悲观的预期，则自发性消费减少，IS 曲线左移，移动的距离相当于自发性消费变动乘以消费乘数。

其次，自发性投资的变动。自发性投资是指与利率无关的投资。如果企业家对未来抱有乐观的预期，则自发性投资会增加，在每个利率水平上投资的增加将使得整个 IS 曲线右移，移动距离等于自发性投资变动乘以投资乘数。

再次，政府财政政策的变动。如果其他条件不变，政府实行扩张性财政政策，比如税率 t 不变，但是增大政府购买 G_0 和增大退税额 T_0——这两个变量之所以带有下标，是要说明它们是与国民收入 Y 无关的外生变量，由政府的意志决定，而财政政策就是政府意志的体现，国民收入将因此而在每个利率水平上增加，IS 曲线将右移，移动的距离等于政府购买数量和退税额的变动乘以相应的支出乘数。

此外，净出口的变动也会造成 IS 曲线的移动。净出口的增加相当于自发性支出增加，它引起 IS 曲线右移的距离为净出口增加额乘以相应的乘数。

7.1.4　产品市场的均衡

IS 曲线上的每一点都是产品市场均衡时利率和国民收入的对应点，对 IS 曲线的任何偏离都意味着产品市场失衡。我们会看到，对产品市场均衡的偏离，将在市场机制的作用下得到纠正，如图 7—1 所示。

在图 7—1 中，A 点位于 IS 曲线右上方，代表 I<S 的任意一点。在 A 点，其对应的国

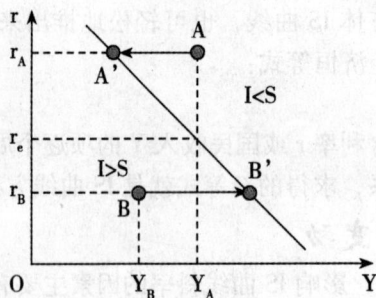

图7—1　产品市场的失衡及纠正

民收入水平为 Y_A，而产品市场均衡时 Y_A 对应的利率水平为 r_e，但是 A 点的利率 r_A 高于均衡水平的利率 r_e，这导致 A 点的投资小于均衡水平投资，储蓄大于均衡水平储蓄，整个产品市场供大于求。在市场机制作用下，产出将下降到 A' 的水平，达到产品市场的均衡。在 IS 曲线右上方所有的点都有 I<S，都将以同样的原理向左方的 IS 曲线靠拢。

相反，以 B 点为代表的所有 IS 曲线左下方的点，由于利率低于产品市场均衡时的水平，都有 I>S，产品市场供不应求，在市场机制的作用下产出增加，直到向右回到 IS 曲线上。

7.2　LM 曲线与货币市场的均衡

7.2.1　LM 曲线的推导

　　LM 曲线是货币市场均衡时利率和国民收入关系的函数图形，在第 6 章关于货币市场分析的基础上，我们可以直接推出 LM 曲线。根据前述结论，可得 LM 曲线推导的几个条件：

　　首先，货币市场均衡时实际货币需求 L 等于实际货币供给 M，即：

$$L=M \tag{7—14}$$

　　其次，实际货币需求 L 与实际国民收入水平和利率有关，即：

$$L=kY-hr \tag{7—15}$$

　　式中，kY 为交易性动机和预防性动机，它们和国民收入正相关。

　　再次，当价格水平一定时，货币供给量是由中央银行的货币政策决定的，和利率无关，可视为一个常数，即：

$$M=M_0 \tag{7—16}$$

　　把以上三式联立，可得 LM 曲线方程：

$$r=\frac{k}{h}Y-\frac{M_0}{h} \tag{7—17}$$

　　LM 曲线是一条从左下到右上的正斜率曲线。

7.2.2　LM 曲线的斜率

　　LM 曲线斜率的大小是凯恩斯主义引发争论的焦点之一，具有重要的理论和政策含义。由式（7—17）可以看出，LM 曲线的斜率主要由 k 和 h 决定。其中，k 表示货币需求的交易性动机和预防性动机对收入的敏感度，k 越大，交易性动机和预防性动机对收入的敏感度越高，LM 曲线越陡峭。h 为投机性动机对利率的敏感度，h 越大，投机性动机对利率的变化越敏感，LM 曲线越平缓。

LM 曲线的斜率由货币需求对收入和利率的敏感度决定，因为 LM 曲线上货币供给和需求处处相等，而货币供给 M 是个常数，这等于说 LM 曲线上货币需求处处相同，只要紧扣这一点就可得出以下结论：如果货币需求对利率较敏感而对收入不敏感，则收入增加引起的货币需求增加只需要较小的利率上升就可抵消，此时 LM 曲线就表现得比较平缓。反之，如果货币需求对收入较敏感而对利率不敏感，则收入增加引起的货币需求上升需要利率的较大上升才能抵消，此时 LM 曲线必然陡峭。

在实际经济运行中，国民收入短期内难以大幅度提高，由收入决定的货币需求交易性动机和预防性动机比较稳定，一般认为 LM 曲线的斜率主要取决于投机性动机对利率的敏感度。据此 LM 曲线被划分为三个不同的区域，如图 7—2 所示。

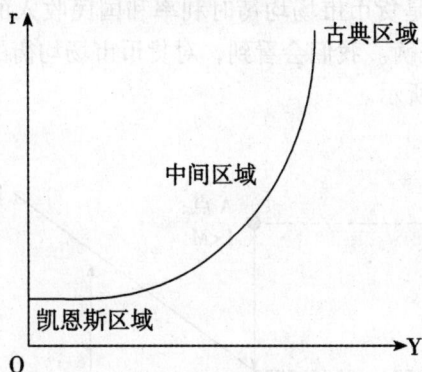

图 7—2 LM 曲线的不同区域

当图 7—2 中利率很低时，因为投资债券无利可图，人们不肯购买债券，所以手中持有大量货币等待投机机会，货币需求的投机性动机变得无穷大。这是一处令读者比较费解的地方，为何人们手持大量货币，不肯用于债券的投机买卖，反被说成是投机性动机无穷大？对英文"speculation"（投机）的解读可能有助于理解：盖因"spec"表示察看，"ulate"表示某一动作反复进行，"speculate"暗示赌徒手持筹码，紧盯转动不停的赌场轮盘等待下注机会，所以投机性动机越强，越说明市场一时无法提供确切的营利机会，需要投机者持币观望，以备一有机会，立马杀入市场。所以，当市场利率极低之日，正是人们对货币的投机性动机极强之时，凯恩斯把这个区域叫做"流动性陷阱"。本书第 6 章图 6—3 货币需求函数中利率低到一定程度时，货币需求趋向无穷大，此时货币需求对利率的敏感度也接近无穷大，反映到式（7—17）表示的 LM 曲线中，货币需求对利率的敏感度变得很大时，LM 在这一段接近水平。

古典区域是指图 7—2 中 LM 曲线最高处的一段，此时利率很高，出于营利目的，人们把手中的货币全部投入债券市场，不愿意持有货币，此时的投机性动机为零。在第 6 章图 6—3 中，利率升至高处，货币需求只剩交易性动机和预防性动机，它们不随利率变动，货币需求对利率不再敏感，h 变得很小，LM 曲线在这一段成为垂直线。古典经济学认为货币需求只有交易性动机而无投机性动机，所以这一段被称为古典区域。

图 7—2 中介于凯恩斯区域和古典区域之间的 LM 曲线被称为中间区域，在这一阶段，

利率和国民收入正相关，LM 曲线的斜率为正，其直观的经济含义为：货币供给作为外生变量保持不变时，收入上升引起货币需求增加，而 LM 曲线上货币供求处处相等，为保持货币供求均衡，必须由利率上升引起的货币需求下降来抵消。

7.2.3　LM 曲线的移动

　　LM 曲线的移动受货币供给和需求的影响，其中尤其要重视货币供给的影响，因为中央银行正是通过货币供给来影响经济运行的。

　　货币供给增加，LM 曲线向右下方移动，原因是当货币需求不变时（包括投机性动机和交易性动机），货币供给增加必然使利率下降，利率下降又会刺激投资和消费，从而使国民收入增加。

7.2.4　货币市场的均衡

　　LM 曲线上的每一点都是货币市场均衡时利率和国民收入的对应点，对 LM 曲线的任何偏离都意味着货币市场失衡。我们会看到，对货币市场均衡的偏离，将在市场机制的作用下得到纠正，如图 7—3 所示。

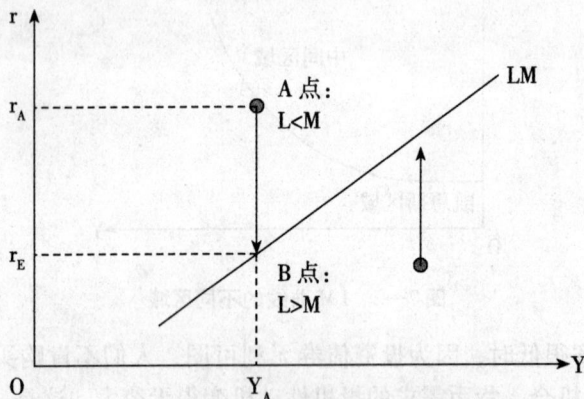

图 7—3　货币市场的失衡及纠正

　　图 7—3 中 LM 曲线左上方货币供大于求，右下方货币供不应求。我们在这两个区域中分别任选一点 A 和 B 来分析货币市场的失衡与纠正。

　　A 点位于 LM 曲线的左上方，其对应的国民收入水平为 Y_A，短期内 Y_A 的水平既定，与之相应的交易性动机和预防性动机不变，而 A 点对应的利率水平高于 LM 曲线上与 Y_A 对应的均衡利率 r_E，因此投机性动机的低下导致货币总需求低于均衡时的货币需求。由于货币供给是个既定的外生变量，整个货币市场供大于求，在市场机制的作用下，利率将逐渐回落，直至 A 点向下回到 LM 曲线上。

　　同理，B 点位于 LM 曲线的右下方，与其对应的国民收入短期内保持不变，相应的货币交易性动机和预防性动机也保持不变，而 B 点的利率低于 LM 曲线上与 B 点国民收入对应的均衡利率水平，这导致货币投机性动机增加。由于货币供给不变，货币市场出现短缺，在市场机制的作用下，利率将升高，直至 B 点向上回到 LM 曲线上。

7.3 IS—LM 模型及产品市场和货币市场的同时均衡

7.3.1 产品市场和货币市场的同时均衡

本章前两节分别讨论了 IS 曲线和 LM 曲线,当产品市场均衡时,投资等于储蓄的状态使得利率和国民收入之间呈负相关关系,这种关系可用 IS 曲线表示;当货币市场均衡时,货币供给等于货币需求的状态使得利率和国民收入之间在一定范围内呈正相关关系,这种关系可用 LM 曲线来表示。本节讨论产品市场和货币市场同时达到均衡时的状态,IS 曲线和 LM 曲线合在一起看,便成了 IS—LM 模型。它是下面一章讨论财政政策和货币政策效果的依据。

当产品市场和货币市场同时达到均衡时,利率和国民收入可通过 IS—LM 模型求得。这里我们以两部门经济体为例做一个简单计算。

假设一个只有家庭和企业的两部门经济体,消费 $C = 100 + 0.8Y$,投资 $I = 150 - 6r$,货币供给 $M = 150$,货币需求 $L = 0.2Y - 4r$。两个市场同时均衡时利率和国民收入的决定可由 IS 曲线和 LM 曲线的联立方程组求得,其产品市场和货币市场均衡模型分别为:

$$\begin{cases} I = 150 - 6r \\ S = Y - C = 0.2Y - 100 \\ I = S \end{cases} \qquad \begin{cases} L = 0.2Y - 4r \\ M = 150 \\ L = M \end{cases}$$

根据这两个市场的均衡,可得 IS 曲线和 LM 曲线的方程,分别为:

IS 曲线: $Y = 1\,250 - 30r$

LM 曲线: $Y = 750 + 20r$

当产品市场和货币市场同时达到均衡时,IS 曲线和 LM 曲线相交,因此,由 IS 曲线和 LM 曲线联立的二元一次方程组求得的利率和国民收入,将满足两个市场的均衡,即:

$Y = 1\,250 - 30r$

$Y = 750 + 20r$

解得:

$r = 10$

$Y = 950$

当 $r = 10$,$Y = 950$ 时,两个市场同时均衡。

7.3.2 产品市场和货币市场的失衡及调整

通过上面的例子可以看出,当产品市场和货币市场同时达到均衡时,利率和国民收入就位于 IS 曲线和 LM 曲线的交点上。除此之外的任何一点,都不能同时满足两个市场的均衡。图 7—4 是偏离两个市场同时均衡的八种可能的状态。

(一)到(四)四个区域分别代表两个市场都不均衡的四种情况,A 点到 D 点代表某一个市场均衡而另一个市场不均衡的状态。各种情况下 I 和 S 以及 L 和 M 的关系,在图 7—4 中标注得很清楚。

对于两个市场都不均衡的状态,市场力量将使其至少达到一个市场均衡的状态,图 7—5 显示了两个市场都不均衡时的调整方向。

在 A 点,I>S,产品市场供不应求,这使得国民收入增加;同时 L>M,货币市场也供

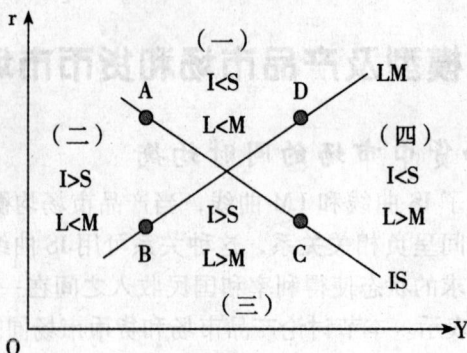

图7—4 偏离产品市场和货币市场同时均衡的八种可能状态

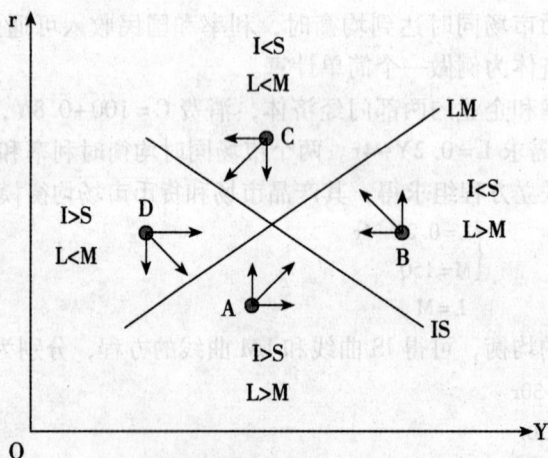

图7—5 两个市场都不均衡时的调整

不应求，这导致利率上升。两个市场共同作用的结果使得 A 点向右上方移动，直至到达 IS 曲线上。

同理，在 B 点，I<S，L>M，两个市场共同作用的结果将使 B 点向左上方移动，直至到达 LM 曲线上。

在 C 点，I<S，L<M，两个市场共同作用的结果将使 C 点向左下方移动，直至到达 IS 曲线上。

在 D 点，I>S，L<M，两个市场共同作用的结果将使 D 点向右下方移动，直至到达 LM 曲线上。

当两个市场都不均衡的状态被调整到至少一个市场均衡时，在市场机制的作用下还会继续调整，图7—6 显示了市场力量对只有一个市场不均衡状态的调整。

在图7—6 中，在 A 点，产品市场均衡而货币市场供不应求，利率上升导致 A 点垂直上升；在 B 点，货币市场均衡而产品市场供大于求，国民收入减少导致 B 点水平左移；在 C 点，产品市场均衡而货币市场供大于求，利率下降导致 C 点垂直下降；在 D 点，货币市场均衡而产品市场供不应求，国民收入增加导致 D 点水平右移。

以上四点在市场力量的作用下，从一个市场均衡重又变为两个市场都不均衡的状态，但是经过这样的调整过程，应该比原先两个市场都不均衡的状态离 IS 曲线和 LM 曲线的

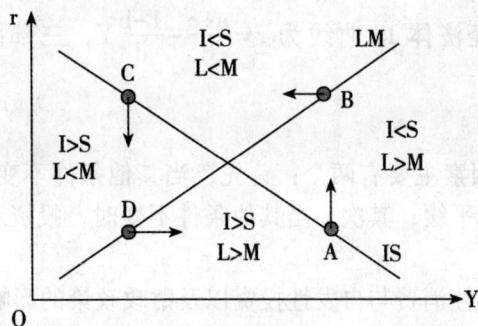

图 7—6　只有一个市场不均衡时的调整

交点更近了，在随后的市场机制作用下，逐渐靠近两个市场的均衡点。图 7—7 简要描述了从两个市场都不均衡到两个市场都均衡的调整过程。

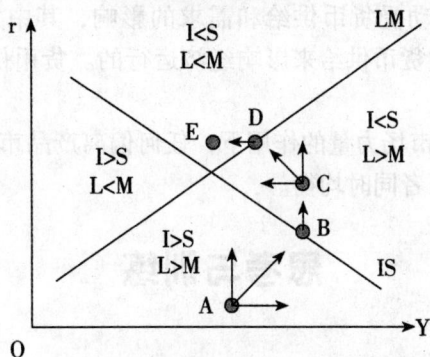

图 7—7　由两个市场都不均衡到两个市场都均衡的调整

在图 7—7 中，A 点产品市场供不应求，于是企业多多投资开业，直至国民收入增加，A 点右移。同时，货币市场供不应求，导致利率上升，A 点上移。两股力量同时作用，导致 A 点向右上方移动，直至到达 IS 曲线上的 B 点。在 B 点，产品市场均衡而货币市场仍然供不应求，于是利率上升造成 B 点继续垂直上升至 C 点。C 点虽然两个市场都不均衡，但比 A 点离两个市场的均衡点更近一些。C 点的产品市场供大于求而货币市场供不应求，在两个市场共同作用下国民收入减少而利率上升，向左上方移动，直至 LM 曲线上的 D 点。D 点虽然也只有一个市场均衡，但是比 B 点离两个市场的均衡点又更近一些。D 点的货币市场均衡而产品市场仍然供大于求，于是产品市场调整导致国民收入下降，D 点水平左移至 E 点。E 点虽然两个市场都不均衡，但是比 C 点离两个市场的均衡点又近一些，比 A 点离 IS 曲线和 LM 曲线的交点更近得多。这一过程持续不断地进行下去，只要产品市场和货币市场中的任何一个没有达到均衡状态，市场供求机制都将发挥调节作用，直至两个市场都达到均衡状态，也就是 IS 曲线和 LM 曲线交点的位置。

本章小结

IS 曲线描述产品市场均衡时利率和国民收入之间的关系，是一条从左上方到右下方的负斜率曲线。两部门经济体 IS 曲线为 $r = \dfrac{a+e}{d} - \dfrac{1-b}{d}Y$，三部门经济体 IS 曲线为 $r = \dfrac{a+e+G_0+bT_0}{d} - \dfrac{1-b\,(1-t)}{d}Y$。

影响 IS 曲线斜率的因素主要有两个：首先，当其他条件不变时，消费、投资或政府支出乘数越大，IS 曲线越平缓；其次，当其他条件不变时，投资对利率的敏感度 d 越大，IS 曲线越平缓。

IS 曲线的移动受自发性消费与自发性投资以及财政政策的影响。

LM 曲线描述货币市场均衡时利率和国民收入之间的关系，是一条从左下方到右上方的正斜率曲线，其方程式为 $r = \dfrac{k}{h}Y - \dfrac{M_0}{h}$。

LM 曲线的斜率由货币需求对收入和利率的敏感度决定，对利率敏感则平缓，对收入敏感则陡峭。LM 曲线的移动受货币供给和需求的影响，其中尤其要重视货币供给的影响，因为中央银行正是通过货币供给来影响经济运行的。货币供给增加，LM 曲线向右下方移动。

根据 IS—LM 模型，在市场力量的作用下，任何偏离产品市场和货币市场均衡的状态都会受到纠正，直至达到两者同时均衡。

思考与训练

一、判断题

1. IS 曲线描述货币市场均衡时利率和国民收入的关系。　　　　　　（　　）
2. 消费乘数越大，IS 曲线越陡峭。　　　　　　　　　　　　　　（　　）
3. 扩张性财政政策将使 IS 曲线右移。　　　　　　　　　　　　　（　　）
4. LM 曲线斜率为负。　　　　　　　　　　　　　　　　　　　　（　　）
5. 货币需求对利率变化越敏感，LM 曲线越平缓。　　　　　　　　（　　）
6. 货币需求对收入变化越敏感，LM 曲线越陡峭。　　　　　　　　（　　）
7. 货币供给增加，将使 LM 曲线右移。　　　　　　　　　　　　　（　　）
8. IS 曲线与 LM 曲线的交点处产品市场与货币市场同时达到均衡。（　　）

二、简答题

1. IS 曲线的斜率为什么是负的？
2. LM 曲线为什么在流动性陷阱内呈水平？

三、计算题

已知产品市场的消费函数为 C＝80+0.75Y，投资函数为 I＝100-3r；货币供给为 120，货币需求函数为 L＝0.5Y-6r。求产品市场和货币市场同时均衡时的利率和国民收入。

四、讨论题

IS—LM 模型是如何弥补凯恩斯理论与古典学说之间的裂痕的？

第8章 财政政策和货币政策

学习目标

理解财政政策的实施工具、作用方式、调控取向和思想争论，掌握财政政策在中间区域、古典区域和流动性陷阱内的效应；理解货币政策各类工具的原理，掌握货币政策的一般效应以及在古典区域和流动性陷阱内的效应；理解宏观经济目标之间的矛盾、财政政策和货币政策的比较以及两大政策的配合使用。

导入场景

中国人民银行 2011 年 5 月 12 日宣布，从 5 月 18 日起，上调存款类金融机构人民币存款准备金率 0.5 个百分点。这是央行年内第五次上调存款准备金率，也是 2010 年以来第十一次上调。本次上调大约可锁定商业银行 3 700 亿元资金。此次调整后，大型金融机构存款准备金率达到 21% 的历史高位，中小金融机构存款准备金率为 17.5%①。

业内分析人士认为，此次提高存款准备金率是因为政府方面感到居民消费物价水平一直在上升，形成了较明显的通货膨胀。近几年提高存款准备金率或者加息，其用意是收缩货币的供应，减少信贷投放。2008 年，中国宣布了庞大的 4 万亿人民币经济刺激计划，其中靠税收或政府公债来融资的，只是很少一部分，大部分资金还是靠银行提供。因此，此次"提准"目的很明确，就是为了收紧市场上资金供给。

我国中央银行运用金融管理工具来收回流动性有三种方法：一种是加息；另一种是提高存款准备金率；还有一种就是通过公开市场操作，包括债券回购等形式。那么，为什么央行经常采用提高存款准备金率这一方法，而较少采用公开市场操作和加息等方法？上调存款准备金率是通过怎样的机制作用于经济的？可能取得什么样的效果？这种政策又有什么样的局限性？

通过本章的学习，我们不仅可以解决上面的疑问，而且可以知道每种方法的效果并不一样，用以解决的经济问题也是有所侧重的。本章着重介绍财政政策和货币政策的主要工具、政策的效果和局限性以及财政政策和货币政策的搭配。

通过上一章的学习，我们知道在 IS 曲线和 LM 曲线的交点处，产品市场和货币市场同时达到均衡，而本书第 5 章就已提到，国民经济即便均衡，也未必处于充分就业状态，经常存在通货膨胀缺口或通货紧缩缺口。为了消除这种缺口，需要实行财政政策或货币政

---

① 《央行近年存款准备金率调整一览》，载中新网，http：//www.chinanews.com/fortune/2011/05-12/3037179.shtml，2011-05-12。内容有改动。

策。有了 IS—LM 模型，我们可以更方便、更清楚地分析财政政策和货币政策的实施效果和制定依据。

8.1　财政政策及其效果

8.1.1　财政政策概述

1）财政政策的实施工具：税收、公债和公共支出

财政政策的实施工具是政府为达到政策目标所采用的手段，包括税收、公债和公共支出。税收是政府收入的基本来源，税收占 GDP 的比例越高，说明政府集中掌握的财力越大。公债收入用于弥补财政赤字之后，一般用于各类经济建设和发展各项社会事业。公共支出包括政府为了维持自身运转所需的花费、向居民提供免费或低价商品和服务的补贴、对各类优抚对象进行的转移支付、对各类公共事业建设进行的投资等。

2）财政政策的作用方式：自动稳定器与相机抉择

本书第 5 章已经介绍过自动稳定器的运作原理，所谓自动，是指政府无需主动采取任何措施干预经济运行。所谓稳定器，是指政府一旦设定了财政政策并付诸实施，则可起到熨平经济波动的作用。最典型的自动稳定器是所得税和社会福利支出。比如，在经济繁荣时，事先设定的税率和起征点尽管保持不变，但是税收总额随国民收入的增加而增多，扶贫款和其他社会福利支出也随着需要帮助的人数下降而减少。当经济衰退时，税收总额随国民收入的减少而降低，扶贫支出也随穷人人数的增加而增多。自动稳定器的作用在于自发地调节经济运行，防止出现经济过热或者持续衰退。

相机抉择（Discretionary）是指政府根据经济运行的态势，主动地采取干预措施，消除经济波动，以实现稳定增长。相机抉择包括汲水政策和补偿政策。

汲水政策是指为了防止经济衰退，政府扩大公共投资支出以帮助经济恢复活力的财政政策，好比干旱时从河道或水井里汲水灌溉庄稼以使其缓解旱情一样。近期最著名的汲水政策的案例是面对 2008 年的国际金融危机，美国参众两院表决通过 8 500 亿美元的救市方案和中国政府 4 万亿人民币的一揽子投资计划。

补偿政策是指政府有意识地逆周期而动，在经济繁荣时增收节支，以防通货膨胀；在经济衰退时藏富于民，以防萧条。与汲水政策相比，补偿政策可使用的工具更多，实施范围更广。

3）财政政策的调控取向：扩张、紧缩和中性政策

扩张性财政政策刺激社会总需求使其增加，紧缩性财政政策抑制社会总需求使其减少，中性财政政策对社会总需求的影响既无扩张也无紧缩效应。扩张性财政政策主要指减少税收，增加政府支出；紧缩性财政政策与之相反；中性财政政策未必就是财政收支平衡的政策，也就是说，通过同时增加财政收入和支出相同数额的政策，仍有可能使国民收入发生变化，读者可通过对第 5 章平衡预算乘数的推导来理解这一点。

4）财政政策的思想争论：健全财政和功能财政

历史上各国政府曾长期信奉财政预算平衡的原则，其核心思想是：收支平衡，轻徭薄赋，不欠债。其中，最重要的是政府财政收支平衡，这种信条被美其名曰"健全财政"。但是在凯恩斯看来，实现健全财政既不可能，也不必要。之所以不可能，是因为经济运行

自有其内在规律，当经济繁荣时，财政收入增多，需要扶持的对象减少，财政收支会出现盈余；当经济衰退时，财政收入减少，扶贫支出增加，财政收支会出现赤字。之所以不必要，如上所述，当经济繁荣时，必出现财政盈余，如强行消除盈余，则需要实行减税增支的扩张性政策，如此操作必使总需求进一步上升，通过乘数作用，增加国民收入。若经济本已处于充分就业状态，则过热的需求无法全部得到满足，在经济繁荣时这种扩张性财政政策犹如火上浇油，将导致通货膨胀。另外，当经济衰退时，财政收支必恶化，如强行改善收支，则需施行增收减支的紧缩政策，此时有效需求本已不足，紧缩性财政政策更似雪上加霜，使经济陷于萧条谷底，难以自拔。

按照凯恩斯的理论，财政政策是政府调控宏观经济运行的重要手段，其政策取向应以实现总供求在充分就业水平的无通胀均衡为出发点，而不是一味追求财政收支本身的平衡。凯恩斯的财政政策思想强调发挥调节经济运行的功能，因此被称为功能财政。功能财政是前述相机抉择财政政策的指导思想。为了追求无通胀的充分就业均衡，往往需要逆经济周期而动。当存在通货紧缩缺口时，采取扩张性财政政策，减税增支，减小盈余甚至扩大赤字；当存在通货膨胀缺口时，采取紧缩性财政政策，增收节支，防止经济过热。

按照功能财政的思想，减少财政赤字不能通过增收节支来实现，因为紧缩性财政政策会妨碍经济复苏或抑制经济景气，为了弥补赤字，可在一定限度之内发行公债筹集资金。

8.1.2 财政政策的效果

运用 IS—LM 模型，可以比较方便和清晰地描述财政政策的实施效果和作用条件。按照经济运行所处的状态，我们简要分析财政政策的一般效果以及在流动性陷阱和古典区域的效果。

1）财政政策的一般效果——挤出效应

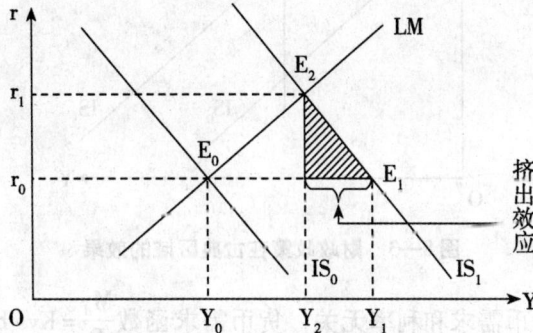

图 8—1 财政政策的一般效果——挤出效应

图 8—1 显示了财政政策的一般效果。假设货币政策不变，则图 8—1 中 LM 曲线保持不变。原先国民经济的均衡点在（Y_0，r_0）处，当实行扩张性财政政策时，由于减税增支，消费和投资等有效需求增加，企业随之增加生产导致国民收入增加。反映在图 8—1 中，就是 IS 曲线向右上方移动，从 IS_0 变为 IS_1。如果不存在货币市场，则国民收入本应从 Y_0 增加到 Y_1，但是货币市场毕竟是要发挥作用的，随着国民收入的增加，货币需求也相应增加，当货币供给因货币政策不变而保持固定时，利率将因此而上升。上升的利率将抑制消费和投资需求，本应增加的国民收入将被挤出一部分，实际能达到的国民收入只在 Y_2 处。图 8—1 中阴影部分就是财政政策的挤出效应，其中 Y_1 和 Y_2 之间的差就是挤出的

国民收入，r_1 和 r_0 的差就是利率的上升幅度。

通过图 8—1 的推演，还可以发现当其他条件不变时，IS 曲线越陡峭，即投资对利率越不敏感，则扩张性财政政策的挤出效应越小，财政政策效果越好；IS 曲线越平坦，即投资对利率越敏感，则挤出效应越大，财政政策效果越差。

2）财政政策在流动性陷阱的效果

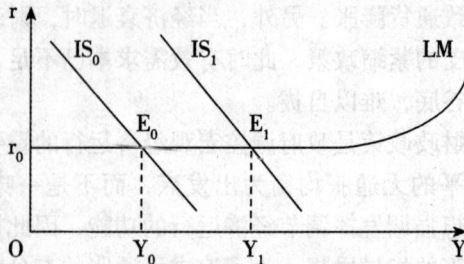

图 8—2　财政政策在流动性陷阱的效果

图 8—2 显示了财政政策在流动性陷阱内的实施效果。在流动性陷阱内实行扩张性财政政策，IS 曲线右移，国民收入增加导致货币需求交易性动机增强，由于此时利率极低，货币需求的投机性动机本已极大，交易性动机增强已不足以导致利率上升，无挤出效应。流动性陷阱内利率极低，往往伴随着经济衰退，此时扩张性财政政策犹如雪中送炭，效果最好。

3）财政政策在古典区域的效果

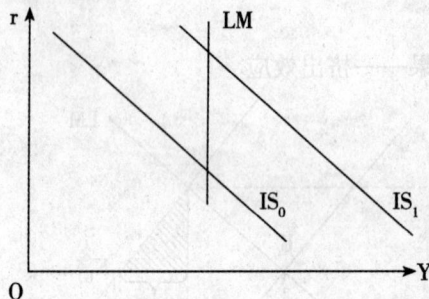

图 8—3　财政政策在古典区域的效果

古典经济学认为货币需求和利率无关，货币需求函数 $\dfrac{M_d}{P} = Ky - hr$ 中 r 的系数 h 为零，这一区域货币需求只有与收入相关的交易性动机或预防性动机而无与利率相关的投机性动机，货币需求对利率变动不敏感，反过来也可以理解为利率变动对货币需求很敏感。当 IS 曲线因为扩张性财政政策而向右移动时，由于货币供给不变导致利率上升极快，将本应获得的国民收入增量全部挤出，此时存在完全的挤出效应。

从上述三个区域内财政政策的实施效果可以看出，当其他条件不变时，LM 曲线越陡峭，扩张性财政政策导致的利率上升越大，挤出效应越大，财政政策效果越差。

综合考察 IS 曲线和 LM 曲线的斜率对财政政策实施效果的影响，可以发现，LM 曲线平坦，IS 曲线陡峭，当扩张性财政政策引起货币需求增加时，利率只会轻微上升，挤出效应较小，财政政策实施效果更好。

8.2　货币政策及其效果

货币政策一般工具的运作原理在第 6 章介绍中央银行对货币供给的控制时已有阐述，本章进一步介绍中国人民银行的货币政策工具，并结合 IS—LM 模型分析货币政策的效果。

8.2.1　货币政策的工具

1）公开市场业务①

与其他货币政策工具相比，公开市场业务的主动性、灵活性和时效性较强。公开市场业务的规模可以由中央银行完全控制，中央银行有相当大的主动权；公开市场业务较为灵活，交易的数量和方向可经常调整，可以较小的规模逐步操作，不会像调整存款准备金率那样产生过于猛烈的后果，甚至可以一周数次改变方向，也不会像利率政策那样被动和迟缓；与其他货币政策工具相比，公开市场业务的时效性更强，当中央银行发出购买或出售的意向时，交易可以立即执行，参加交易的金融机构的超额储备金很快会发生相应的变化。

在多数发达国家，公开市场操作是中央银行吞吐基础货币、调节市场流动性的主要货币政策工具，通过中央银行与指定交易商进行有价证券和外汇交易，可以实现货币政策的调控目标。中国公开市场操作包括外汇公开市场操作和人民币公开市场操作两部分。外汇公开市场操作 1994 年 3 月启动，人民币公开市场操作 1998 年 5 月 26 日恢复交易，两者规模逐步扩大。1999 年以来，公开市场操作已成为中国人民银行货币政策日常操作的重要工具，对于调控货币供应量、调节商业银行流动性水平、引导货币市场利率走势发挥了积极的作用。

中国人民银行从 1998 年开始建立公开市场业务一级交易商制度，选择了一批能够承担大额债券交易的商业银行作为公开市场业务的交易对象，这些交易商可以运用国债、政策性金融债券等作为交易工具与中国人民银行开展公开市场业务。从交易品种看，中国人民银行公开市场业务债券交易主要包括回购交易、现券交易和发行中央银行票据。其中，回购交易分为正回购和逆回购两种。正回购为中国人民银行向一级交易商卖出有价证券，并约定在未来特定日期买回有价证券的交易行为。正回购为央行从市场收回货币的操作，正回购到期则为央行向市场投放货币的操作。逆回购为中国人民银行向一级交易商购买有价证券，并约定在未来特定日期将有价证券卖给一级交易商的交易行为。逆回购为央行向市场投放货币的操作，逆回购到期则为央行从市场收回货币的操作。现券交易分为现券买断和现券卖断两种。前者为央行直接从二级市场买入债券，一次性地投放基础货币；后者为央行直接卖出持有的债券，一次性地回笼基础货币。中央银行票据即中国人民银行发行的短期债券，央行通过发行央行票据可以回笼基础货币，央行票据到期则体现为投放基础货币。

---

① 改编自中国人民银行网站货币政策工具栏，http://www.pbc.gov.cn/huobizhengce/huobizhengcegongju/，2011-07-25。内容有改动。

2）再贴现、再贷款与利率

再贴现和再贷款都是中央银行向商业银行等金融机构的贷款业务，只不过前者以票据作为金融工具。当经济过热时，中央银行调高再贴现和再贷款利率，商业银行从央行融资的成本升高，基础货币因之减少。由于我国再贴现和再贷款规模较小，这一工具在我国更多地体现为利率政策，是我国货币政策的重要组成部分，也是货币政策实施的主要手段之一。中国人民银行根据货币政策实施的需要，适时地运用利率工具，对利率水平和利率结构进行调整，进而影响社会资金供求状况，实现货币政策的既定目标。

目前，中国人民银行采用的利率工具主要有：

（1）调整中央银行基准利率。这主要包括：再贷款利率，指中国人民银行向金融机构发放再贷款所采用的利率；再贴现利率（也称为再贴现率），指金融机构将所持有的已贴现票据向中国人民银行办理再贴现所采用的利率；存款准备金利率（也称为存款准备金率），指中国人民银行对金融机构交存的法定存款准备金支付的利率；超额存款准备金利率，指中央银行对金融机构交存的存款准备金中超过法定存款准备金水平的部分支付的利率。

（2）调整金融机构法定存贷款利率。

（3）制定金融机构存贷款利率的浮动范围。

（4）制定相关政策，对各类利率结构和档次进行调整等。

近年来，中国人民银行加强了对利率工具的运用。利率调整逐渐频繁，调控方式更为灵活，调控机制日趋完善。随着利率市场化改革的逐步推进，作为货币政策主要手段之一的利率政策将逐步从对利率的直接调控向间接调控转化。利率作为重要的经济杠杆，在国家宏观调控体系中将发挥更加重要的作用。

3）法定存款准备金率

法定存款准备金是指商业银行等金融机构按法律规定向中央银行缴存的资金，其目的是应付客户提现和资金清算。由于前文所述的存款创造机制，一般认为中央银行调整法定存款准备金率将极大地影响货币供给，因此法定存款准备金率作为调节货币供应量的手段而成为许多国家货币政策的重要工具之一。

20 世纪 90 年代后，这一工具的使用在世界范围内发生了一些值得注意的变化。在发展中国家频繁调整法定存款准备金率的同时，发达国家却很少使用这一工具。美、英、法、丹麦、瑞典和澳大利亚等国先后取消了存款准备金要求，许多发达国家放弃了这一工具。出现这种情况，主要有三方面原因：首先是金融创新的影响。大量金融工具的创新使得商业银行很容易调度资金，很多金融工具可帮助规避存款准备金政策的限制，中央银行调整法定存款准备金率对货币供应的影响越来越小，这是很多发达国家放弃这一工具的主要原因。其次是这一工具的固有缺陷使其政策适用性下降。调整法定存款准备金率，作用时滞偏长，效果过于猛烈，不利于中央银行及时、适度地调节经济运行，很多发达国家的央行宁愿使用公开市场业务和利率工具调节货币供应量。再次是对金融风险管理认识水平的提高，促使发达国家采用更为有效的风险管理方法。随着《巴塞尔资本协议》和《巴塞尔新资本协议》的全面实施，资本监管逐渐取代存款准备金成为商业银行风险监管的主要手段。在长期的金融监管实践中，人们认识到，存款准备金制度不足以抵御银行体系的风险，因为引起挤兑的支付困难只是风险发生之后的现象，存款准备金无法在事前预防，只是在风险发生之后被动应付。此外，大量存款准备金的存在也提高了金融机构的运行成本，为规避存款准备金监管，大量金融工具的创新一方面提高了商业银行的流动性，另一方面增大了中央银行调控金融运行的难度。

4）其他货币政策工具

除了以上主要工具，中央银行针对某些特殊经济领域采用了一些其他工具，侧重于对银行业务活动质的方面进行控制，是主要货币政策工具的必要补充。其他货币政策工具包括：

（1）消费者信用控制。中央银行根据经济运行状况，对不动产以外的各种耐用消费品的销售融资进行控制，以影响消费者的支付能力。

（2）证券市场信用控制。中央银行着眼于抑制过度投机、稳定证券市场而对证券交易保证金限额进行规定。

（3）不动产信用控制。中央银行为抑制房地产投机，针对金融机构房地产贷款采取了一些限制措施。

（4）优惠利率。中央银行着眼于产业结构调整，针对重点发展部门、行业和产品规定较低的利率，鼓励其迅速发展。

（5）直接信用控制。中央银行运用行政命令等方式对金融机构尤其是商业银行的信用活动直接进行控制。

（6）间接信用控制。中央银行采用道义劝告、窗口指导等间接措施影响银行的信用创造。

8.2.2 货币政策的效果

与分析财政政策效果相似，本节按中间区域、凯恩斯陷阱和古典区域三个部分对货币政策的效果分别进行定性分析。

1）货币政策的一般效果

在LM曲线的中间区域采取扩张性货币政策，整条LM曲线向右移动，在这种情况下，货币政策的效果如图8—4所示。

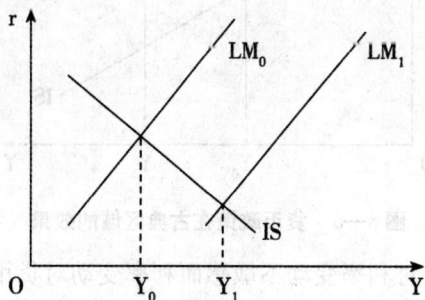

图8—4 货币政策的一般效果

在图8—4中，扩张性货币政策使货币供给增加，LM曲线右移，产品市场和货币市场均衡点向右下方移动，其经济含义十分明显：货币供给的增加超过了货币需求，导致利率下降，利率下降增加了投资等有效需求，国民收入随之上升。

通过图8—4的推演，还可以发现，当其他条件不变时，IS曲线越陡峭，则货币政策改变造成的 LM 曲线移动对国民收入的影响越小。

2）货币政策在流动性陷阱内的效果

除了中间区域的一般效果，货币政策在 LM 曲线特殊区域的效果也值得重视，流动性陷阱就是其中之一。图 8—5 显示了货币政策在流动性陷阱内的效果。

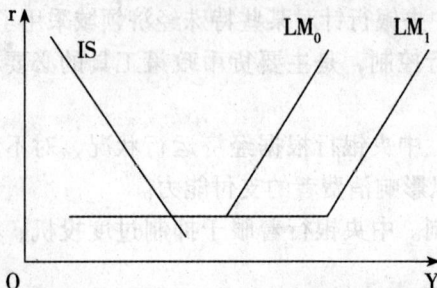

图 8—5　货币政策在流动性陷阱内的效果

在流动性陷阱中，由于利率极低，人们持有货币的利息损失很小，所以人们宁愿持有货币而不购买生息债券。此时即使货币供给增加，也不会促使人们购买更多的债券，利率便不会进一步降低，国民收入也不会增加，货币政策无效。在现实经济生活中，流动性陷阱往往出现在经济萧条阶段。这一时期企业缺乏投资机会或者居民面临未来收支的不确定性而产生强烈的预防性动机，不论货币当局采取什么措施降低利率，企业投资与居民消费都不会增加。反映在 IS—LM 模型中，在流动性陷阱内，不论 LM 曲线如何右移，它和 IS曲线的交点位置保持不变。

3）货币政策在古典区域的效果

货币政策效果的另一个特例体现在古典区域，如图 8—6 所示。

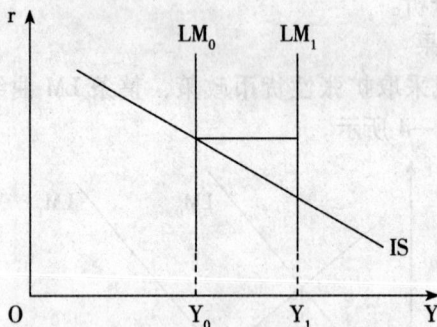

图 8—6　货币政策在古典区域的效果

在古典区域，货币需求对利率变动不敏感而利率变动对货币需求很敏感，此时利率较高，人们因持有货币的机会成本较高而不愿持有货币，增加的货币供给将全部用来购买债券。这将导致债券二级市场价格大幅度上升，收益率下降，或一级市场票面利率大幅度降低，发行价格大幅度上升。债券利率的大幅度下降导致国民收入增加很多，这一阶段货币政策的效果最好。

从三个区域货币政策的效果可以看出，当其他条件不变时，货币政策的效果和 LM 曲线的斜率有关。LM 曲线越陡峭，增加货币供给导致的利率下降幅度越大，国民收入增加越多，货币政策效果越好。

综合考察 IS 曲线和 LM 曲线的斜率对货币政策效果的影响，可以发现，LM 曲线越陡峭，IS 曲线越平坦，扩张性货币政策效果越好。LM 曲线越陡峭，则扩张性货币政策能使利率更快地下降；IS 曲线越平坦，则利率下降能更明显地刺激投资增长。

8.3 财政政策和货币政策的配合

实现经济增长、充分就业、物价稳定、国际收支平衡是宏观经济管理的主要目标，一方面，这些目标之间颇多矛盾，为了实现一个目标往往要以牺牲其他目标为代价；另一方面，财政政策和货币政策作为政府进行宏观调控最重要的两个手段，两者的传导机制和作用效果也有很大差异，为了实现宏观经济管理目标，需要两大政策相互协调和密切配合。

8.3.1 宏观经济目标之间的矛盾

1）经济增长与充分就业的矛盾

一般认为，经济增长会提供更多的就业机会，有利于充分就业，但是经济增长中的技术进步又会引起资本对劳动的替代，即所谓的"机器排挤人"，这会使部分工人，尤其是文化、技术水平低的工人失业。

2）充分就业与物价稳定之间的矛盾

为实现充分就业，必须运用扩张性财政政策和货币政策，而这些政策又会导致需求过热，从而引发通货膨胀。

3）国际收支平衡与其他目标之间的矛盾

一个经济体国际收支出现持续巨额顺差时，将破坏总供求均衡，造成需求过热，引发通货膨胀，同时对本币形成较大的升值压力，影响产品出口。为消除巨额顺差，需要投放大量本币收购外币，同时降低本币利率，鼓励资金流出，而这些措施可能增大本国货币供给，加剧通胀压力。持续巨额逆差除了降低本币地位、诱发金融危机之外，还会阻碍本国经济增长，为消除逆差而提高利率、吸引外资流入，可能加重本国经济衰退和失业。

因此，政府在制定和实施宏观经济政策时，面临着复杂的综合考量，需要根据不同阶段各个不同目标的轻重缓急决定取舍。

8.3.2 财政政策和货币政策的对比

在现实经济运行中，财政政策和货币政策有各自的优势与局限，主要包括以下几方面：

1）政策时滞

政策时滞是实现政策目标所需要的时间，分为内部时滞与外部时滞两部分。内部时滞是制定政策花费的时间，包括认识时滞、决策时滞和行动时滞。认识时滞是政策制定者搜集资料、分析信息、发现问题所需要的时间；决策时滞是政策制定者权衡利弊、决定政策取向所需要的时间；行动时滞是政策制定者选择具体政策工具所需要的时间。外部时滞是采取行动之后取得政策效果所需要的时间。一般认为，货币政策内部时滞较短而外部时滞较长，财政政策则相反。两者内部时滞的差异主要是因为决策机制不同，货币政策是由央行的货币政策委员会制定的，十几个人讨论和表决之后即可执行；而财政政策需要权力机关长时间的多方论证，经各利益相关团体充分协商，讨价还价，才能表决通过，有时一个提案的通过旷日持久，难以定夺。但是一旦付诸行动，两者时滞相反，财政政策的税收和公共支出效果立竿见影，马上就可影响消费与投资；而货币政策通过公开市场业务、再贴现率等工具影响经济运行，传导速度较慢。以利率政策为例，一般央行对再贴现率或其他基准利率的调整幅度相当微小，由此引发的全社会资金利率波动未必立即就能影响经济运行。当利率升高时，厂商缩小生产规模、关闭在建项目谈何容易，解雇工人也并非轻而易举；当利率降低时，厂商增加投资还需要花费时间在利率、资本收益率和风险之间权衡斟酌。

2）作用效果

前文我们分析了 IS 曲线和 LM 曲线斜率对财政政策和货币政策效果的影响以及两大政策在 LM 曲线三个区域内的效果，此处不赘。一般认为，财政政策用于反衰退作用明显，而货币政策用于反通胀，尤其是需求拉上型通胀效果显著。

3）调控目标

财政政策和货币政策都是为了调节社会总需求，实现充分就业的均衡，但两者的侧重点各有不同。财政政策侧重于调节收入分配，通过累进所得税和转移支付，让能力越强或资源禀赋越好的企业和个人承担更多的社会责任，让各类社会优抚对象得到应有的扶助和补偿。货币政策侧重于币值稳定，通过公开市场业务和利率工具等调节货币供求，防止币值出现大的波动，维护经济平稳运行。

4）影响范围

财政政策和货币政策的区别还体现在两者影响范围的不同上。财政政策可以通过预算方案的制订、通过不同的税收和支出政策，更直接地影响资金分配格局，从而调整经济结构。而货币政策，尤其是其主要工具，如公开市场业务和各种利率工具，一旦施行，其影响范围将覆盖全局，调节的是总供求和经济总量。

8.3.3 两大政策的配合使用

1）双扩张配合

在经济严重衰退时，双扩张政策配合可以强力扩大社会总需求，促使经济复苏。在 1929—1933 的经济大危机后期，罗斯福政府采取了财政政策和货币政策双扩张配合，使美国经济迅速走出谷底。20 世纪 50 年代至 70 年代初，日本政府也采取了双扩张配合，在减免税收、增加社会福利支出的同时，对重点产业实施优惠贷款政策，有力地促进了经济增长。

2）双紧缩配合

当经济发生严重通货膨胀时，可采用双紧缩配合，抑制过于旺盛的总需求，防止经济运行盛极而衰。这种政策配合不可长期使用，否则容易恶化经济形势，导致总需求迅速下降。20 世纪 70 年代，日本先采取财政政策和货币政策双紧缩配合，待通货膨胀明显缓解之后，及时调整政策取向，用双扩张配合使经济摆脱了停滞状态。

3）扩张性财政政策和紧缩性货币政策的配合

一般而言，在经济增长停滞而又伴随通胀压力时，减少税收、增加公共支出的扩张性财政政策有助于促进经济增长；而提高利率、减少货币供给的紧缩性货币政策可以克服通货膨胀。根据前文所述财政政策和货币政策的效果，采用这种配合模式治理滞胀，可以更好地发挥财政政策和货币政策各自的优势，有效地调节经济运行。20 世纪 80 年代，美国里根政府采用这一政策配合模式，在其第一任期内基本解决了滞胀问题，既有效地控制了通胀，又促进了经济增长，并成功地降低了失业率。

4）紧缩性财政政策和扩张性货币政策的配合

当国际收支出现持续巨额顺差并伴随严重通胀时，可采用扩张性货币政策，投放本币，收购外币，以防本币升值过高，或降低利率鼓励资金流出；同时采用紧缩性财政政策，增加税收，减少公共支出，缓解通胀压力。

5）中性财政政策和中性货币政策的配合

这一配合模式被称为"双稳健"配合，适用于总供求基本均衡、经济运行比较平稳的时期，此时经济结构的调整成为宏观调控的主要任务。

应用专栏 8—1　　　　　　　美联储货币政策委员会制度①

英格兰银行的中央银行研究中心曾作过一项调查，发现在被调查的 88 个国家和地区的中央银行中，有 79 个中央银行是由货币政策委员会或类似的机构来制定货币政策的。比较有代表性的是美国联邦储备公开市场委员会、欧洲中央银行管理委员会、英格兰银行货币政策委员会和日本银行政策委员会等。本专栏主要从地位和作用、组成人员、会议制度和程序、会议材料、会议记录及信息发表等方面介绍美联储公开市场委员会制度和运作情况。

一、地位和作用

美国联邦储备体系通过三种方式制定货币政策：公开市场操作、制定贴现率、制定法定存款准备金率。公开市场操作是美国日常货币政策工具，在经济和金融运行中最常用、作用最大。美国联邦储备公开市场委员会作为货币政策的决策机构，实际上担负着制定货币政策、指导和监督公开市场操作的重要职责。

二、人员组成

美国联邦储备公开市场委员会由 12 名成员组成，包括 7 名联邦储备体系理事会理事、12 位储备银行行长中的 5 位。其中，理事及纽约储备银行行长共 8 人为常任委员，剩下的 4 个席位每年在其余的 11 位行长中轮换。美联储理事会主席是联邦公开市场委员会主席，纽约储备银行行长习惯上是委员会的副主席。美联储理事会是美联储的最高管理机关，每一名理事都由总统直接任命，任期为 14 年。理事会主席、副主席由总统提名，参议院通过，任期 4 年，美联储理事会的理事一般由专家、学者和名人组成。

三、会议制度和程序

美国联邦储备公开市场委员会每年召开 8 次例会，一般在 2 月份和 7 月份的会议上，重点分析货币信贷总量的增长情况，预测实际国民生产总值、通货膨胀、就业率等指标的变化区间。在其他 6 次会议中，要对长期货币信贷目标进行回顾。每次会议的具体议程如下：

1. 批准上一次例会的会议记录；

2. 外币操作评价，包括上次会议后的操作情况报告，批准上次会议结束后的交易情况；

① 摘编自中国人民银行网站，http://www.pbc.gov.cn/publish/huobizhengceersi/3144/2010/201009151751518157 87372/20100915175151815787372_.html，2011-08-21。内容有改动。

3. 国内公开市场操作评价，包括上次会议后操作情况的报告，批准上次会议结束后的交易情况；

4. 经济形势评价，包括工作人员对经济形势的报告、委员会讨论；

5. 货币政策长期目标（2月和7月会议）评价，包括工作人员评论、委员会对长期目标及行动方案讨论；

6. 当前货币政策和国内政策指令，包括工作人员评述、委员会讨论和制定指令；

7. 确定下次会议的日期。

四、会议材料

在每次会议之前，要准备有关文件并发给参加会议的有关人员及为这些参加者服务的行内工作人员。文件按其封皮的颜色分为绿皮书、蓝皮书和棕皮书。

1. 绿皮书主要是向联储理事会成员提供主要经济部门以及金融市场发展趋向的详细评估材料，并概要地展望一下经济增长、物价以及国际部门的情况。附表提供了对当前和下年度一些主要经济金融变量的定量预测。通常情况下，预测要考虑较为长期的货币增长区间，同时还使用一些结构性的计量模型，最终结果依赖于一些高级成员的判断。

2. 蓝皮书主要是为理事会成员提供货币、银行储备和利率的最新发展和展望方面的材料。在2月份的蓝皮书中，会向成员们提供一年伊始货币增长的蓝图。在7月份的蓝皮书中，会对当年的货币等方面的情况加以回顾和展望，并初步讨论下一年的形势。2月和7月的蓝皮书还确定听证会所需的有关数据，如货币总量的增长范围。此外，也会对货币金融的发展进行分析，以利于委员会重新考虑年初所制定的各项目标。

3. 棕皮书在每次会议即将开始之前公布于众，主要提供12个储备区的区域经济状况。棕皮书的内容包括与当地商业巨头的谈话以及该地区的统计报告分析，11个联邦储备银行的综述报告放在开头。

五、会议记录及信息发表

公开市场委员会会议结束2个月之后，公开市场委员会对外发表会议记录。会议记录包括上次会议讨论的主要内容和问题以及结论，还包括参加会议的人员名单以及有表决权人员对一些问题赞成与否。

应用专栏8—2　　现任中国人民银行货币政策委员会组成人员[1]

周小川（货币政策委员会主席）	中国人民银行行长
尤权	国务院副秘书长
朱之鑫	国家发展改革委员会副主任
李勇	财政部副部长
胡晓炼	中国人民银行副行长
易纲	中国人民银行副行长、国家外汇管理局局长
杜金富	中国人民银行副行长

---

[1] 摘自中国人民银行网站，http://www.pbc.gov.cn/publish/huobizhengceersi/3417/2010/20100915160456819657913/20100915160456819657913_.html，2011-09-06。

马建堂	国家统计局局长
刘明康	中国银行业监督管理委员会主席
尚福林	中国证券监督管理委员会主席
吴定富	中国保险监督管理委员会主席
姜建清	中国银行业协会会长
周其仁	北京大学国家发展研究院院长
夏　斌	国务院发展研究中心金融研究所所长
李稻葵	清华大学中国与世界经济研究中心主任

本章小结

　　财政政策的实施工具有税收、公债和公共支出；财政政策的作用方式包括自动稳定器与相机抉择；财政政策的调控取向是指扩张、紧缩和中性政策；财政政策的思想争论涉及健全财政和功能财政。

　　以扩张性财政政策为例，其一般效果是挤出效应。扩张性财政政策导致国民收入增加，增加的国民收入使货币需求上升，上升的货币需求抬高了利率，抬高的利率挤出了一部分国民收入。在古典区域，由于货币供给不变导致利率上升极快，将本应获得的国民收入增量全部挤出，此时存在完全的挤出效应。流动性陷阱内利率极低，往往伴随着经济衰退，此时扩张性财政政策犹如雪中送炭，效果最好，没有挤出效应。

　　货币政策的工具主要包括公开市场业务、利率和法定存款准备金率。

　　扩张性货币政策使得 LM 曲线右移。在流动性陷阱内，不论 LM 曲线如何右移，它和 IS 曲线的交点位置保持不变，货币政策无效。在古典区域，增加货币供给导致利率很快下降，国民收入增加迅速，货币政策效果最好。

　　宏观经济目标之间有矛盾，而且货币政策和财政政策在时滞、作用效果、调控目标和影响范围等方面有很大不同，客观上需要两大政策配合使用。

思考与训练

一、判断题

1. 增收减支属于扩张性财政政策。　　　　　　　　　　　　　　　　　　　　（　　）

2. 凯恩斯认为财政收支应当保持平衡。　　　　　　　　　　　　　　　　　　（　　）

3. 扩张性财政政策一定导致挤出效应。　　　　　　　　　　　　　　　　　　（　　）

4. 流动性陷阱内财政政策效果最好。　　　　　　　　　　　　　　　　　　　（　　）

5. 古典区域货币政策效果最好。　　　　　　　　　　　　　　　　　　　　　（　　）

6. 财政政策的内部时滞大于货币政策。　　　　　　　　　　　　　　　　　　（　　）

7. 财政政策侧重于调节收入分配。　　　　　　　　　　　　　　　　　　　　（　　）

8. 货币政策影响范围覆盖全局。　　　　　　　　　　　　　　　　　　　　　（　　）

二、简答题

1. 试分析法定存款准备金率作为货币政策工具的局限性。

2. 试比较流动性陷阱内财政政策和货币政策的效果。

三、计算题

已知某三部门经济体的消费函数 $C=52+0.8Y_D$，投资函数 $I=120-6r$，税收 $T=50$，政府购买支出 $G=100$，货币需求函数 $L=0.2Y-10r$，货币供给 $M=200$。求：（1）均衡国民收入、利率；（2）政府支出增加 16，均衡国民收入和利率有何变化？

四、作图题

作图说明货币政策的一般效应。

五、讨论题

搜集资料，讨论历年中国货币政策和财政政策配合使用的效果。

第9章 总需求与总供给

学习目标

掌握两部门经济体总需求曲线方程的推导，理解总需求变动的影响因素；掌握古典总供给、凯恩斯总供给和一般总供给曲线的含义，理解这三种总供给曲线对应的总供求均衡及其政策含义。

导入场景

1929—1933 年世界性经济危机的大爆发震撼了资本主义世界，自由资本主义经济的基本信条宣告破产。凯恩斯主义正是在这样的世界性经济危机和特种萧条中应运而生的。凯恩斯主张政府对经济积极干预，强调政府赤字支出对总需求的扩张作用，认为在总需求不足，即经济产出水平远远低于潜在产出水平的情况下，如果政府增加其购买量，总需求就会增加。通过调节总需求，就可以实现充分就业，使供求失衡恢复到供求均衡，从而弥补"看不见的手"——市场经济自动调节的缺陷。

在实践中，美国总统罗斯福 1933 年就职后，为挽救濒于破产的资本主义经济，采取了大胆的尝试，宣布实施"新政"，通过增加总需求来刺激经济增长。罗斯福放弃预算平衡，采取赤字财政政策，采用举办公共工程、进行社会救济、稳定金融信贷、调整工农业生产等具体措施，通过国家干预，扩大了总需求，调整了经济结构，摆脱了经济危机。

20 世纪 70 年代，以两次石油危机为导火线，整个资本主义世界陷入了生产停滞和通货膨胀并发的滞胀困境。面对滞胀，凯恩斯主义束手无策，供给学派就是在这样的背景下兴起的。该学派是针对凯恩斯主义扩大需求后，出现了滞胀和失业所提出的调节经济供给方面的理论，它认为需求会自动适应供给的变化，主张通过增加总供给来推动经济的发展，因而得名。

在实践中，1980 年，美国通胀率达到 13.5%，而实际的 GDP 为 -0.2%。1981 年，新上台的里根总统提出了"经济复兴计划"，开头就声明他的计划与过去美国政府以需求学派为指导思想的政策彻底决裂，改以供给学派的理论为依据。他采取了大幅度减税、降低通货膨胀率和削减社会福利等措施以刺激经济增长。在美国经济处于高通胀、高利率的不利形势下，里根的经济政策有效地平抑了通胀，并且保持赤字处于可控制水平。通过增加总供给的各项措施，里根政府让美国经济比较快地走出了滞胀困境，并为其后 20 多年的持久繁荣奠定了基础。从 1982 年 12 月起，美国经济走出衰退，经济复苏势头比二战后历次经济复苏都强劲有力。至 1988 年 5 月，美国经济持续增长 65 个月，成为二战后和平时期经济增长持续时间最长的一次，通胀率也由最初的 13.5% 下降为不到 5%。美国 GDP 占世界的比重也由 1980 年的 23% 上升到 1986 年的 25.2%。

同样都是美国，一个总统通过扩大总需求解决了危机，一个总统放弃总需求而通过扩大总供给解决了滞涨问题。我们不禁要问：在什么样的经济形势下，采取增加总需求的措施对经济发展更为有效？而又在什么样的经济形势下，采取增加总供给的措施对经济发展更为有效？这些措施如何通过总需求或总供给影响国民经济？如果同时改变总需求和总供给，它们对国民经济的影响又将如何？要弄清楚这些问题，我们首先要学习关于总供给和总需求的相关知识和理论。

总需求与总供给模型研究产量波动以及价格水平决定。本章旨在引出总需求和总供给曲线，探讨总需求与总供给函数的影响因素，并且说明这两者的作用如何造成价格水平和国民收入的波动。

9.1　总需求

9.1.1　总需求的概念

总需求（Aggregate Demand，AD）是指经济体在某一给定的价格水平上对产品和服务的需求总量，包括国内消费需求、投资需求、政府购买需求和国外需求四个方面，可表述为：

总需求＝消费＋投资＋政府购买＋净出口

或

$$AD = C + I + G + (X-M)$$

消费函数理论强调收入是影响消费 C 的最重要因素，而在现实中，其他诸如利率、价格水平、收入分配、消费者偏好、总财富以及消费信贷等都不同程度地影响消费。总需求分析主要关注那些决定实际消费数量（即名义的或货币的消费量除以消费者价格指数）的因素。

投资 I 指增加或更换资本资产（包括厂房、住宅、机械设备及存货）的支出。决定投资的主要因素是产出水平、资本成本（取决于税收政策、利率和其他金融条件），还有对将来的预期。

政府购买 G 是各级政府购买商品和服务的支出，如政府花钱设立法院、巩固国防、建设道路、开办学校等。政府购买支出由财政政策决定。

总需求最后一个组成部分是净出口 NX，它等于出口值减进口值（X-M）。收入水平和汇率是影响净出口的重要因素。

9.1.2　总需求函数

总需求函数是指物价总水平与经济社会的均衡支出之间的数量关系。由总需求的组成可以看出，总需求函数同时涉及产品市场与货币市场，可以从产品市场与货币市场的同时均衡中得到。如果暂时剔除政府与国外部门，考虑一个简单的两部门经济体，根据以及曲线的函数，可以推导出以价格水平为变量的总需求函数。

由第 7 章 IS—LM 模型可知，IS 曲线方程为：

$$r = \frac{a+e}{d} - \frac{1-b}{d}Y$$

LM 曲线方程为：

$$r = \frac{k}{h}Y - \frac{m}{h}$$

式中，m 为货币实际供给，它和货币名义供给 M 的关系为 $m = \frac{M}{P}$；P 为价格水平。

将 IS 和 LM 曲线方程联立可以求得：

$$Y = \frac{h(a+e)}{kd+h(1-b)} + \frac{dM}{[kd+h(1-b)]P} \tag{9—1}$$

令 $\alpha = \frac{h(a+e)}{kd+h(1-b)}$，$\beta = \frac{d}{kd+h(1-b)}$

则总需求曲线的函数式为：

$$Y = \alpha + \frac{\beta M}{P} \tag{9—2}$$

由上述推导过程可以看出，总需求曲线表示产品市场与货币市场同时达到均衡的价格水平与产出水平组合。值得注意的是，作为一条下降曲线，国民收入和价格水平并非线性关系。

同样，需求曲线也可以从 IS—LM 模型中求得。在 IS—LM 模型中，一般价格水平被假定为常数，货币供给已知，IS 曲线和 LM 曲线的交点决定了均衡国民收入水平。我们用图 9—1 说明如何从 IS—LM 模型中推导出总需求曲线。

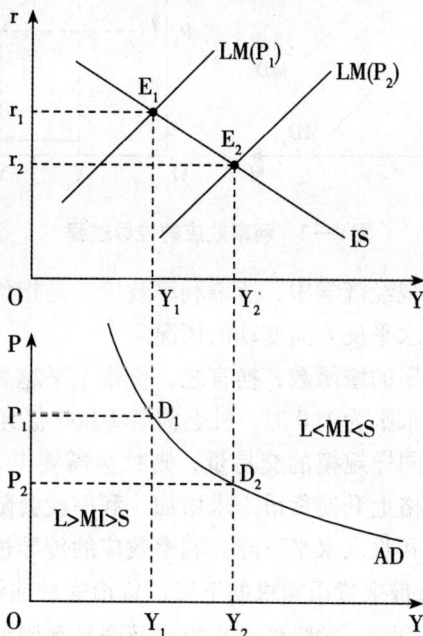

图 9—1 总需求曲线的推导

图 9—1 有上下两个部分：上部为 IS—LM 模型，描述国民收入与利率之间的关系；下部为总需求曲线的推导，即价格水平和总需求之间的关系。当价格水平为 P_1 时，对应的 LM（P_1）曲线与 IS 曲线相交于均衡点 E_1，可得该状态下的均衡国民收入 Y_1 和均衡利率 r_1。在以价格水平为纵坐标、以产量为横坐标的坐标系中标出点（Y_1，P_1），得到总需求曲线上的一点 D_1。由于某种因素的影响，假定价格水平下降至 P_2。由于价格水平下降，

LM 曲线向右移动至 LM（P_2），与 IS 曲线相交于新的均衡点 E_2。该点所表示的收入和利率分别为 Y_2 和 r_2。这样，继续在下部描绘出点（Y_2，P_2），得到总需求曲线上的另一点 D_2。依此程序，随着价格水平的变化，我们可以得到若干对应的 P 与 Y 的组合，从而构成一系列的点，把这些点连在一起所得到的曲线便是总需求曲线 AD。

总需求曲线 AD 意味着在 P—Y 坐标系中 I=S 且 L=M 的点的集合。曲线右上方的点在同等国民收入下具有较高的价格水平，代表货币需求小于货币供给，投资小于储蓄；而左下方的点在国民收入相同时却具有较低的价格水平，表明货币需求大于货币供给，投资大于储蓄。

无论是总需求函数还是总需求曲线，我们都可以从中看出，价格水平与总需求之间成反向变动关系，即斜率为负，如图 9—2 所示。当物价水平为 P_1 时，人们对产品和服务的需求量即国民收入为 Y_1；当物价水平上涨至 P_2 时，国民收入下跌至 Y_2。这是为什么呢？可从以下几方面进行分析：

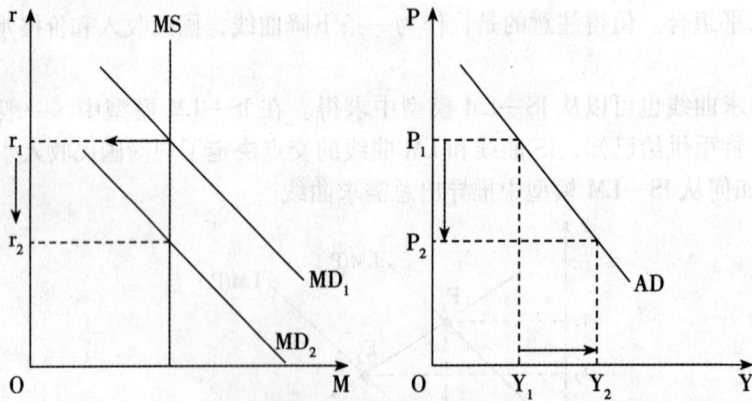

图 9—2　利率效应的传导过程

首先是利率效应。在宏观经济学中，所谓利率效应，是指价格水平变动引起利率同方向变动，进而使投资和产出水平反方向变动的情况。

货币名义需求是价格水平的增函数，换言之，价格水平越高，产品和服务越贵，对货币的需求越大。假定当价格水平为 1.0 时，社会需要 1 000 亿元从事交易；那么当价格水平上升为 1.2 时，为了维持同样规模的交易量，则社会需要 1 200 亿元的货币从事交易。如果货币供给没有变化，价格上升使货币需求增加，利率就会随之上升。利率上升，投资水平下降，因而总支出水平和收入水平下降。利率效应的传导过程可以从图 9—2 中看出。

在图 9—2 中，P 的下降带来货币需求的下降，货币需求曲线从 MD_1 下降到 MD_2 的位置，初始利率从 r_1 降至 r_2；利率 r 的降低带来投资及产品和服务的需求量增加，使得产出由 Y_1 增加为 Y_2。利率效应是由货币传导机制形成的，如果货币传导机制失灵，利率效应也就不起作用了。

其次是财富效应，即实际货币余额效应。所谓实际货币，是指货币所能购买的商品的数量，即以实物形态衡量的货币。如果名义货币供给不变，当价格上升时，以实物形态衡量的手持货币，即实际货币余额减少，人们减少消费，导致总需求减少；反之亦然。

这种由于价格水平下降，使人们所持有的货币及其他以货币衡量的具有固定价值的资产的实际价值上升，使人们变得相对富有，进而带动总需求增加的情况被称为实际货币余额效应。

再次是外贸效应。价格水平上升导致出口商品的价格上涨，妨碍出口，而进口商品的价格则给国人比较便宜的错觉，这使得人们对国外商品的需求增加，刺激进口。综合两个方面，价格水平的上升将使净出口减少，进而减少总需求。这种由于本国货币贬值或升值导致汇率变化，进而导致总需求变化的效应，称作外贸效应、国际替代效应，或称为蒙代尔—弗莱明汇率效应。

最后是收入再分配效应。一般来说，物价的上涨先于工资的上涨，在此过程中，国民收入从工资收入者手中转移到地租、利润和利息收入者手中，而后三者的边际消费倾向更低，导致总消费下降。

9.1.3　总需求的变动

从产品市场和货币市场均衡出发，有助于我们更好地认识总需求的变动。在其他条件保持不变的情况下，当价格水平变动时，货币市场变得非均衡，这导致利率变动从而带来产品市场的变化，进而使总需求沿着总需求曲线 AD 移动，却并不影响 AD 的位置（前文总需求曲线 AD 推导中得出的结果）。当价格水平不变时，任何改变消费、投资、政府购买或净出口的因素都会导致总需求曲线平行移动，包括利率、汇率、货币供给、政府支出、税收以及国外收入等各种因素。

总需求曲线是由 IS—LM 模型决定的，所以，IS 曲线和 LM 曲线的移动也会改变总需求曲线的位置。我们知道，财政政策的变动会改变 IS 曲线的位置，货币政策的变动会改变 LM 曲线的位置，因此，总需求曲线位置的决定与变动就要受财政政策与货币政策的影响。下面我们分别说明财政政策与货币政策是如何决定总需求曲线的位置的。

财政政策通过对 IS 曲线位置的影响改变总需求曲线的位置。

在图 9—3 中，IS 曲线和 LM 曲线是建立在货币供给既定且价格水平（P_0）不变的基础之上的。均衡点为 E_0，对应于下部 AD_0 曲线上的 E_0 点。如果实行扩张性财政政策，增加政府支出，IS 曲线右移至 IS_1 的位置，在价格水平 P_0 下，达到新的均衡点 E_1，并在下部得到对应的点 E_1，该点位于新的总需求曲线 AD_1 上。AD_1 曲线反映了增加政府支出对经济的影响。同样的分析思路可以使我们得出紧缩性财政政策会造成相反的结果。

货币政策通过对 LM 曲线位置的影响而改变总需求曲线的位置，扩张性货币政策使总需求曲线右移。应该指出的是，在价格不变的情况下，名义货币供给量增加所引起的总需求曲线移动与名义货币供给量的增加是同比例的。由于实际货币供给量取决于名义货币供给量和价格水平，所以，如果价格水平的上升与名义货币供给量的增加是同比例的，那么，名义货币供给量的变动就不会引起实际货币供给量的变动。

总需求曲线不仅在允许价格变动的条件下概括了前面的 IS—LM 模型，还比较直观地说明了本书所述的财政政策和货币政策都是旨在影响总需求的需求管理政策。总需求曲线只是给出了价格水平和收入水平之间的关系，并不能决定整个社会供求相等时的价格水平和产量。为了说明整个经济体的价格水平和总产出水平是如何决定的，宏观经济学需要引出另一个分析工具，即总供给曲线。

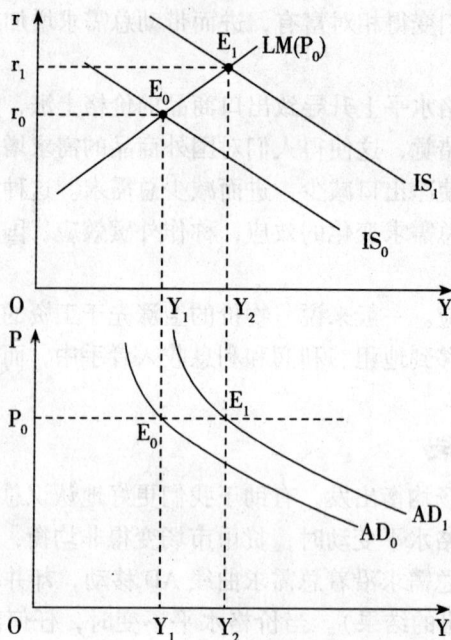

图9—3 扩张性财政政策

9.2 总供给

在微观分析中，单个厂商的供给被定义为某特定价格下厂商愿意并且能够提供的产量。在宏观分析中，总供给（Aggregate Supply，AS）是指经济体所提供的总产量（或国民收入），换言之，就是与任一物价水平相对应的所有厂商能够并且愿意提供的产量。它描述了经济社会的基本资源用于生产时可能达到的产量。一般而言，总供给主要是由生产性投入（最重要的是劳动与资本）的数量和这些投入组合的效率（即社会的技术水平）所决定的。

总供给函数表示总产出量与一般价格水平之间的关系。总供给曲线则表示产出量与价格水平的各种不同组合的曲线。

AS曲线的推导思路如下：首先建立总生产函数，确定使用不同数量的劳动所能提供的产量；其次在既定的价格水平下，确定劳动力市场供求均衡时雇用的劳动量；最后将均衡劳动量和生产函数中的其他要素结合起来，在既定的价格水平下确定生产量。这个价格—产量的组合是AS曲线上的一个点，当价格水平不断变化时，就可得出相应的一系列产量水平，这些价格—产量的组合点构成了AS曲线。

因此，在正式讲解总供给曲线之前，我们需要对生产函数、劳动力市场作一个简单的说明。在本节中，我们将就生产函数及劳动力市场均衡、总供给曲线两个部分具体介绍总供给曲线的来龙去脉。

9.2.1 生产函数及劳动力市场均衡

1）生产函数

在西方经济学中，生产函数是指投入和产出之间的数量关系。宏观生产函数又称为总量生产函数,是指整个国民经济的生产函数,它表示总量投入和总产出之间的关系。

假定一个经济社会在一定的技术水平下,使用总量意义下的劳动和资本两种要素进行生产,则宏观生产函数为:

$$Y = f(N, K) \tag{9—3}$$

式中,Y 为总产出,N 为整个社会的就业水平或就业量,K 为整个社会的资本存量。$\overline{K}$ 为了叙述简便,技术水平没有被明确地表示出来。

宏观生产函数可分为短期和长期两种。在短期生产函数中,由于资本存量和技术水平在短期内不可能有较大的改变,所以两者被认为是不变的常数。用 $\overline{K}$ 表示不变的资本存量,把它带入式(9—3)中,有:

$$Y = f(N, \overline{K}) \tag{9—4}$$

该函数表示在一定的技术水平和资本存量下,经济体的产出 Y 取决于就业量 N,即总产量是经济体中就业量的函数,它随总就业量的变化而变化,如图9—4 所示。

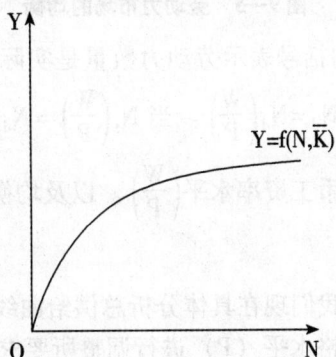

图9—4 短期生产函数

在图9—4 中,Y 代表总产出,N 代表劳动的总就业量,$\overline{K}$ 代表在短期内难以调整的资本存量。图9—4 有两个重要性质:一是总产出随总就业量的增加而增加;二是在技术不变和 $\overline{K}$ 为常数的假设条件下,由于边际报酬递减规律的作用,随着总就业量的增加,总产出按递减的比率增加,到了某一点,产量达到最大。因此,可变的总就业量一经确定,总产出也就确定了。

长期生产函数与短期生产函数不同,包括技术、资本及劳动力在内的一切自变量都可以改变,用表达式可表示为:

$$Y^* = f(N^*, K^*) \tag{9—5}$$

式中,N^* 为各个短期中的充分就业量;K^* 为各期的资本存量;技术水平的变化没有明确地被表示出来;Y^* 为各期的充分就业时的产量。

2)劳动力市场均衡

产出水平是由就业量决定的,而就业水平由劳动力市场的均衡决定。为了说明经济中就业水平的形成过程,我们要对劳动力市场进行分析。下面只对最简单的劳动力市场——完全竞争的劳动力市场加以说明。

如果劳动力市场是完全竞争的,企业只能接受既定的市场工资,则企业将选择一个就业水平,使劳动的边际产出等于实际工资,因为只有在这一就业水平,企业利润才能实现最大化。实际工资等于货币工资除以价格水平,即(W/P)。劳动需求和劳动供给都可表示为实际工资（W/P）的函数。劳动力市场的均衡是由劳动需求曲线和供给曲线的交点来决定的，如图9—5所示。

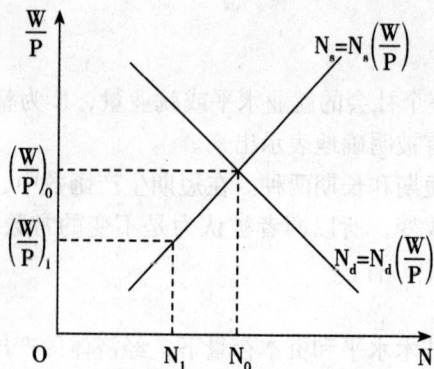

图9—5　劳动力市场的均衡

在图9—5中，劳动后面的括号表示劳动力数量是实际工资的函数。劳动需求函数为 $N_s = N_s\left(\dfrac{W}{P}\right)$，劳动供给函数为 $N_d = N_d\left(\dfrac{W}{P}\right)$。当 $N_s\left(\dfrac{W}{P}\right) = N_d\left(\dfrac{W}{P}\right)$，劳动需求曲线与劳动供给曲线的交点决定了均衡的货币工资率水平 $\left(\dfrac{W}{P}\right)$。以及均衡就业量。

9.2.2　总供给曲线

做好了上面的准备工作，我们现在具体分析总供给曲线。

按照货币工资（W）和价格水平（P）进行调整所要求的时间的长短，宏观经济学将总产出与价格水平之间的关系用图9—6加以描述。

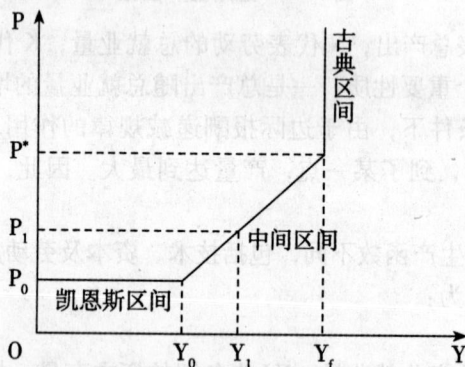

图9—6　总供给曲线可能的三种形式

图9—6中描述了总供给曲线的三种形式，横轴代表实际国民收入（总产出），纵轴表示物价水平。水平的凯恩斯区间意味着在现有价格水平下，将供给任何数量的产品；垂直的古典区间是基于这样一个假定，劳动总是处于充分就业状态，从而总产出也总是处于相对应的 Y_1 水平。

凯恩斯区间表示短期货币工资及价格水平具有刚性，古典区间表示货币工资和价格水平具有伸缩性，中间区间描绘的情况介于上述两者之间。下面我们先从古典学派、凯恩斯学派主张的两个极端情况入手，介绍总供给曲线。

1）古典总供给曲线

凯恩斯之前的经济学家认为，价格水平和货币工资决定的实际工资可灵活调整，随劳动供求关系的变化而变化。当劳动力市场存在超额供给时，实际工资就会下降；当劳动力市场存在超额需求时，实际工资就会提高。古典经济学认为，劳动力市场的运行毫无摩擦，实际工资的变化总能引导劳动力市场实现供求均衡，维持劳动力的充分就业。既然如此，则无论价格水平如何变化，经济体的产量总是与劳动力充分就业的产量相对应。因为实现了充分就业后，即使价格水平再上升，产量也无法增加，即国民收入已经实现了潜在产出。因此，古典学派认为，总供给曲线是一条位于经济潜在产量或充分就业产量水平上的垂直线。随着经济资源的积聚并出现技术进步时，潜在 GDP 将随时间推移而增长，因而古典总供给曲线的位置逐渐右移。

2）凯恩斯总供给曲线

对于古典总供给曲线，凯恩斯提出了批评。他认为，在现实世界中，劳动供给取决于名义工资，而不是实际工资，工人具有货币幻觉。当价格水平上升并引起实际工资下降时，工人并不会减少劳动供给；相反，当价格水平下降时，即使伴随着生产萎缩，工人也会竭力抵制企业主对名义工资的削减，使得名义工资的下降非常困难，即货币工资具有"刚性"。

美国在 20 世纪 30 年代大萧条期间，由于有效需求严重不足，工人大量失业，生产设备大部分闲置，因此，厂商可以在当时的工资水平下获得所需要的任意数量的劳动力。随着就业增加，产量扩大，厂商的平均生产成本却保持不变，价格水平不随产量的变动而变动。这些事实表明，当产量增加时，价格和货币工资均不会发生变化。因此，凯恩斯总供给曲线被认为是一条水平线，表明厂商在既有价格水平下愿意供给所需的任何数量的商品。这是凯恩斯宏观经济模型的一个非常重要的特例，是一种极端少见的情况。凯恩斯总供给曲线可以用图 9—7 表示。Y_f 代表充分就业的产量或国民收入，P_0E_0 线段上表明：在经济萧条时（产量小于 Y_f 的条件下），由于货币工资（W）和价格水平（P）都不会变动，所以在既有的价格（P_0）下，经济社会能提供任何数量的 Y，即在达到充分就业以前，经济社会能按照既定的价格提供任何数量的产量或国民收入（如 Y_0）。此外，图 9—7 也表明，在达到充分就业之后，社会已经没有多余的生产能力，从而，不可能生产出更多的产品，因此，增加的需求不但不会增加产量（Y），反而会引起价格的上升，如图中的垂直线所示。例如，在 E_1 点，产量仍旧是 Y_f，但是，价格已经上升到 P_1。

与古典总供给曲线相对应，凯恩斯总供给曲线之所以具有水平的形状，理由为两个假设条件：第一，货币工资（W）和价格（P）均具有刚性，两者完全不能进行调整，当然这一点是基于大萧条的经济背景。第二，《通论》所研究的是短期情况，由于时间很短，W 和 P 也没有足够的时间进行调整。

凯恩斯总供给曲线强调政府的宏观调控作用，只要国民收入或产量处在小于充分就业的水平，那么，国家就可以使用需求管理政策来使经济达到充分就业状态。

3）一般总供给曲线

上述垂直的古典总供给曲线和水平的凯恩斯总供给曲线分别代表两种极端状态。前者来自长期中货币工资和价格水平能够自行调节的假设；后者则来自货币工资和价格水平完全不能进行调整的假设，因为在《通论》所针对的严重萧条的特殊情况下，既然货币工

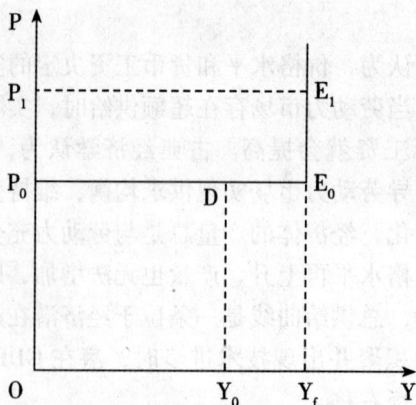

图9—7 凯恩斯总供给曲线

资和价格水平均保持不变，则显然意味着两者完全不能自行调节。

在现实生活中，货币工资和价格水平并非完全刚性的。很多经济学家认为，在通常情况下，短期总供给曲线位于两个极端之间，表现为向右上方倾斜的曲线。我们看看一般总供给曲线的推导过程，如图9—8所示。

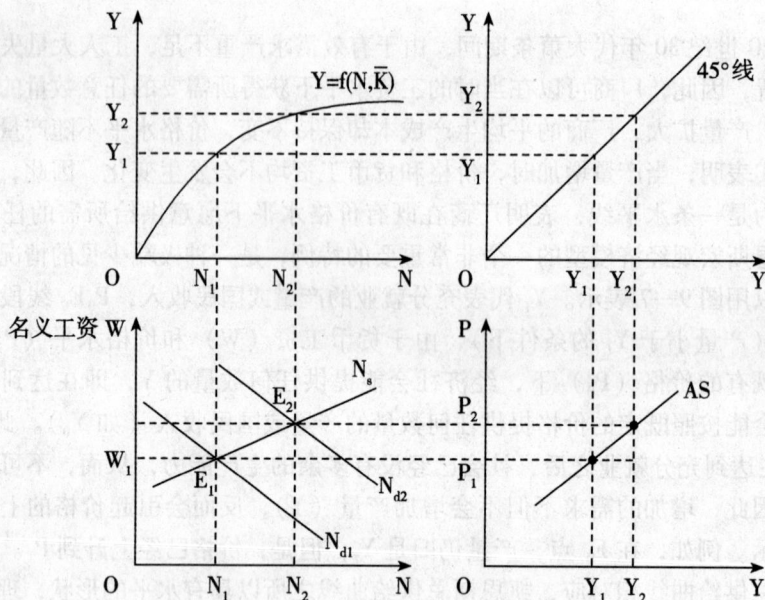

图9—8 一般总供给曲线的推导

在图9—8中，当价格水平为 P_1 时，劳动需求曲线与劳动供给曲线相交于均衡点 E_1，得到均衡的劳动就业量 N_1，在短期生产函数上得到相应的国民收入 Y_1。当价格水平从 P_1 上升至 P_2 时，由于货币工资刚性，企业因扩大生产有利可图而立刻增加劳动需求，劳动需求曲线右移打破初始均衡，达到新的均衡点 E_2，对应的劳动就业水平为 N_2，转至生产函数上得到新的产出 Y_2。将（Y_1，P_1）与（Y_2，P_2）在以价格水平为纵轴、产出为横轴的坐标系上描绘出来，可以得出短期总供给曲线。向上延伸的 AS 线表示，价格水平越高，企业提供的总产出就越多。凯恩斯主义者认为，在许多行业中，名义工资由长期合约确定，因此当经济状况变动时，工资不能迅速调整。如果价格水平升高，超过合同签订时的预期物价水平，则企业生产有利可图，于是扩大生产，因此短期总供给曲线向右上方倾斜。

图9—8 中的一般总供给曲线具有线性形式，由于这种形式易于说明和理解，所以它经常被用于教学中。然而，很多经济学者认为，能代表实际情况的一般总供给曲线是非线性的，如图9—9 所示。

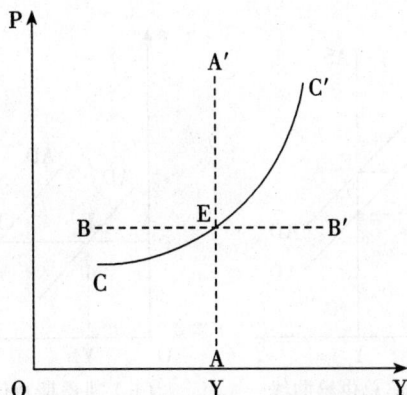

图9—9　短期总供给曲线（非线性的）

CC′即为非线性的短期总供给曲线。在图9—9 中，左下方的 C 点代表较为严重的萧条状态。由于这种状态存在大量的失业和闲置的生产能力，所以当产量或国民收入 Y 增加时，P 会稍有上升，但上升的比例低于产量的上升，总供给曲线的斜率相对较小。由 C 点沿着 CC′向右方行进，产量和国民收入逐渐上升。随着经济形势好转，P 的上升越来越快，从而斜率逐渐陡峭，一直到代表充分就业的 E 点。这时，由于充分就业并不意味着整个社会的全部资源和有劳动能力的人口均已就业，所以仍然存在难以利用的资源，因此，在 E 点之后，如果产量还要增加，那么，P 的上升还要加快，CC′的斜率将明显加大。总之，在位于 E 点左方的 CE 线段，离开 E 点的距离越远，曲线的斜率越小；而在处于 E 点右方的 EC 线段，离开 E 点的距离越远，曲线的斜率越大。

总供给曲线的移动有赖于潜在产出的增长，而潜在产出取决于资源积累与技术进步。

9.3　总需求与总供给的均衡分析

把本章第 1 节由 IS—LM 模型推导出来的总需求曲线 AD 和第 2 节推导出来的总供给曲线 AS 结合在一起，就可以运用均衡分析法得出一个涉及三个市场（劳动力市场、产品市场和货币市场）的凯恩斯宏观经济模型了。AD—AS 模型是分析均衡产量和价格水平的有效工具，特别值得一提的是，可以用此框架来研究具体的经济政策对均衡产量和价格水平的影响。

我们可以看到，总需求曲线是向下倾斜的，而常规总供给曲线是向上倾斜的，市场均衡是由总需求曲线和总供给曲线的交点决定的。换言之，经济将在均衡总需求和总供给的产量和价格水平上出清。但是这个均衡并不表示最佳产量水平。实际上，在经济的整体均衡水平上，可能会存在很大的产量缺口和大量的失业，这就需要政府运用相关理论实施合理的对策加以解决。

下面，我们运用 AD—AS 模型，分析不同总供给曲线下，总需求、总供给对宏观经济的影响和调节。

9.3.1　古典总供给曲线及凯恩斯总供给曲线下的均衡分析

对不同假设条件下的总供给曲线，总需求变动带来的结果也不尽相同，这两种极端情况如图 9—10 所示。

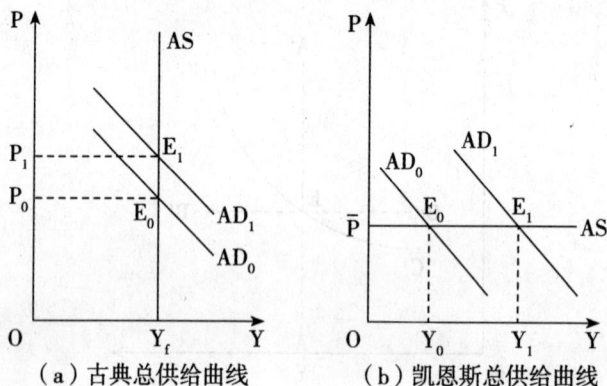

（a）古典总供给曲线　　　　（b）凯恩斯总供给曲线

图 9—10　两种极端情况下总需求曲线移动的均衡分析

图 9—10（a）所示的古典总需求—总供给模型中，代表总需求曲线的 AD_0 与古典总供给曲线（过 Y_f 的垂直线）相交于 E_0 点，价格水平为 P_0，总供给量为充分就业时的产量 Y_f。在初始价格 P_0，政府刺激总需求增加的政策使总需求曲线 AD 向右移动到 AD_1 的位置，与古典总供给曲线交于 E_1。总需求的增加会造成超额需求，价格随之上升，实际工资下降，又转而造成劳动力市场的超额需求，这个超额需求由于名义工资增加而很快得到满足。只要在产品市场上存在没有满足的需求，价格就将持续上升。名义工资随着价格上升，以保持实际工资不变，所以产量和就业都保持原来的水平。在图 9—10（a）中在 E_1 状态下，价格水平上升为 P_1，但是产量仍然是 Y_f。换言之，总供给对物价水平没有弹性，总供给决定总需求，财政政策及货币政策并不能改变产量，而只能带来物价上涨甚至通货膨胀。

名义货币的增加促使价格上升同一比例而利率和实际产出维持不变，这就是古典经济学强调的货币中性。

图 9—10（b）描绘的是凯恩斯总需求—总供给模型。在总供给曲线为一水平线的极端情况下，需求扩张使产量增加而不提高价格水平。这一模型给人们的启示在于，当社会资源大量闲置的时候，供给曲线十分平坦，此时采取扩张性经济政策，在刺激经济增长的同时，不会引发通货膨胀。

9.3.2　短期总需求—总供给模型

在短期总需求—总供给模型均衡下，总需求变动可带来经济过热与经济萧条，其后果可以用图 9—11 加以说明。

在某一时期，AD_0 和 SAS 相交于代表充分就业的 E_0 点，E_0 点的产量为 Y_f，价格水平为 P_0。当经济衰退时，总需求减少，AD_0 向左移动到 AD_1 的位置，这样，AD_1 和 SAS 相交于 E_1 点，其对应的产量和价格分别为 Y_1 和 P_1，两者均低于初始状态的数值。这表明，

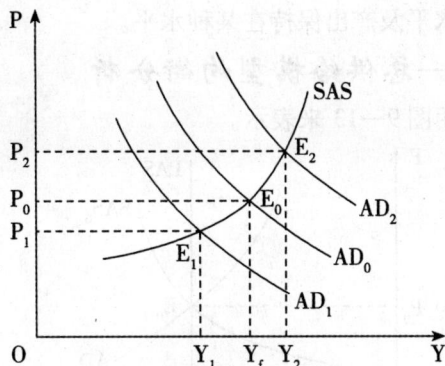

图 9—11　经济萧条与经济过热

经济社会处于萧条状态，因为总需求减少将导致初始价格水平上的超额供给，从而引起产品价格下降。由于名义工资固定不变，价格下降将导致实际工资上升，从而促使企业减少劳动需求和产品供给。然而，SAS 的形状表明，两者下降的比例并不相同。在小于充分就业水平时，越是偏离充分就业，经济中的过剩生产能力就越多，价格下降的空间就越小。很明显，在潜在产出左边，刺激需求虽然会带来物价上涨，但给产出带来的作用更大。如果在充分就业状态下进一步扩大总需求，即图 9—11 中的 AD_0 右移至 AD_2 的位置，达到新的均衡点 E_2，可以看出，产量已经高于潜在产出，此时经济处于过热状态。这时的生产能力比较紧缺，产量增加的可能性越来越小，而价格上升的压力越来越大。也就是说，在 E_0 的右方，AD 向右方移动的距离越大，价格 P 上升的比例越高于产量上升的比例。

上面是总需求移动时的影响分析，而在现实生活中，总供给在某些特定情况下，也会发生变动，那么，它的影响又如何呢？我们下面就开始分析。

短期总供给曲线由于某种原因发生移动时，会带来滞胀的经济状态，其结果我们可以通过图 9—12 分析得出。

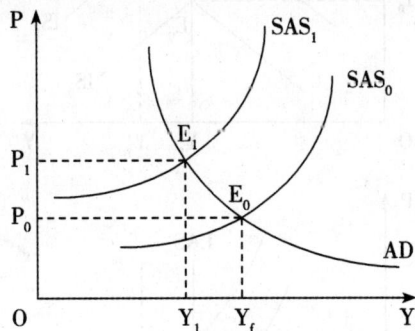

图 9—12　经济滞胀分析

在图 9—12 中，初始状态下 AD 和 SAS_0 相交于代表充分就业的 E_0 点，这时的产量和价格水平分别为 Y_f 和 P_0。此时，如果由于某种原因，如大面积粮食歉收或石油危机，致使要素价格猛涨等，短期总供给曲线 SAS_0 左移至 SAS_1 处，而 AD 曲线保持不变，均衡点由 E_0 变为 E_1，国民收入从 Y_f 降为 Y_1。新均衡点的实际国民收入 Y_1 小于 Y_f，表明经济处于萧条状态。但在该水平下，物价水平却较高，经济出现了通货膨胀与经济停滞共存，即滞胀现象。

这样，我们通过总需求扩张或紧缩的政策（财政政策、货币政策及汇率政策）就可以调节经济社会，使物价水平及产出保持在某种水平。

9.3.3 长期总需求—总供给模型均衡分析

长期均衡的情形可以用图9—13来表示。

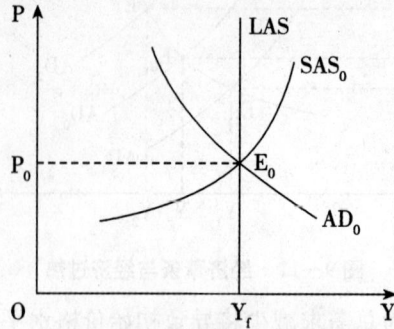

图9—13 总需求—总供给长期均衡

在长期均衡中，如图9—13所示，当总需求曲线与长期总供给曲线（LAS）相交于 E_0 点时，产量处于充分就业水平的 Y_f，价格为 P_0，此时价格水平既不会上升也不会下降。这里的短期宏观经济均衡点同时处于长期总供给曲线 LAS 上，此时短期均衡总产出水平等于潜在产出水平。E_0 点正是宏观经济管理的短期目标，即充分就业和价格稳定。

如果在长期中，政策发生变动，其内在调节机制又如何？它如何回复到均衡位置？我们用图9—14进行分析。

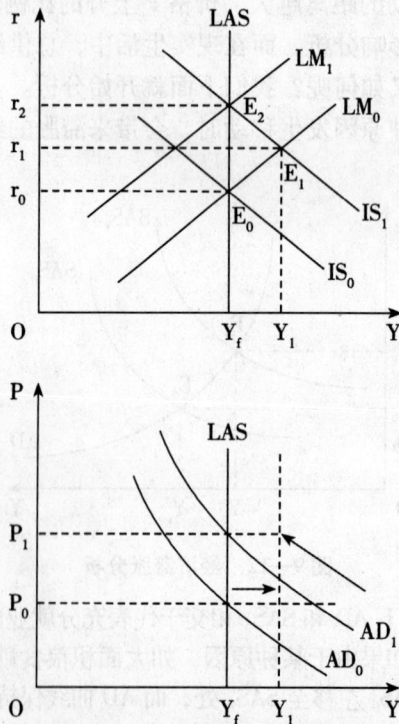

图9—14 长期均衡的调节

图 9—14 阐释的是长期充分就业的调整过程。上图初始状态中 IS_0 与 LM_0 相交于充分就业水平的均衡点 E_0，对应的利率和产量分别为 r_0 和 Y_f。现在政府采取扩张性财政政策，使得 IS_0 右移至 IS_1 的位置，与 LM_0 交于新的均衡点 E_1，产量和利率为 Y_1 和 r_1。对应至下图的总需求—总供给模型中，总需求曲线 AD_0 右移至 AD_1，根据 LAS 的位置可以看出此时经济处于过热状态。随着价格水平的上升，在货币供给不变的情况，实际货币余额减少，LM_0 向左移动，总支出减少，即国民收入由 Y_1 调整逐渐下降直至充分就业水平 Y_f。

总之，在长期中，在价格水平不断调整的过程中，经济会自动调整到充分就业的水平上。假如价格的变动具有完全的伸缩性，总需求的变动只会带来价格水平的变化，而国民收入始终保持在充分就业的水平上。

本章小结

总需求—总供给模型用来表明产出与价格两者均衡水平的决定。

总需求曲线表示在各个价格水平上，产品市场与货币市场处于均衡时的产出水平。在同一条总需求曲线上，财政政策是给定的，名义货币量也是如此。总需求曲线由 IS—LM 模型导出。

扩张性财政政策使总需求曲线向右上方移动，名义货币存量增加也使总需求曲线右移。

总供给曲线表明在各个价格水平上，厂商愿意供给的真实产出数量。

古典总供给曲线是垂直的，它基于价格和货币工资具有伸缩性假设之上。在这样一个无摩擦经济中，就业与产出总是处于充分就业水平。凯恩斯总供给曲线是水平的，意味着厂商在现有价格水平上愿意供给所需数量的商品，这是基于货币工资具有刚性假设之上。

在古典总供给曲线下，扩张性财政政策对产出没有影响；扩张性货币政策使价格与名义货币等比例上升，所有的实际变量保持不变，货币被认为是中性的。

在凯恩斯总供给曲线下，价格固定，扩张性货币政策与扩张性财政政策都会提高均衡产出。

在短期总需求—总供给模型中，总需求紧缩至充分就业水平左边时出现经济萧条，而总需求扩张至充分就业水平右边时经济过热；总供给曲线左移至充分就业水平左边时，通货膨胀与经济停滞共存，即经济出现滞胀现象。

在长期总需求——总供给模型中，当财政政策、货币政策等影响因素促使总需求发生变动时，在 IS—LM 模型的作用下，经济最终都将回到充分就业水平上，总需求的变动只会带来价格水平的变化。

思考与训练

一、判断题：

1. 总需求曲线斜率为正。　　　　　　　　　　　　　　　　　　　（　）

2. 利率效应与总需求曲线的走向无关。　　　　　　　　　　　　　（　）

3. 财政政策通过对 LM 曲线位置的影响而改变总需求曲线的位置。 （　　）

4. 在古典总供给曲线上，国民收入与价格水平无关。 （　　）

5. 凯恩斯总供给曲线接近垂直。 （　　）

6. 在凯恩斯总供求均衡模型中，增加需求导致价格急剧攀升。 （　　）

7. 在短期总需求—总供给模型中，总供给曲线左移至充分就业水平左边，将出现经济滞胀现象。 （　　）

8. 在长期总需求—总供给模型中，总需求的变动只会带来价格水平的变化。 （　　）

二、简答题

1. 古典总供给曲线和凯恩斯总供给曲线有何区别？为什么会有这种区别？

2. 总需求和总供给曲线的研究涉及“三个市场和一个总量函数”，请对此分别作简要说明。

三、计算题

1. 在总需求曲线上，假定消费 $C=100+0.8Y_d$，投资 $I=150-6r$，税收 $T=50$，政府购买 $G=40$；名义货币供给 $M=150$，货币需求 $L=0.20Y-4r$。

（1）试求价格水平上升100%、120%和150%时，产品市场和货币市场同时均衡时的收入和利率。

（2）求出该经济体的总需求函数，并在以价格水平为纵轴、产出为横轴的坐标图中画出总需求曲线。

（3）如果货币需求对利率更敏感，即 $L=0.20Y-4r$ 变为 $L=0.20Y-10r$，总需求曲线的斜率有何变化？

（4）若经济中的总供给函数 $AS=800+150P$，求均衡收入和价格水平。

2. 已知某宏观经济中的总量生产函数 $Y=K^\alpha L^\beta$，$\alpha+\beta=1$，K 和 L 分别为两个生产要素，它们相应的价格分别为 C 和 W，产出 Y 的价格为 P。

（1）写出劳动需求函数；

（2）写出总供给函数；

（3）设 $\alpha=\beta=0.5$，$K=500$，$W=25$，$\left(\dfrac{W}{P}\right)=1$，写出新凯恩斯总供给函数和古典总供给函数。

3. 设总供给函数为 $y_S=120+0.5P$，总需求函数为 $y_D=150-P$。

（1）求供求均衡点。

（2）如果总需求曲线向左平行移动10%，求新的均衡点并把该点与（1）的结果相比较。

（3）如果总需求曲线向右平行移动10%，求新的均衡点并把该点与（1）的结果相比较。

（4）如果总供给曲线向左平行移动10%，求新的均衡点并把该点与（1）的结果相比较。

四、讨论题

讨论近年来我国总需求函数的变动。

第 10 章　通货膨胀与失业

学习目标

掌握通货膨胀的定义、衡量方法、分类，理解通货膨胀的原因、经济影响和治理对策；掌握失业的含义和衡量方法，理解失业的分类和治理对策，了解菲利普斯曲线。

导入场景

自 2010 年 9 月份以来，我国物价涨幅明显提高。2011 年 3 月份居民消费者价格指数高达 5.4%，如何有效地抑制通货膨胀成为我国面临的重要问题。2011 年，中国将对通货膨胀的容忍度上调为 4%，但是目前公布的前 4 个月的 CPI 分别达到 4.9%、4.9%、5.4%、5.3%[①]。

考虑到 2011 年年初新增贷款等货币投放规模很大，而 4 月份和 5 月份的新增贷款规模仍然在 7000 亿元上下，全年控制在 7 万亿元的目标可能被突破；同时，4 月份开始外贸顺差再次膨胀，外汇储备在 3 月末已经突破 3 万亿美元，目前还在快速累积，外汇占款的投放对于通货膨胀的推升作用非常大；此外，最近主要食品价格重新抬头，而 5 月份后湖北等长江中下游 5 省持续大旱，16.6 万公顷农田绝收，农产品的供需矛盾可能导致全年 CPI 面临较大的上涨压力，多数机构认为 5 月份的 CPI 会达到 5.5% ~ 6.0%。由于目前导致通货膨胀的因素在继续发力，全年通货膨胀可能超过 5%[②]。

一些学者认为，较高的通货膨胀率将对我国生产发展、收入分配以及资产产生不利影响，使我国经济面临滞涨的压力。国家信息中心经济预测部副主任马连鹏认为，目前中国经济的主要问题不是增速回落，而是通货膨胀压力持续高企，所以放松紧缩政策不是未来的政策选择，而继续加息和使本币适当升值，或许才是最佳的政策组合。

然而，另一些经济学家认为，防通胀不能矫枉过正，治理通胀还是应该坚持"发展才是硬道理"，只有企业尤其是中小企业的投资需求被激发出来，通胀的风险才能被更好地消化。他们认为，现在大家都把 CPI 同比增长超过 5% 的问题看得太重了，因为中国现在 30% 多的恩格尔系数说明，在居民收入中，用于食品消费的部分相较以前明显下降，也就是说民众对物价上涨的敏感度比过去也相对下降了。另外，中国的资本市场发展起来以后，人们对商品市场和资本市场的关注度也发生了变化，对后者的变化更加敏感了。这些都意味着尽管目前 CPI 增幅超过了 5%，但人们对通货膨胀的容忍度也在提高。从这方面来看，我国当前的通货膨胀是可控的，相对于世界其他发展中国家和我国过去的通货膨

---

① 《评论：当前经济现实问题仍是涨压太大》，载《京华时报》，2011-06-03。内容有改动。
② 《评论：当前经济现实问题仍是涨压太大》，载《京华时报》，2011-06-03。内容有改动。

胀也比较温和，并未对宏观经济运行和经济结构调整带来很大冲击，这一通胀水平是可以接受的。

对于通货膨胀，不同的专家从不同的角度给出了不同的解释，但是有一点是明确的，就是较高的通货膨胀会对经济发展产生不利影响。那么，通货膨胀对于经济到底有哪些影响，使得无论是政府还是经济学家都对通货膨胀如此忌惮？通货膨胀的成因又有哪些？我国的通货膨胀是由什么原因引发的呢？我国目前许多地方出现了"用工荒"，这与通货膨胀之间又有着怎样的关系呢？本章将对相关内容一一作出解释。

10.1 通货膨胀

10.1.1 通货膨胀概述

1）通货膨胀的定义和衡量

（1）通货膨胀的定义

对通货膨胀的定义，理论界一直存在争议。托宾曾经指出，"通货膨胀是指物品价格与劳务价格的普遍上升"。美国经济学家莱德勒（David Laidler）认为，"通货膨胀是一个价格持续上涨的过程，即一个货币持续贬值的过程"。货币主义的代表人物费里德曼认为，"通货膨胀本质上是个货币现象"。我国学者接受的定义为，"通货膨胀是由于流通中的货币量过多而导致的货币贬值以及物价总水平的持续上升过程"。一般认为，通货膨胀是指一般价格水平在一定时期内持续的、普遍的上升过程。理解通货膨胀的定义要注意以下3点：一是一般物价水平的上升。在通货膨胀期间，个别物价可能不变，有时还可能下降。二是一般物价水平的持续上升。三是一般物价水平必须是显著上升。

对上述定义也有一些批评意见：物价的持续时间和上升幅度没有一个明显的界限，比较模糊；并不是所有的通货膨胀都表现为物价上升，在物价被管制的经济中，通货膨胀通常表现为物品短缺；一般物价水平本身难以计量。

（2）通货膨胀的衡量

通货膨胀的程度通常用通货膨胀率来衡量，通货膨胀率是指一个时期到另一个时期价格水平变动的百分比。通货膨胀率在一个国家不同的时期，或者在同一个时期不同的国家会呈现不同的程度。用公式表示为：

$$通货膨胀率 = \frac{P_t - P_{t-1}}{P_{t-1}} \times 100\%$$

式中，P_t 为 t 期的一般价格水平或物价指数，P_{t-1} 为 t-1 期的物价指数。

假定某个国家的消费者价格指数从 2009 年的 100 增至 2010 年的 120，则这一时期的通货膨胀率为：

$$（120-100）\div 100 \times 100\% = 20\%$$

在实践中，通货膨胀通常是用价格指数的变化来度量的。价格指数的基本计算公式为：

$$P_t = \sum_{i=1}^{n} g_i \cdot \frac{P_i^t}{P_i^{t-1}}$$

式中，P_i^t 为第 i 种商品在第 t 期的价格；P_i^{t-1} 为第 i 种商品在 t-1 期的价格；g_i 为社会对第

i 种商品的支出在所有商品支出总额中的比重，即某种商品的价格总额在所有商品价格总额中的权数。其计算公式为：

$$g_i = \frac{P_i^{t-1} q_i^{t-1}}{\sum_{i=1}^{n} P_i^{t-1} q_i^{t-1}} \qquad \sum_{i=1}^{n} g_i = 1$$

宏观经济学中经常涉及的价格指数主要有：GDP 折算指数、消费者价格指数和生产者价格指数。

①GDP 折算指数，是通过衡量全国所有产品和服务的价格变动情况所计算出来的指标，它包括各种社会最终产品，衡量的范围最广，但获取资料比较困难，反映价格变动具有滞后性。其公式为：

$$GDP\ 折算指数 = \frac{当期\ GDP}{基期\ GDP}$$

②消费者价格指数（Consumer Price Index，CPI），是指通过计算居民日常消费的生活用品和服务价格水平变动而得到的指数。其计算公式为：

$$CPI = \frac{一组固定商品按当期价格计算的价值}{一组固定商品按基期价格计算的价值} \times 100\%$$

例如，某国 2005 年一普通家庭购买一组商品的费用为 1 000 元，2010 年购买同样一组商品的费用为 1 500 元，那么该国 2010 年的消费者价格指数就为（与 2005 年相比）：

$$CPI = \frac{1\ 500}{1\ 000} \times 100\% = 150\%$$

③生产者价格指数（Producer Price Index，PPI），是指通过计算生产者在生产过程中所有阶段所获得的产品的价格变动而得到的指数，这里的产品也包括原材料。

2）通货膨胀的类型

（1）按照价格上升的速度划分

①温和的通货膨胀（Moderate Inflation），指每年物价的上升率在 10% 以内。其中，3% 以下的物价上升称为爬行的通货膨胀，是经济发展的润滑剂。通常人们感觉不到这种价格上升，从而会将任何小于物价上升幅度的货币工资的上升当作实际工资的上升。这样，一方面，工人将增加劳动供给；另一方面，厂商将增加劳动需求（实际工资下降），最终使就业量和收入增加。

②奔腾的通货膨胀（Galloping Inflation），指年通货膨胀率在 10% 以上、100% 以内。

③超级通货膨胀（Hyperinflation），又称为恶性通货膨胀，指年通货膨胀率在 100% 以上。德国在 1922 年 1 月到 1923 年 1 月期间，价格指数从 100 上升到 10 000。

（2）按照通货膨胀的表现形式划分

①公开的通货膨胀（Open Inflation），是指完全通过一般物价水平上升的形式表现出来的通货膨胀。

②隐蔽的通货膨胀（Hidden Inflation），是指不以物价水平的上升而以物品短缺形式表现出来的通货膨胀。

（3）按照公众对通货膨胀是否预期到划分

①预期的通货膨胀（Perfectly Anticipated Inflation），是指公众正确地预期到的通货膨胀。由于人们都会将预期到的通货膨胀考虑到交易契约中去，所以预期到的通货膨胀常常变成有惯性的通货膨胀，会年复一年地持续下去。

②非预期的通货膨胀（Imperfectly Anticipated Inflation），是指公众没有正确地预期到的通货膨胀，即价格上升的速度超出人们的预料，或者人们根本没有想到价格上涨的问题。非预期的通货膨胀没有惯性。

（4）按照所有物价是否均等地上升划分

①平衡的通货膨胀，此时，商品的相对价格不变。

②不平衡的通货膨胀，此时，商品的相对价格改变。

（5）按照通货膨胀发生的原因划分

①需求拉上型通货膨胀，是指由于有效需求过多，即过多的货币需求追逐过少的商品而引起的物价水平的持续上涨。

②成本推动型通货膨胀，又称为供给型通货膨胀，是指由于工会要求提高工资或垄断企业为追求高额垄断利润而提高产品价格，使工资、原材料等生产成本上升而引起的通货膨胀。

③结构性通货膨胀，是指由于社会公众对某些部门的产品需求过度而使那些部门产品的价格水平、人员工资水平等上涨，并带动其他部门的产品价格和人员工资相继上涨，从而出现物价水平的持续上涨。

④混合型通货膨胀，是指由于有效需求过多、生产成本上涨和社会经济结构共同作用而引发的通货膨胀。

⑤政策型通货膨胀，这是由于政府实行过多的扩张性经济政策或其他导致需求上升的经济政策而引起的。

⑥体制性通货膨胀，这是由于经济体制具有内在的需求膨胀机制而导致总需求膨胀引起的。

⑦输入型通货膨胀，这是由于国外商品或生产要素的价格上升所引起的国内物价水平持续上升。

10.1.2 通货膨胀的原因

通货膨胀的原因主要有：需求拉上、成本推动和结构性因素的变动等。

1）需求拉上的通货膨胀（Demand Pull Inflation）

需求拉上的通货膨胀是指总需求增加，使得总需求超过总供给引起的通货膨胀。在总供给—总需求模型中，需求拉上的通货膨胀表现为总需求曲线右移造成价格上升，如图10—1所示。

在图10—1中，初始总需求曲线 AD_0 与总供给曲线 AS 相交于点 E_0，此时的收入为充分就业的 Y_f，一般价格水平为 P^*。现在总需求增加，总需求曲线由 AD_0 向右移到 AD_1，由于 E_0 处已经实现了充分就业，产出 Y_f 未能增加，多出的需求无法实现，AD_1 与 AS 相交于点 E_1，一般价格水平由 P^* 上升到 P_1，由此发生通货膨胀。

假定社会总供给不变，那么需求可以从两方面通过两条途径影响物价水平：一是通过实际因素的增加，社会消费需求会随之增加，从而打破产品市场的均衡，出现供不应求的状况，最终导致物价总水平持续上涨。同时，这也会增加一国的派生存款，使流通中的货币量倍增。二是在货币需求量给定、货币供给量增加时，通过乘数作用，将导致流通中的货币量成倍、大幅度增长，使"太多的货币追逐太少的商品"，从而大幅度提高物价总水

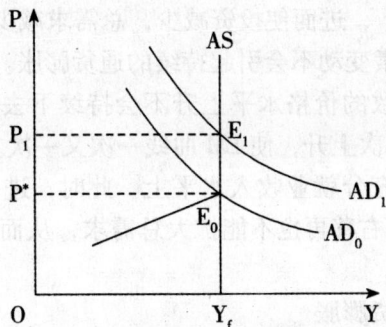

图 10—1　需求拉上的通货膨胀

平，出现通货膨胀。现将两种情况简单介绍如下：

（1）实际因素造成的通货膨胀

实际因素变动引起通货膨胀的机制为：政府购买增加使 IS 曲线右移，导致总需求增加；总需求大于总供给，使价格上升；价格上升又使 LM 曲线左移，减少总需求量，恢复供求均衡。这一过程如下所示：

$$G \uparrow \rightarrow AD \uparrow \rightarrow AD > AS \rightarrow P \uparrow \rightarrow \frac{M_0}{P} \downarrow \rightarrow r \uparrow \rightarrow I \downarrow \rightarrow AD \downarrow \rightarrow AD = AD \ (P_1)$$

实际因素造成的通货膨胀的机制，如图 10—2 所示。

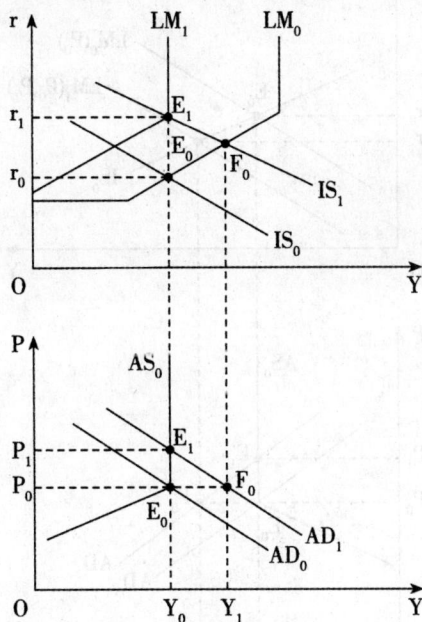

图 10—2　实际因素造成的通货膨胀

在图 10—2 中，初始总需求曲线 AD_0 与总供给曲线 AS_0 决定的价格为 P_0，收入为 Y_0。此时，IS_0 与 LM_0 的交点所决定的总需求与当时的总供给正好相等，且处于充分就业水平，利率为 r_0。现在其他因素不变，政府购买支出增加，使得 IS 曲线右移到 IS_1，总需求在既定的价格水平（P_0）上从 Y_0 增加到 Y_1，从而使总需求曲线右移到 AD_1，充分就业时新增需求无从实现，最终使价格上升到 P_1。价格的上升减少了实际货币供给，导致 LM 曲

线左移到 LM_1，利率上升到 r_1，进而使投资减少，总需求减少并重新与总供给相等。

需要说明的是：实际因素变动不会引起持续的通货膨胀。在充分就业条件下，如果其他条件不变，由实际因素导致的价格水平上升不会持续下去，这是因为价格水平上升使 LM 曲线左移。价格一次又一次上升，使 LM 曲线一次又一次左移，LM 曲线终将左移到这一点：其垂直部分正好位于充分就业收入水平上。此时，进入古典区域，财政政策具有 100% 的挤出效应，IS 曲线的右移再也不能扩大总需求，从而不能右移总需求曲线，故价格将不再上升。

（2）货币因素造成的通货膨胀

货币因素造成的通货膨胀机制为：货币供给增加使 LM 曲线右移，导致总需求增加；总需求大于总供给，使价格上升。这一过程如下所示：

$M\uparrow\rightarrow r\downarrow\rightarrow I\uparrow\rightarrow AD\uparrow\rightarrow AD>AS\rightarrow P\uparrow$

在图 10—3 中，初始总需求曲线 AD_0 与总供给曲线 AS_0 决定的价格为 P_0，收入为 Y_0。此时，IS_0 与 LM_0 的交点 E_0 所决定的总需求量与当时的总供给正好相等，且处于充分就业水平，利率为 r_0。现在其他因素保持不变，货币供给增加，LM_0 右移到 LM_1。利率下降导致投资需求增加，总需求量在既定的价格水平 P_0 上从 Y_0 增加到 Y_1，从而使总需求曲线右移到 AD_1，由于充分就业时增加的需求无从满足，最终使价格上升到 P_1。

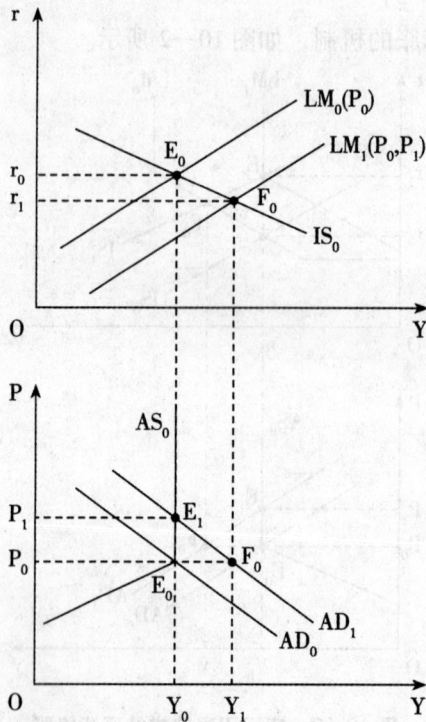

图 10—3　货币因素变动引起的通货膨胀

需要说明的是，货币因素变动会引起持续的通货膨胀。如果货币供给不断增加，LM 曲线持续右移，价格将持续上升。LM 曲线的持续右移来源于货币供给的不断增加。

2）成本推动的通货膨胀（Cost Push Inflation）

成本推动的通货膨胀，是指总供给减少，使得总需求大于总供给引起的一般价格水平持续和显著上涨。在总供给—总需求模型中，成本推动的通货膨胀表现为总供给曲线左移造成价格上升，如图 10—4 所示。

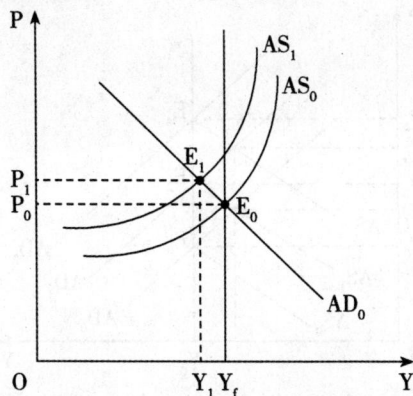

图 10—4 成本推动的通货膨胀

在图 10—4 中，初始短期总供给曲线 AS_0 与总需求曲线 AD_0 相交于点 E_0，此时的收入为充分就业收入 Y_f，一般价格水平为 P_0。现在总供给减少，总供给曲线由 AS_0 左移到 AS_1，AS_1 与 AD_0 相交于点 E_1，一般价格水平由 P_0 上升到 P_1，发生通货膨胀。

成本推动的通货膨胀可能有三种根源：一是工会要求提高工资水平（引起工资成本推动型通货膨胀）；二是垄断企业为了获得高额垄断利润而制定垄断价格（引起利润推进型通货膨胀）；三是进口原料成本增加。下面简单介绍几种。

（1）工资成本推动型通货膨胀

假定劳动供给存在完全垄断，所有工人都加入了工会，货币工资存在向下刚性，工会要求更高的工资。此时，实际工资增加，劳动需求量减少，总供给曲线左移，使得总需求大于总供给，价格上升。这一过程如下所示：

$$W\uparrow \rightarrow \frac{W}{P_0}\uparrow \rightarrow N_D\downarrow \rightarrow AS\ (P_0)\ \downarrow \rightarrow AD>AS\rightarrow P\uparrow$$

（2）利润推进型通货膨胀

假设产品市场是不完全竞争的，部分行业存在垄断。在这种市场结构中，垄断产品的价格不是由市场供求决定的，而是由垄断厂商操纵的，垄断厂商可以自主决定其产品的价格。当生产成本有所上升时，为了维持较高的超额垄断利润，垄断厂商会以此为借口，大幅度提高其产品价格，使产品价格的增长幅度超过劳动生产率的增长速度，并由此引发物价总水平的普遍上涨，形成利润推进型通货膨胀。

（3）进口型通货膨胀与出口型通货膨胀

在开放条件下，一国通常会从国外进口一些国内紧缺的商品或原材料进行加工和生产。当进口商品价格上涨时，进口企业的生产成本会随之增加。为了抵消生产成本对利润的影响，企业通常会同幅度提高产品价格，形成进口型通货膨胀。

同样，在开放经济中，如果一国出口迅速扩张，造成国内市场产品供给不足，会使"太多的货币追逐太少的商品"，进而导致国内物价水平持续上升，形成出口型通货膨胀。

3）混合型通货膨胀（Mixed Inflation）

前文分别从总需求和总供给的角度分析了通货膨胀的形成机制，具有一定的片面性和局限性。后来，萨缪尔森等经济学家意识到这个缺陷，同时从总需求和总供给的角度综合分析通货膨胀的产生原因，这就是混合型通货膨胀，如图10—5所示。

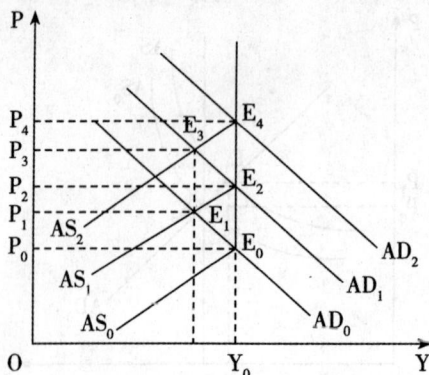

图 10—5　混合型通货膨胀

在图 10—5 中，横轴 Y 代表产出，纵轴 P 代表物价水平，AS_0 代表初始的总供给曲线，AS_0 代表初始的总需求曲线。AD_0 与 AS_0 的交点决定了最初的均衡产出和均衡价格分别为 Y_0 和 P_0。在扩张性财政政策和扩张性货币政策等因素的综合作用下，社会总需求增加，需求曲线右移到 AD_1；同时由于生产成本、垄断利润和进口成本等诸多因素的影响，社会总供给也增加了，供给曲线左移至 AS_1。在总需求和总供给的双重作用下，市场均衡价格由 P_0 上升到 P_2。当社会总需求和总供给继续扩张时，需求曲线向上移动至 AD_2，供给曲线向上移动至 AS_2，市场均衡价格最终上升到 P_4。在这个过程中，由于社会总需求和总供给的共同作用，物价水平持续上涨，形成了混合型通货膨胀。

与需求拉上的通货膨胀和成本推动的通货膨胀相比较，混合型通货膨胀可以较全面地分析通货膨胀的形成。各国的实践证明，只有在总需求和总供给的共同作用下，才能形成通货膨胀，因此，对混合型通货膨胀的分析更为全面。

4）结构性通货膨胀（Structural Inflation）

继需求拉上的通货膨胀、成本推动的通货膨胀和混合型通货膨胀之后，以舒尔茨（Charles L. Schulz）等为代表的经济学家提出了结构性通货膨胀理论。这个理论的基本观点是：在一国经济中，当一些产业和部门在需求或成本方面发生变动时，往往会通过部门之间的相互比较而传导到其他部门，并导致一般物价水平普遍上升。

在经济体系中，某些部门的劳动生产率增长率比较高，从而货币工资率增长率较高；另一些部门的劳动生产率增长率比较低，这些部门的货币工资率增长率按理来说，应该比较低，但在"攀比效应"作用下，劳动生产率增长率较低的部门的货币工资率增长率也比较高。由于没有相应的物质基础，货币工资率增长率的上升必然引起这些部门的产品的平均成本和价格上升，进而引起整个社会的通货膨胀（这一点也可以解释为什么富国的价格水平总是高于穷国）。

10.1.3　通货膨胀对经济的影响

1）通货膨胀对收入分配的影响

通货膨胀对社会不同成员的收入分配有不同的影响，一些人从中受益，另一些人则受损。

（1）通货膨胀有利于利润收入者而不利于工资收入者。在通货膨胀期间，名义工资的增加不仅滞后于价格的上升，而且往往赶不上价格上升的幅度，实际工资下降。

（2）通货膨胀不利于债权人而有利于债务人。实际利率（实际利率＝名义利率－通货膨胀率）在通货膨胀时往往下降，债务人可因此减轻债务负担，而债权人则要承受利息损失。

（3）通货膨胀有利于政府而不利于公众。第一，随着名义工资的增加，个人所得税将增加。第二，政府是净债务人，通货膨胀使政府的内债负担下降。这两条合称为通货膨胀税。第三，通货膨胀往往是由货币发行量过多引起的，这被认为是直接剥夺民众。

2）通货膨胀对资源配置的影响

在市场经济中，资源配置是通过价格进行的。在通货膨胀期间，价格变动是紊乱的，由此引起的资源重新配置也不一定是合理的：厂商不知道生产哪一种产品更有利可图，消费者不知道购买哪一家商店的产品更便宜。价格会在一定程度上失去合理配置资源的作用，降低经济效率。

3）通货膨胀对产出、就业总水平的影响

通货膨胀能否增加就业、促进产出增长，主要有两种观点：

（1）促进论：非预期的温和的需求拉上的通货膨胀会增加就业和国民产出。在短期内，非预期的温和的需求拉上的通货膨胀，会使产品价格的上涨快于货币工资率的上涨，实际工资率降低，从而促使企业增雇工人、扩大产量以谋取利润，使就业和国民收入增加。

$P\uparrow\to\frac{W}{P}\downarrow\to N_D\uparrow\to N_D>N_S\to W\uparrow$（只要 P 的上升幅度大于 W 的上升幅度，$\frac{W}{P}$ 仍然下降）$\to N_S\uparrow$（工人没有预期到价格上升，他会将货币工资的上升当作实际工资的上升）$\to N\uparrow\to Y\uparrow$。

（2）中性论：在长期中，通货膨胀能被人们预料到，不会对就业和国民收入水平发生实质性影响。

$P\uparrow\to\frac{W}{P}\downarrow\to N_D\uparrow\to N_D>N_S\to W\uparrow\to\frac{W}{P}$ 恢复到原先均衡水平，从而 N_D 也恢复到原先均衡水平，最后，实际就业量与收入都不变。

奔腾的或恶性的通货膨胀对经济的稳定发展总是不利的，这在世界经济史中早有例证。

4）通货膨胀对对外贸易的影响

通货膨胀不利于国际收入的增加。在固定汇率下，本国货币下跌，物价上升，出口产品成本会提高，使以外币标价的产品价格上升，这会削弱出口商品在国际市场上的竞争力，使出口减少、进口增加，外贸收入减少，造成国际收支赤字增加。

10.1.4 治理通货膨胀的对策

1）紧缩需求

实施紧缩性需求管理政策（紧缩性财政政策与货币政策），使总需求曲线左移，降低通货膨胀率。

（1）逐渐制造衰退，以较少的失业和较长的时间降低通货膨胀率，称为渐进的方法。

（2）大规模制造衰退，以较高的失业率和较短的时间降低通货膨胀率，称为"速冻火鸡"的方法。

2）收入管制

收入政策（Income Policy）是指政府为了降低通货膨胀率而对货币工资和价格采取的管制政策。这种政策只能在战争和严重自然灾害等特殊时期采用。

3）指数化补偿

指数化政策（Indexation Policy）是指对交易中因通货膨胀而受到损失的一方给予一定补偿的政策，或按通货膨胀率来调整有关的名义变量值，以便使实际值保持不变的政策。指数化政策是一种将通货膨胀看成小毛病、适应通货膨胀、与通货膨胀共存的政策。

4）扩大总供给

（1）减少管制，鼓励竞争。

（2）降低税率，以强化对人们工作、储蓄与投资的激励，增加总供给。

10.2　失业理论

10.2.1　失业概述

1）失业的含义

失业是指在一定年龄范围内、有工作能力且愿意按现行工资率工作（在最近一段时间内寻找过工作）的人没有工作。失业的基本条件有 4 个：

（1）在一定年龄范围内：世界各国对工作年龄和失业的范围有不同的规定，联合国规定的劳动年龄为 15 岁以上，美国、法国开始工作的年龄为 16 岁以上。

（2）有能力工作。

（3）愿意按现行工资率工作，为寻找工作付出过一定的努力，即有求职活动。

（4）目前没有工作（可能已找好工作，正等待下个月去报到）。

没有工作的人不一定是失业者，如果他超出了一定的年龄范围，或无劳动能力，或不愿意工作（例如想休闲或照顾家庭），或不去寻找工作，就不能算作失业者。总之，有工作的人就是就业者，没有工作而寻找工作的人是失业者，没有工作但由于某种原因不愿寻找工作的人不属于失业者。

2）失业的衡量——失业率

失业率（Unemployment Rate）是失业人数在劳动力总数中所占的比重，即：

$$失业率 = \frac{失业人数}{劳动力}$$

就业者与失业者的总和构成劳动力（Labor Force）。非劳动力包括从事家务、退休、没有工作能力或没有寻找工作的人，以及正在求学、培训和从军者。

10.2.2　失业的分类

按照不同的标准，失业有不同的分类。根据失业的不同性质，失业可分为摩擦性失业、结构性失业、周期性失业。

1）摩擦性失业

摩擦性失业（Frictional Unemployment）是指因劳动力市场运行机制不完善或在经济

变动过程中工作转换而产生的失业。

一方面，在一个动态经济中，各部门、各地区之间劳动需求是经常变动的，需求的变动会促使劳动力在各地区、各部门之间流动；另一方面，劳动者由于偏好和能力不同、工作性质不同，或者想寻找更理想的工作，总是在不断地变换自己所从事的工作，由此所引起的劳动力流动中必然有一部分劳动者在一定时期内处于失业状态。

在一定时期内，影响摩擦性失业的因素主要有两方面：首先是劳动力的流动性。劳动力的流动性在很大程度上是由制度性因素、社会文化因素和劳动力的构成状况决定的。其次是寻找工作所需要的时间，这主要取决于人们对有关就业信息的掌握程度、寻找工作的成本、失业者承受失业的能力等因素。如果人们的生活有一定保障，他们就可能花更多的时间去寻找工作，失业救济等社会保障制度和家庭中其他成员的收入都可为摩擦性失业者花更多的时间寻找工作提供支持。

2）结构性失业

结构性失业（Structural Unemployment）是由于经济结构（产业结构和地区经济结构）变化，使劳动供给和需求在产业、地区分布等方面不一致引起的失业。结构性失业往往属于非自愿失业。

伴随经济结构的变动，一些传统产业部门逐渐衰落，另一些新兴产业部门不断发展，这会引起原来的工作岗位减少，新的工作岗位增加。但由于技能要求存在差异，即使新兴产业需要更多的劳动力，从传统产业中分流出来的劳动力也不能完全胜任新出现的工作岗位，这势必会出现失业与空位并存的局面。结构性失业取决于劳动力转移和流动成本的高低。劳动力在各部门、各地区之间的转移和流动需要成本和时间，如重新接受职业培训、再教育等。转移和流动成本越高、花费的时间越长，结构性失业就越严重。

结构性失业与摩擦性失业的区别在于：在纯粹摩擦性失业情况下，劳动供给结构与劳动需求结构相吻合，每一个寻找工作的人，都有一个适合于他的职位空缺，只是寻找者尚未找到这个空缺而已。摩擦性失业是劳动力市场的信息不完全、供求双方没有很好匹配的结果。在结构性失业情况下，劳动供给结构与劳动需求结构是不相符的，寻找工作者找不到与自己的技能、居住地区相符合的工作。一般来说，摩擦性失业者失业时间较短，而结构性失业者失业时间较长、当事人更加痛苦。

3）周期性失业

周期性失业（Cyclical Unemployment）又称需求不足的失业（Deficient - demand Unemployment），是指经济衰退引起劳动需求小于劳动供给时的失业，是一种非自愿失业。

导致周期性失业的原因主要有以下几个：

第一，有效需求不足。凯恩斯认为，周期性失业的原因是有效需求不足。有效需求是指与总供给相等时的总需求。在两部门经济中，有效需求由消费与投资组成。消费需求取决于国民收入水平和边际消费倾向，在国民收入既定的情况下，消费需求取决于边际消费倾向，而边际消费倾向是递减的；投资需求取决于投资预期的利润率（资本边际效率）与利率，由于资本边际效率递减，而利率的下降是有限度的，这样资本边际效率与利率越来越接近，投资需求也是不足的。这就造成了总需求不足，从而引起了非自愿失业即周期性失业。

第二，货币工资向下刚性。在货币工资有弹性的条件下，即使有效需求不足，也不会引起失业，这个过程如下所示：

$$AD\ (P_0)\ \downarrow \rightarrow P \downarrow \rightarrow \frac{W}{P} \uparrow \rightarrow N_D \downarrow \rightarrow N_D < N_S \rightarrow W \downarrow \rightarrow \frac{W}{P} \downarrow \rightarrow N_D \rightarrow N\ 不变$$

如果货币工资向下刚性，有效需求不足，必然引起非自愿失业或周期性失业，这一过程如下所示：

$$AD\ (P_0)\ \downarrow \rightarrow P \downarrow \rightarrow \frac{W}{P} \uparrow \rightarrow N_D \downarrow \rightarrow N_D < N_S \rightarrow W\ 不下降 \rightarrow N \downarrow \rightarrow N < N_f$$

我们也可以用图 10—6 来表示。

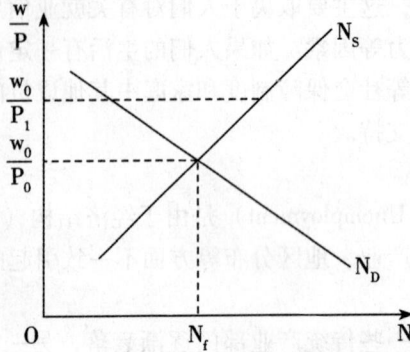

图 10—6　周期性失业

在图 10—6 中，假设初始实际工资为 $\frac{W_0}{P_0}$，当时的就业量为均衡就业量 N_f。后来由于有效需求不足，价格降低，实际工资上升到 $\frac{W_0}{P_1}$，劳动供给大于劳动需求。由于短期内货币工资向下刚性，从而出现非自愿失业。

周期性失业与摩擦性失业、结构性失业的主要区别在于，后两者即使在劳动力市场处于均衡状态时也会存在，而周期性失业则是劳动需求不足引起的。存在周期性失业时的劳动力市场必然处于非均衡状态，一些人愿意工作却无业可就，因此周期性失业属于非自愿失业。

10.2.3　自然失业率

1）自然失业率的定义（Natural Rate of Unemployment）

自然失业率是指劳动力市场和产品市场均衡时的失业率（劳动力市场均衡，则货币工资率不变；产品市场均衡，则价格不变。两市场均衡意味着实际工资率均衡，意味着劳动力市场均衡，实际就业量正好就是充分就业量），即充分就业时的失业率，也是一国长期可维持的最低失业率。

2）自然失业率并不是一成不变的

自然失业率不仅受客观经济因素的影响，而且受许多制度性因素（失业救济制度）和政策性（最低工资法）因素的影响，因此，自然失业率并非不能改变，政府可以通过某些措施降低自然失业率。此外，自然失业率也不是最优失业率。对西方许多国家来说，目前的自然失业率是偏高的，降低自然失业率可以增加国民产出，增加社会福利。

3）自然失业率的衡量

自然失业率可以用自然失业人数占总劳动人数的比例来表示。如果用 U 表示自然失业人数；用 N 表示劳动人数；用 L 代表离职率，即每个月失去自己工作的就业者比例；用 F 代表就职率，即每个月找到工作的失业者的比例。那么，自然失业率可表示为：

$$U/N = L \div (L+F) \times 100\%$$

上式表明，自然失业率取决于离职率和就职率。离职率越高，自然失业率越高；就职率越高，自然失业率越低。此外，自然失业率的存在和大小，与劳动力市场结构、信息完备程度、劳动力转移成本和时间等多种因素有关，而与市场经济运行本身无关。

一般来说，自然失业率是摩擦性失业率和结构性失业率的总和。

10.2.4 失业的治理

1）摩擦性失业的治理

根据摩擦性失业产生的原因，人们可以通过缩短寻找工作的时间来减少摩擦性失业。例如，可以通过增设职业介绍所、青年就业服务机构和建立人才库网站，以便有更多的途径传播有关就业的信息，从而达到减少摩擦性失业的目的。

2）周期性失业的治理

凯恩斯主义认为，既然周期性失业起因于总需求不足，那么政府可以通过扩张性财政政策和货币政策的实施，来刺激总需求，减少或者消除周期性失业。

3）结构性失业的治理

对于结构性失业，应积极开展职业性技术教育和资助大学教育来提高工人的技术水平和应变能力，使结构性失业的工人适应新兴工作岗位的需要，改善劳动供给状况，降低失业率。另外，可以通过帮助劳动力迁移，使劳动力更容易在不同的工作与地域之间流动，以此来降低结构性失业。

4）建立完善的失业保障体系

在治理失业的问题上，政府除了采取适当的财政政策和货币政策措施、加强就业服务、实施人才培训计划外，还应建立一套完整的失业保障体系，以便对失业者进行有效的救济。具体来说，一方面，可由社会集中建立失业保障基金，分散失业风险，使暂时处于失业状态的劳动者的基本生活得到保障，并从精神上关心失业者，树立他们的自信心；另一方面，为失业者提供各种再就业服务，包括再就业培训、介绍工作机会和提供信息咨询等。

有些学者对失业保障体系持怀疑态度，原因在于西方各发达国家因失业保险制度健全、失业津贴和救济水平偏高、支付期较长，部分失业者不愿积极寻找工作，造成自然失业率上升。目前，西方各国对失业保障制度进行了改革，严格领取条件、缩短救济时间、降低津贴金额，用压缩下来的失业保障经费建立各种职业教育与培训机构。

10.3 通货膨胀与失业之间的关系——菲利普斯曲线

失业与通货膨胀是现代社会的两大经济难题，对失业与通货膨胀之间的关系进行研究始于经济学家菲利普斯（A. W. Phillips）。1958 年，伦敦经济学院教授菲利普斯根据英国1861—1957 年的统计资料，推导出一条反映货币工资变动率与失业率之间非线性反方向变动关系的曲线：在大约 5.5% 的失业率上，货币工资的变化率为零；在大约 2.3% 的失业率上，货币工资的变化率为 2.0%。这就是初始的菲利普斯曲线，如图 10—7 所示。

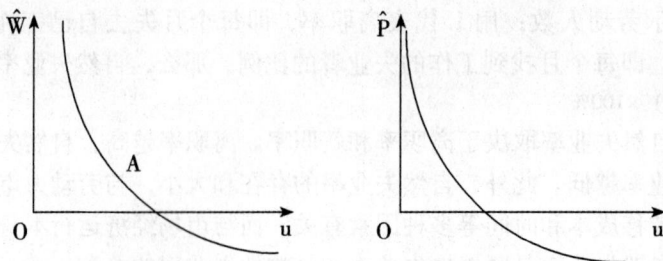

图 10—7　初始的菲利普斯曲线和凯恩斯主义的菲利普斯曲线

在图 10—7 左图中，横轴表示失业率（u），纵轴表示货币工资变动率 $\hat{W}$，初始的菲利普斯曲线是一条向右下方倾斜且凸向原点的曲线；图 10—7 右图是凯恩斯主义的菲利普斯曲线，与初始的菲利普斯曲线相比，其纵轴变为通货膨胀率，因为工资是产品价格的主要构成部分，凯恩斯主义把菲利普斯研究的问题延伸为失业率和通货膨胀率之间的关系。

菲利普斯曲线的基本含义是：失业率与通货膨胀率之间存在一种负相关关系，即失业率上升，通货膨胀率下降；反之，失业率下降，通货膨胀率上升。因此，政府可以通过调节通货膨胀率和失业率的大小来实现宏观经济调控目标。这一理论在 20 世纪 70 年代以前基本符合西方发达国家市场经济的实际，但是到了 20 世纪 70 年代，西方发达国家发生了"滞涨"现象，一方面经济停滞，失业增加；另一方面通货膨胀，物价上升。所以难以再用菲利普斯曲线来解释这些经济现象。

本章小结

一般认为，通货膨胀是指价格水平在一定时期内持续而普遍的上升过程。

通货膨胀程度通常用通货膨胀率来衡量，通货膨胀率是指一个时期到另一个时期价格水平变动的百分率，主要计算方法有 GDP 折算指数、消费者价格指数和生产者价格指数等。

按价格上升的速度，通货膨胀可分为温和的通货膨胀、奔腾的通货膨胀和恶性通货膨胀。按形成原因，通货膨胀可分为需求拉上的通货膨胀、成本推动的通货膨胀、混合型通货膨胀和结构性通货膨胀。

需求拉上的通货膨胀是充分就业时总需求增加导致的，其中实际因素的通货膨胀由 IS 曲线右移造成，货币因素的通货膨胀由 LM 曲线右移引发。

成本推动的通货膨胀是指总供给减少，使得总需求大于总供给引起的。在总供给和总需求模型中，成本推动的通货膨胀表现为总供给曲线左移造成的价格上升。成本推动的通货膨胀可能有三种根源：一是工会要求提高工资水平（引起工资成本推动型通货膨胀）；二是垄断企业为了获得高额垄断利润而制定垄断价格；三是进口原料成本增加。

与需求拉上的通货膨胀和成本推动的通货膨胀相比较，混合型通货膨胀理论可以较全面地分析通货膨胀的形成。

结构性通货膨胀是指在一国经济中，当一些产业和部门在需求或成本方面发生变动时，往往会通过部门之间的相互比较而传导到其他部门，并导致一般物价水平普遍上升。

通货膨胀对国民经济运行有广泛的影响，包括对收入分配、资源配置、产出、就业和对外贸易的影响。治理通货膨胀的对策包括紧缩需求、收入管制、指数化补偿和扩大总供给。

失业是指在一定年龄范围内、有工作能力且愿意按现行工资率工作（在最近一段时间内寻找过工作）的人没有工作。

失业率是失业人数在劳动力总数中所占的比重。根据失业的不同性质，可将其分为摩擦性失业、结构性失业、周期性失业。自然失业率是指劳动力市场和产品市场均衡时的失业率，即充分就业时的失业率，也是一国长期可维持的最低失业率。

可以通过缩短寻找工作的时间来减少摩擦性失业；通过实施扩张性财政政策和货币政策减少或者消除周期性失业；通过积极开展职业技术教育和资助大学教育、帮助劳动力迁移等措施降低结构性失业。

通货膨胀率与失业率之间的关系表现为菲利普斯曲线。

思考与训练

一、判断题

1. 一般认为，通货膨胀是指价格水平在一定时期内持续的上升过程。　　　（　　）
2. 用 GDP 折算指数计算通货膨胀简便易行。　　　（　　）
3. 超过 10% 的通货膨胀率显示的是恶性通货膨胀。　　　（　　）
4. 实际因素造成的通货膨胀由 IS 曲线右移引发。　　　（　　）
5. 成本推动的通货膨胀表现为总供给曲线左移造成的价格上升。　　　（　　）
6. 通货膨胀有利于债权人。　　　（　　）
7. 实施扩张性财政政策和货币政策可减少周期性失业。　　　（　　）
8. 菲利普斯曲线总是表现为通货膨胀率和失业率的此消彼长。　　　（　　）

二、简答题

1. 比较结构性因素和货币性因素引发的通货膨胀的异同。
2. 通货膨胀对收入分配和资源配置的影响如何？

三、讨论题

搜集资料，讨论改革开放以来我国菲利普斯曲线的变化。

第11章 经济增长理论

学习目标

掌握经济增长的定义、类型及度量指标；了解经济增长理论的发展历程，包括古典经济增长理论、凯恩斯对经济增长的分析、新古典经济增长理论以及新经济增长理论；理解经济增长的源泉。

导入场景

中国物流与采购联合会 2011 年 6 月 1 日发布的制造业采购经理人指数（PMI）为 52.0%，创 9 个月以来新低。面对大环境的变化，6 月 2 日，工信部、社科院研究所也发布报告认为，工业经济增速面临回调压力。2011 年以来 PMI 指数除 3 月份短暂回升以外，持续小幅回落。而 2011 年 6 月 2 日美国芝加哥供应管理协会发布的数据显示，5 月芝加哥采购经理人指数为 56.6%，为 2009 年 11 月份以来最低水平。中美经济的先行指数同步走低，引起了对于美国和中国的经济增长速度正在放缓的担忧①。

针对中国经济近一阶段放缓的状况，中国社会科学院宏观经济研究室主任表示，中国经济的增速回落是在预期和目标之内，在主动加快转变经济发展方式的大背景下，要容忍这样的回落。他说："中国经济增长的动力并未削弱，而是有意放慢了增长速度，以给转变经济发展方式、调整经济结构释放空间。目前，中国担心的是不要让经济增长的热情过于高涨。"

在经历三十年的快速增长以后，中国经济中积累了诸多的不平衡。通货膨胀、产业结构失调、房价居高不下、地方债务急剧膨胀至危险水平等诸多问题正威胁着我国经济未来发展的前景和动力，而且经济发展也有自己的经济周期，我国的经济只有经过周期性的调整及积累，才能为以后更好、更快的发展积蓄更多的力量。总的来说，受各种因素影响，虽然我国经济仍是引领全球未来增长的主导力量，但在今年及今后几年的增长放缓将不可避免。

面对我国经济增长速度正在放缓的担忧，我们不禁要问：我国的经济增长速度达到多少才是合理的？我国未来经济增长的动力来自于哪里？我国目前的经济发展处于经济周期的什么阶段？要很好地理解这些问题，我们需要首先掌握经济增长的一些基本知识，即什么是经济增长？经济增长的源泉是为什么？具备了这些基础知识，才能循序渐进地了解其他问题。

---

① 陈东海：《评论：当前经济现实问题仍是涨压太大》，载《京华时报》，2011-06-03，内容有改动。

对于国民经济增长问题的研究，一直是宏观经济学的重要组成部分，最早可以追溯到亚当·斯密。经过历代经济学家的不断努力，经济增长理论得到了极大的丰富和发展。

11.1 经济增长概述

11.1.1 经济增长的含义

经济增长是指一个经济体的社会物质财富不断增加的过程，表明该国潜在 GDP 的增加。对于一个国家而言，经济增长是宏观经济中衡量该国经济状况的重要指标。美国经济学家 S·库兹涅茨在《现代经济增长》中给经济增长下的定义是："一个国家的经济增长，可以定义为给居民提供种类日益繁多的经济产品的能力长期上升，这种不断增长的能力是建立在先进技术以及所需要的制度和思想意识相应调整的基础上的。"[1] 这一定义基本概括了各国经济增长的事实，体现了经济增长的实质，因此被广泛接受。

由于经济增长体现的是一个国家的综合国力以及人民的生活水平，所以其含义体现在两个方面：一方面指一定时期内一个国家生产的产品和服务的实际增加量或增值率；另一方面则指一定时期内，一个国家潜在的生产能力增加。一个国家的自然资源、人力资源以及资本积累的状况等决定了一个国家潜在的生产能力。

实际的经济增长和潜在的经济增长应该是一致的。因为实际的经济增长在一定程度上取决于潜在的经济增长，实际经济增长也会促进潜在生产能力的增加。现实世界中，有的国家实际经济增长能力和潜在生产能力相一致，有的国家则不一致。这主要是与各国的技术水平以及资源的利用效率等有关。

11.1.2 经济增长的类型

由于经济增长过程中各种要素的组合方式以及所起作用的不同，经济增长呈现不同的特征，经济学家据此将经济增长分成不同的类型，即不同的经济增长方式。

首先，按照经济增长方式中所依赖的主要因素，将经济增长分为资本密集型和劳动密集型经济增长，这是最简单的一种划分。

其次，从扩大再生产的角度，经济增长方式可归结为内涵式和外延式经济增长，这也是马克思的观点。外延式经济增长是主要通过增加生产要素的数量投入，即增加劳动力、原材料的数量投入以及扩大生产场地等来实现生产规模的扩大。而内涵式经济增长，则主要是通过技术进步和科学管理来提高生产要素的质量和使用效率来实现经济增长。

再次，按照经营方式把经济增长分为集约型和粗放型经济增长。这是现代经济学对经济增长方式的划分，这和第二种划分方式有相通之处。粗放型经济增长是指主要依靠增加资金、资源的投入、能源的大量消耗等来推动经济增长。这种增长方式的特点是：追求数量和速度而忽视质量和效益，结果就是增长效率和质量不高还会造成环境污染。集约型经济增长主要依靠科技进步和提高劳动者素质来增加产品数量和提高产品质量，更注重通过增加技术含量来促进经济增长。

---

① ［美］西蒙·库兹涅茨：《现代经济增长：发现和思考》，戴睿、易诚译，载《现代国外经济学论文选》第二辑，21 页，北京，商务印书馆，1981。

11.2　经济增长理论的发展

11.2.1　古典经济增长理论

古典经济增长理论产生于第一次产业革命前后。这次产业革命是资本主义工业化的开端，各主要资本主义国家陆续实现了工业化，建立了各自的近代工业体系和国民经济体系。古典经济增长理论就是在这种背景下产生的，提出这一理论的主要是亚当·斯密、马尔萨斯和李嘉图等几位经济学家。

亚当·斯密主张增加生产性劳动的数量和提高劳动效率以促进经济增长。在这两个增长途径中，他更强调劳动效率的作用。首先，亚当·斯密把劳动分为生产性劳动和非生产性劳动，认为前者创造财富，而后者只消耗财富。所以，他认为增加生产性劳动将会促进经济增长。其次，对于如何提高劳动生产效率，亚当·斯密认为这主要取决于分工的程度和资本积累数量，这两者是促进经济增长的基本动因。分工可以使得劳动者的熟练程度提高，减少工作转换所造成的损失，有利于技术进步。因而可以增加单位劳动的产出量，使收益递增。至于分工的程度，他认为分工取决于交换，交换又取决于交换的能力，而交换能力的大小由市场容量加以决定。所以，亚当·斯密认为市场容量的扩大导致分工加深，而分工又促使劳动效率的提高，并最终致使经济增长。他还认为资本积累使得资本存量扩大，与之相联系的劳动数量增加，从而直接促进了经济的增长。同时，资本积累也会借助于分工间接地促进经济增长。

马尔萨斯的经济增长理论与其人口理论密不可分，他认为土地、劳动、资本和技术等资源的投入将导致产出和人口的增长，但是人口增长将远比产出增长迅速。长此以往，土地、劳动和产出的平衡增长将不复存在，因为土地等资源的约束将使人口增长出现边际收益递减、生活水平下降，人口灾难不可避免。因此马尔萨斯的理论也被称为世界末日理论。

李嘉图对经济增长的分析围绕收入分配展开。在考察了工资、利润和地租的关系及其影响因素后，他认为长期经济增长趋势会在收益递减规律的作用下停止。因为土地的数量有限，而随着人口的增加，人们对土地上生产的产品需求增加。收益递减趋势使得土地上产出的价值提高，从而又导致劳动的工资上涨，进而使得资本家的成本提高、利润降低，致使投资下降，资本积累减少。同时，由于土地产出的价值提高，这将引起有限土地的地租增加。但地主只进行非生产性消费而不进行投资，因此上述过程必将导致资本积累停止。

11.2.2　哈罗德—多马的经济增长理论

在凯恩斯理论的基础上，英国经济学家哈罗德和美国经济学家多马建立了哈罗德—多马模型。该模型的假设包括以下几方面：

首先，全社会只生产一种产品，投入的经济资源为资本和劳动，两者的比例不变。

其次，储蓄是国民收入的线性函数，其形式为：

$$S_t = sY_{t-1} \qquad\qquad (11—1)$$

式中，s 为边际储蓄倾向，是外生给定常数。

再次，不存在资本折旧，每年的投资全部转化为资本存量的增加，即 $I_t = \Delta K_t$。

为了说明投资变动对国民收入的影响，该模型提出了资本产出比，它等于一定时期资本增量和产出增量的比值，即 $v = \dfrac{\Delta K}{\Delta Y}$。它和一定时期经济体的技术水平有关，短期内保持不变。一个经济体的投资对经济增长的影响由资本产出比 v 决定，资本产出比 v 是一个常数。投资、国民收入增长和资本产出比 v 的关系为：

$$I_t = v\ (Y_t - Y_{t-1}) \tag{11—2}$$

产品市场均衡时，式（11—1）的储蓄和式（11—2）的投资相等，于是有：

$$\frac{Y_t - Y_{t-1}}{Y_{t-1}} = \frac{s}{v} \tag{11—3}$$

令 $G = \dfrac{Y_t - Y_{t-1}}{Y_{t-1}}$，则上式变为：

$$G = \frac{s}{v} \tag{11—4}$$

该模型的经济含义为：如果一个经济体的技术水平不变，则经济增长主要取决于储蓄率，反之，要使储蓄全部转化为投资，则必须要保持一定的经济增长率。

哈罗德还进一步把经济增长率分为三种：第一种是实际增长率，以 G_r 表示，是指已经实现的增长率，它由有效需求决定；第二种是有保证的增长率，以 G_w 表示，是指人们的意愿储蓄全部转化为投资时，必将达到的增长率；第三种是自然增长率，由 G_n 表示，是指长期内人口增长和技术进步等因素决定的最大可能增长率。

哈罗德分析了上述三种增长率之间的关系。

如果 $G_r > G_w$，说明总需求超过生产能力，出现通货膨胀；如果 $G_r < G_w$，说明资本过剩，存在收入下降和失业上升。只有 $G_r = G_w$，才是无通胀的均衡增长。

如果 $G_w > G_n$，说明储蓄与投资增长超过了人口增长与技术进步所能允许的极限，经济增长将处于长期停滞；如果 $G_w < G_n$，说明储蓄与投资增长尚未达到人口与技术所要求的水平。只有 $G_w = G_n$，才是一定技术水平下，人口等资源充分利用时的最理想的稳定增长。

综上所述，哈罗德认为经济体实现长期稳定增长的条件是实际增长率、有保证的增长率和自然增长率三者相等。但他自己也承认，三者相等是很难达到的，因为三者的影响因素各不相同，实际增长率取决于有效需求，有保证的增长率由储蓄率和资本产出比率决定，自然增长率由人口和技术水平决定，一般情况下，三者很难同时达到，消费、投资、总产出等必须同步增长，稍有波动，立即失衡，所以这种均衡增长被称为"刀锋上的均衡增长"。人们认为此模型不宜用来解释和分析经济增长实践，或者说以需求分析为核心的波动理论无法分析如何保持经济的长期稳定增长问题。

11.2.3　新古典经济增长理论

鉴于哈罗德—多马模型的一些缺陷，美国经济学家索洛和斯旺创立了索洛—斯旺模型，英国经济学家米德在模型中加入了技术进步因素，由于他们和古典经济学家一样视充分就业为必然趋势，因此该模型被称为新古典增长模型。

索洛—斯旺模型假设全社会只生产一种商品，投入的经济资源只有资本和劳动，两者皆服从边际收益递减规律。这些与哈罗德—多马模型并无不同，然而索洛假设资本和劳动的比率可以改变，于是资本产出比例也可改变，资本和劳动都可能充分利用，经济体可以保持充分就业。索洛—斯旺的生产函数采用柯布·道格拉斯函数形式：

$$Y = AK^\alpha L^\beta$$

式中，A 为技术水平，短期内保持不变；K 和 L 分别为资本和劳动；α 和 β 分别为资本和劳动的产出弹性。假定技术水平保持不变，则有：

$$\frac{\Delta Y}{Y} = \alpha \frac{\Delta K}{K} + \beta \frac{\Delta L}{L}$$

索洛—斯旺模型中资本和劳动的比例可通过市场调节而发生变化，保持经济的稳定增长。米德在上述模型中加入了技术进步因素，其增长模型可表述为：

$$\frac{\Delta Y}{Y} = \alpha \frac{\Delta K}{K} + \beta \frac{\Delta L}{L} + \frac{\Delta t}{t}$$

式中，$\frac{\Delta t}{t}$ 为技术进步率。

哈罗德—多马模型中的"刀锋增长"问题可在新古典增长模型中，通过资本和劳动比例的调整加以解决。

11.2.4 新经济增长理论

在新古典经济增长理论的基础上发展起来的新经济增长理论主要研究长期经济增长的动力机制。新经济增长理论是经济学家罗默以及卢卡斯于 20 世纪 80 年代提出的，但是早在 30—40 年代约瑟夫·熊彼特就已经构建了新增长理论的基础。

在熊彼特的分析中，"创新"是一个关键的概念，用来解释资本主义社会的发展。熊彼特所说的"创新"包括五种情况：引进新产品，引用新的生产方法，开辟新市场，原材料的新供应来源，实现新组织。企业家创新的目的在于获得超额利润。企业可以借助创新在行业中获取垄断地位，从而获得超额的利润，经济中的总收入增加，经济实现增长。但是随着经济的发展，其他厂商会在超额利润的驱使下，模仿取得垄断地位的创新厂商，当创新在经济中普遍运用时，初始创新厂商的垄断地位逐渐削弱，超额利润逐渐减少直至消失。此时，经济又运行到了新一轮的均衡状态。由一次创新到另一次创新之间的演进正代表了经济的一个周期。

熊彼特认为，在一个简单再生的静态经济中，当所有的生产资源达到最佳使用状态时，经济处于均衡。如果经济中各种投入量能维持给定的数据，这种均衡就会自行重复。不过，在静态均衡中，没有超额利润、没有积累、也没有经济发展。经济发展的可能性来自于静态均衡的破坏，而打破静态均衡的关键仍在于超额利润诱发的创新。熊彼特的这一理论正是后来新经济增长理论的原形。

新经济增长理论亦称为内生经济增长理论，罗默在发表的《报酬递增和长期经济增长》中提出了一个具有外溢性知识的增长模型，在这个模型中，罗默用新技术对经济增长的影响说明经济增长的内生性，因为知识技术是不能完全专利化加以保护或永远不为人所知的，即使得技术具有了外部性，因而知识的规模报酬递增。罗默还通过引入一个显性的研究与开发部门来解释技术进步的内生性来源，提出了技术进步内生的增长模型，将经济增长建立在内生技术进步上。

卢卡斯则通过引进人力资本积累因素来解释经济增长的内生性，提出了人力资本溢出模型。他假定了存在全球经济范围内的人力资本外部性，全球经济范围内的外部性是由人力资本溢出造成的，并且人力资本既具有内部性又具有外部效应。

图 11—1 给出的"永动机模式"形象地对新经济增长理论进行了诠释。永不满足的需求驱使人们追求更大的利润，而要想得到更大的利润就要不断地进行创新，与此同时促进了经济的增长。在这一过程中，没有创新的老企业不断被淘汰，获得新技术、新产品的新兴企业不断建立，从而产生了新的、更好的产品。这一过程也就是经济的新陈代谢过程，与经济周期也相对应。

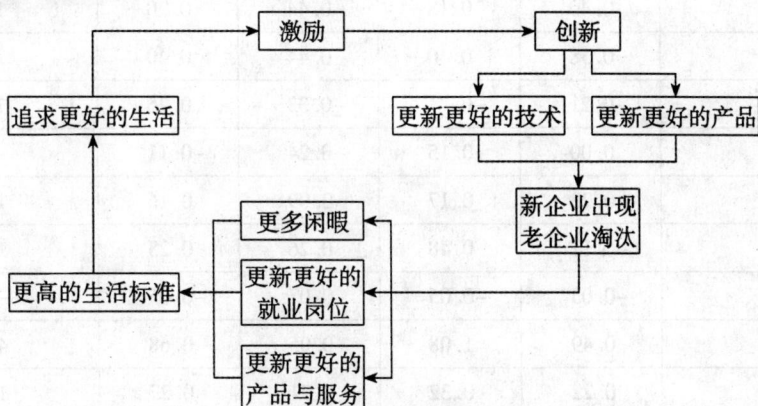

图 11—1　永动机模式

资料来源　[美] Robin Bade，Michael Parkin：《宏观经济学原理》，张弘等译，229 页，北京，中国人民大学出版社，2006。

按照古典经济增长理论，迫于人口急剧增长的压力，全球经济会停滞不前，但是近几十年来全球经济的发展并未按这一理论预测的那样进入衰退期。新古典经济增长理论则预测全球经济将会不断增长，技术变革会决定经济发展的速度。资本在全球范围各个经济体内自由流动，所有经济体都能使用相同的技术，各国实际 GDP 以及增长率会趋于收敛。新经济增长理论则认为一个国家的经济增长依赖于该国对人力资本积累、创新、投资等各方面的激励。但是各国的发展水平不一样，激励的效果也不尽相同。

11.3　经济增长的源泉及影响因素

11.3.1　索罗对经济增长源泉的分析

1）丹尼森的七类经济增长影响因素

丹尼森在《增长率为什么不同》一书中，把影响经济增长的因素分为七种：①就业人数及其年龄性别构成；②包括非全日制工作的人在内的工时数；③就业人员的教育年限；④资本（包括土地）存量的大小；⑤资源配置的改善，即低效率使用的劳动力比重的减少；⑥规模经济实现的程度；⑦知识（包括技术与管理的知识）的进步及其在生产上的应用。这七种因素又分为两类，前四种因素为生产要素的投入量，后三种因素为要素的生产率。第一类的四个因素决定了生产规模的大小，而第二类的三个因素则决定了生产的效率。两个方面同时作用决定一个国家在一定时期内的生产能力。

丹尼森分析影响经济增长因素时采用定量的方法，目的在于将国民收入增长率定量细化到各个影响因素上，进而比较各因素对经济增长的贡献率。从丹尼森对 1948—1969 美国经济的量化分析（见表 11—1）中可以看出：

表 11—1　　　　　不同要素对 1948—1969 年美国国民收入增长的贡献率分析

	增长率				占总增长比率（%）
	1929—1948	1948—1973	1973—1982	1929—1982	1929—1982
人均国民收入	1.24	2.26	0.23	1.55	
劳动	0.40	0.18	-0.44	0.20	12.90
教育	0.38	0.40	0.44	0.40	25.81
工作时间	-0.21	-0.24	-0.33	0.25	16.13
年龄	0.00	-0.15	-0.24	-0.11	-7.10
其他投入要素	0.23	0.17	2.09	0.16	10.32
资本	-0.12	0.48	0.26	0.23	14.84
土地	-0.05	-0.05	-0.07	-0.05	-3.23
知识进步	0.49	1.08	-0.05	0.68	43.87
规模经济	0.22	0.32	0.21	0.27	17.42
资源配置改善	0.29	0.30	0.07	0.25	16.13
法律和人文	0.00	-0.04	-0.17	-0.04	-2.58
其他生产率要素	0.01	-0.01	0.02	0.01	0.65

（注：表中均为每一时期内的年平均增长率）

资料来源　Edward Fulton Denison, Bruce K. Mac Laury: Trends in American Economic Growth, 1929- 1982, Washington D. C. Brookings Institution Press, 1985.

　　劳动力对经济增长的贡献率很大，此外规模经济所产生的效应对经济增长也是很重要的。资源配置通过提高资源的使用效率对经济增长的影响也不容忽视。此外，丹尼森还分析指出，知识进步是发达资本主义国家最重要的增长因素。这里知识进步的含义很广泛，包括技术知识、管理知识等的进步。

　　2）库兹涅茨对经济增长因素的分析

　　库兹涅茨关于经济增长的一系列研究著作中提到：经济增长的因素主要是知识存量的增加、劳动生产率的提高以及结构变化这三方面。

　　首先对于知识存量的增加，库兹涅茨认为社会的发展和进步会使得人类社会的技术知识存量增加。当这种存量被利用的时候，它就构成了经济增长的源泉。

　　其次是生产率的提高，库兹涅茨对劳动投入和资本投入对经济增长的贡献方面进行了长期分析后，得出结论：以人均产值高增长为特征的现代经济增长的主要原因是劳动生产率的提高。

　　最后是经济结构的变化，这一点在资本主义国家的增长史中体现得非常明显。库兹涅茨认为发达国家经济增长过程中，劳动力会从农业向制造业和服务业转移，经济结构的迅速转变对经济增长影响非常大。而不发达国家经济结构变动缓慢，经济结构因素对经济增长的影响则较小。库兹涅茨把知识存量和生产因素与经济结构因素相结合，以强调结构因素对经济增长的影响。这也是库兹涅茨与丹尼森分析的一个不同之处。

本章小节

根据经济增长过程中各种要素不同的组合方式以及各要素在增长中所起的不同作用，可以将经济增长分成资本密集型经济增长和劳动密集型经济增长、内涵式经济增长和外延式经济增长、集约型经济增长和粗放型经济增长这三大类。

经济增长理论的发展经历了由古典经济增长理论到新古典经济增长理论最后到新经济增长理论这样一个过程。古典经济增长理论的代表人物有亚当·斯密、马尔萨斯以及李嘉图等。20 世纪 50 年代的罗伯特·索洛等人奠定了新古典经济增长理论的基础。新经济增长理论最早是由约瑟夫·熊彼特构建了基本的框架，20 世纪 80 年代由经济学家罗默和卢卡斯完成。

对于经济增长的源泉这一问题，丹尼森、库兹涅茨等经济学家都从不同的角度对经济增长的动因进行了分析。

思考与训练

一、判断题

1. 经济增长是指名义 GDP 的增长。　　　　　　　　　　　　　　　　（　　）
2. 集约型经济增长主要依靠科技进步和提高劳动者素质实现。　　　　（　　）
3. 亚当·斯密认为市场容量的扩大导致分工加深，促使劳动效率的提高，并最终导致经济增长。　　　　　　　　　　　　　　　　　　　　　　　　　　　（　　）
4. 马尔萨斯的经济增长理论也被称为世界末日论。　　　　　　　　　（　　）
5. 李嘉图对经济增长的分析围绕收入分配展开。　　　　　　　　　　（　　）
6. 哈罗德—多马模型的经济增长被形容为"刀锋上的增长"。　　　　（　　）
7. 新古典增长模型中劳动和资本的比例不可变化。　　　　　　　　　（　　）
8. 库兹涅茨强调了经济结构对经济增长的影响。　　　　　　　　　　（　　）

二、简答题

1. 哈罗德—多马模型的缺陷是什么？
2. 在熊彼特的理论中创新起了什么作用？

三、讨论题

参考丹尼森的方法，探讨中国国民经济增长中各因素的贡献率。

第 12 章 经济周期

学习目标

了解经济周期的概念、类型和特征，理解经济周期产生的各类内因和外因以及乘数——加速数模型在经济周期形成过程中的作用。

导入场景

1981 年到 1988 年，随着改革开放的深入和引进外资的高峰，我国经济进入了上升阶段。经过 1989 年到 1991 的波折，1992 年以小平同志南巡为契机，国民经济迅猛增长，直至出现较严重的通货膨胀和经济过热。至 1998 年实现了"软着陆"之后，在通货膨胀得到有效控制的同时，产业结构的调整导致失业问题日益突出。2002 年开始以房地产行业为龙头带动了新一轮增长，至 2004 年又出现了较为严重的通货膨胀预期。在中央的严厉调控之下，通货膨胀的势头得到遏制，但房地产价格仍居高不下。与此相映的是钢铁、水泥、纺织、家电等行业产能过剩。2008 年开始的全球金融风暴导致我国经济增速放缓，外贸出口受到严重影响，就业压力增大。总之，改革开放以来，我国经济运行并非一帆风顺，期间出现过多次相当明显的经济周期波动。通过本章的学习，我们将理解导致经济周期的内因和外因以及相关的理论知识。

一个国家可以享受接连数年的经济繁荣，随之而来的可能就是一场经济衰退、金融危机甚至长期萧条。于是，国民产出下降，实际收入和企业利润减少，失业率急升（例如，2003 年至今，美国先后经历了令人兴奋的经济扩张和最为严重的金融风暴）。最后，经济逐渐触底，然后便开始复苏，复苏的步伐可能快、可能慢，有可能恢复不到原先的水平，也有可能强劲地足以启动下一轮的扩张。经济繁荣一方面意味着需求持续旺盛，就业机会充足；另一方面也可能伴随着通货膨胀和经济泡沫，紧随其后的可能是新一轮的经济衰退。

12.1　经济周期概述

12.1.1　经济周期的概念

所谓经济周期（又称商业周期或商业循环），是国民收入及经济活动的周期性波动。它可以分为两大阶段：扩张阶段与收缩阶段，前者包括复苏和繁荣，后者包括衰退和萧条，如图 12—1 所示。

我们通常将经济周期划分成两个主要阶段，即衰退和扩张。"峰"和"谷"代表周期

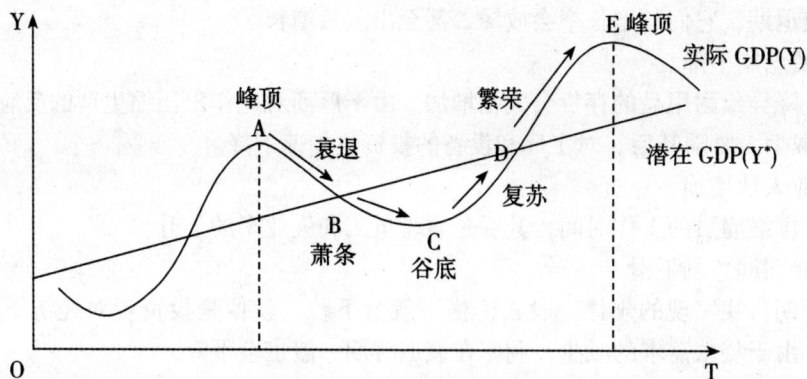

图 12—1　经济周期

的转折点。在图 12—1 中，Y 代表实际 GDP 的变化情况，Y^* 代表潜在 GDP 的长期趋势。实际经济运行与稳定增长趋势的偏离即为经济波动。其中，A 点对应的是繁荣，它处于经济周期的顶部；然后，经济陷入衰退（如 B 点），此时产出的增长速度慢于产出增长趋势，甚至可能为负增长；随后经济触底到达 C 点；接着经济又开始复苏（如 D 点），进入新的繁荣，另一轮经济周期重新开始。

12.1.2　经济周期的类型

19 世纪中叶以来，经济学家在探索商业周期问题时，提出了不同长度和类型的经济周期。例如，基钦周期，又称短周期，是指长度约为 2～4 年的经济循环，一般认为短周期起因于库存调整的循环。朱格拉周期为中周期，认为经济周期的平均长度是 9～10 年。康德拉季耶夫周期为长周期，认为经济周期的平均长度为 50～60 年。库兹涅茨周期，常称为建筑业周期，认为经济周期平均长度是 15～25 年。熊彼特周期为综合周期，他有机地结合了基钦、朱格拉和康德拉季耶夫的研究，认为每个长周期包括 6 个中周期，每个中周期包括 3 个短周期，短周期约为 40 个月，中周期约为 9～10 年，长周期为 48～60 年。具体的经济周期类型对比见表 12—1。

表 12—1　　　　　　　　　　　　　经济周期类型对比

长周期	康德拉季耶大周期	平均 50～60 年
中周期	朱格拉周期	平均 9～10 年
短周期	基钦周期	平均 2～4 年
建筑业周期	库兹涅茨周期	平均 15～25 年
综合周期	熊彼特周期	每个长周期包括 6 个中周期 每个中周期包括 3 个短周期

12.1.3　经济周期的特征

产出、通货膨胀率、利率和就业的波动构成了经济周期的主要内容，下面我们将以衰退为例，从上述四方面来讨论经济周期通常具备的普遍特征：

1）产出水平下降

例如，对原材料的需求下降使其价格跌落。工资和物价下降具有一定的黏性和时滞性，但在衰退期，它们的增长率会放缓，甚至出现负增长。

2）消费急剧下降

消费下降导致耐用品的存货会大幅增加。由于厂商对此作出压缩生产的反应，因此实际 GDP 会减少。紧随其后，对工厂和设备的投资也加速下降。

3）失业人数增加

首先是压缩雇员的工作时间，其后是解聘员工和失业率的上升。

4）企业利润急剧下滑

根据预期自我实现的规律，股票价格一般会下跌，就像是投资者对经济下滑先知先觉。同时，由于贷款需求的减少，利率在衰退时期一般也会下降。

以上是经济周期在衰退阶段的特征，而在扩张阶段，上述特征将呈现反向变动。我们可以结合美国新近发生的金融危机加以理解。例如，包括通用在内的很多企业濒临倒闭，许多公司都进行了大规模裁员，失业率攀升至历史新高，人们对于奢侈品以及耐用品的需求也随之锐减，美联储作出了调低利率的决策等。

12.2　经济周期理论

12.2.1　内因论与外因论

关于商业周期的研究历时已达两个多世纪，根据学者对经济周期根源的论述，我们可以将其划分为两类——外因论与内因论。以下我们将对一些最具影响力的周期理论进行简要回顾。

1）外因论

外因论认为，周期源于经济体系之外的因素——太阳黑子、战争、选举、新资源的发现、科技创新等。

（1）太阳黑子论。其代表人物是杰文斯，他把经济的周期性波动归因于太阳黑子的周期性变化。据说太阳黑子会影响气候，进而影响农业收成，而收成丰歉又会传导给整个经济。太阳黑子的出现是有规律的，大约每十年左右出现一次，因而经济周期也约为十年一次。

（2）创新理论。其代表人物是熊波特等，所谓创新是指生产要素的"重新组合"，它会刺激经济的发展与繁荣。在初期，新组合必然给创新者提供获利条件，而一旦创新技术普及，盈利机会消失，停滞阶段也就临近了。在该阶段，由于没有新的技术出现，因而很难刺激大规模投资，从而难以摆脱萧条，直到另一次创新出现，才会有新一轮的繁荣。总之，该理论认为创新不是均匀、连续的过程，从而导致经济的上升和下降，形成经济周期。

（3）政治周期理论。其代表人物是诺德豪斯等，该理论认为，政府交替执行扩张性政策和紧缩性政策，造成了扩张和衰退的更迭。为实现充分就业，实施扩张性政策，但是同时，财政赤字和通货膨胀会遭到公众的反对，于是又不得不采取紧缩性政策，从而人为地制造了经济衰退。这是政府干预造成的经济周期。

（4）真实经济周期理论。其代表人物是普雷斯科特等，该理论提出，生产函数会受到技术冲击等因素的影响，从而造成经济波动。来自供给面而非需求面的冲击是导致经济周期的根本原因。宏观经济经常会受到一些实际因素的冲击，例如石油危机、技术革新等。

2）内因论

内因论认为，经济周期是经济体系内部的收入、成本、投资等因素在市场机制作用下的必然现象。

（1）消费不足论。其代表人物是马尔萨斯、西斯蒙第、霍布森等，该理论思想是，由于购买力自身的不足，使购买力低于社会产品总价值，总产品不能按包括成本在内的价格全部销售，由此引起产量过剩甚至经济萧条。典型的储蓄过度论提出，发生危机和萧条并不是没有充分的购买力，而是在现时收入—储蓄比例过大，打乱了生产和销售之间的平衡，并且以收入分配的不均解释过度储蓄。

（2）过度投资论。其代表人物是哈耶克、卡塞尔等，他们从投资的角度分析经济周期的形成，核心观点是"与生产消费品工业相比，生产投资品工业过度发展，于是产生生产过剩的危机"；"促使繁荣趋于崩溃的原因，是生产结构实际上的失调，并非仅仅是由于银行准备不充分而形成的资金不足"。

（3）货币主义经济周期理论。其代表人物是弗里德曼等，他们将经济周期归因于货币与信贷的扩张和收缩。该理论认为货币是影响总需求的最基本因素。银行信用的扩张会导致利率下降，从而投资增加，走向繁荣；银行信用的紧缩会导致利率上升，从而投资减少，陷入衰退。

（4）乘数—加速数模型。其代表人物是保罗·萨缪尔森等，该理论认为，外部冲击通过乘数效应和加速原理得以传导，阐明了乘数和加速数的相互作用如何导致总需求发生有规律的周期波动。

纵观上述所罗列的各种经济周期理论，每种观点都含有各自的合理成分，但均不能放之四海而皆准。宏观经济学的精髓，就在于能够集各家之长，并知道应该在何时何地加以灵活运用。下面我们将分别就内因论的重要代表——乘数—加速数模型和外因论的重要代表——真实经济周期模型进行论述。

12.2.2　乘数—加速数模型

乘数—加速数模型包括两层含义：投资的变动会引起收入与消费的数倍变动，即乘数作用；而收入与消费的变动又会引起投资的数倍变动，即加速数作用。乘数和加速数的共同作用，形成累积性的经济扩张与收缩局面，即经济周期。

该模型的基本方程如下：

$$Y_t = C_t + I_t + G_t \qquad \text{（收入恒等式）} \qquad (12\text{—}1)$$

$$C_t = \beta Y_{t-1}, \ 0 < \beta < 1 \qquad \text{（简单消费函数）} \qquad (12\text{—}2)$$

$$I_t = V(C_t - C_{t-1}), \ V > 0 \qquad \text{（加速原理）} \qquad (12\text{—}3)$$

$$G_t = G \qquad \text{（假定政府支出为一个常数）} \qquad (12\text{—}4)$$

将上述四式联立得：

$$Y_t = \beta Y_{t-1} + V(C_t - C_{t-1}) + G \qquad (12\text{—}5)$$

式中，β 为边际消费倾向，V 为加速系数，Y_t 与 Y_{t-1} 分别为当期和上期的收入，C_t 与 C_{t-1} 分别为本期和上期的消费。

对于模型前三式的求解需要涉及差分方程，为便于大家理解，下面我们以具体数字来阐明经济周期的波动。

假设 $\beta = 0.5$，$V = 1$，政府每期支出 $G = 1$ 亿元。

若不考虑第一期之前的情况，则结合式（12—2）可知本期消费为 0，本期引致投资也为 0，从而，第一期的收入就等于第一期的政府支出 1 亿元。

在第二期，政府支出仍为 1 亿元。在边际消费倾向为 0.5 时，第二期消费 $C_2 = \beta Y_1 = 0.5 \times 1 = 0.5$ 亿元；由于加速数为 1，第二期引致投资 $I_2 = V(C_2 - C_1) = 1 \times (0.5 - 0) = 0.5$ 亿元。因此，第二期的收入 $Y_2 = C_2 + I_2 + G_2 = 0.5 + 0.5 + 1 = 2$ 亿元。

同理，可计算出第三期的收入为 2.5 亿元，第四期的收入为 2.5 亿元。

结合式（12—5）与表 12—2 可知，若边际消费倾向越大，加速数越大，则政府支出对国民收入的变动影响也越大。

表 12—2　　　　　　　　　　　乘数和加速数的相互影响

时期	政府购买	上期国民收入中的本期消费	引致的本期私人投资	国民收入总额	经济变化趋势
1	1	0	0	1	—
2	1	0.5	0.5	2	复苏
3	1	1	0.5	2.5	繁荣
4	1	1.25	0.25	2.5	繁荣
5	1	1.25	0	2.25	衰退
6	1	1.125	−0.125	2	衰退
7	1	1	−0.125	1.875	萧条
8	1	0.9375	−0.0625	1.875	萧条
9	1	0.9375	0	1.9375	复苏
10	1	0.96875	0.03125	2	复苏
11	1	1	0.03125	2.03125	繁荣
12	1	1.015625	0.015625	2.03125	繁荣
13	1	1.015625	0	2.015625	衰退
14	1	1.0078125	−0.007813	2	衰退

从表 12—2 中显示的经济运行过程可以看出：

第一，投资、消费和收入相互影响。如果政府支出既定（即无政府干预），只依靠经济本身自发调节，那么就会形成经济周期。经济的波动正是乘数与加速数原理共同作用的结果。

第二，乘数与加速数原理相互作用引起经济周期的具体过程是：投资增加通过乘数效应引起消费、产出的倍数增加，而消费、产出的增加又通过加速效应引起投资的倍数增加，于是经济就会出现繁荣。然而，消费、产出达到一定水平后，由于社会需求与资源限制无法继续增加，这时就会通过加速数原理的作用使投资减少，投资的减少又会通过乘数作用使消费、产出继续减少。于是经济就会陷入衰退。衰退持续一定时期后由于固定资产更新使投资增加，消费、产出再增加，从而进入新一轮的繁荣。正是由于乘数与加速数原理的共同作用，经济就形成了由繁荣到衰退，又由衰退到繁荣的周期性运动。

第三，为了减少经济周期的波动，以维持经济长期稳定，政府有必要对经济进行干预，可以从几方面着手：①调节投资；②影响加速系数；③影响边际消费倾向。

应用专栏 12—1　　　战后美国经济周期演化的主要特征①

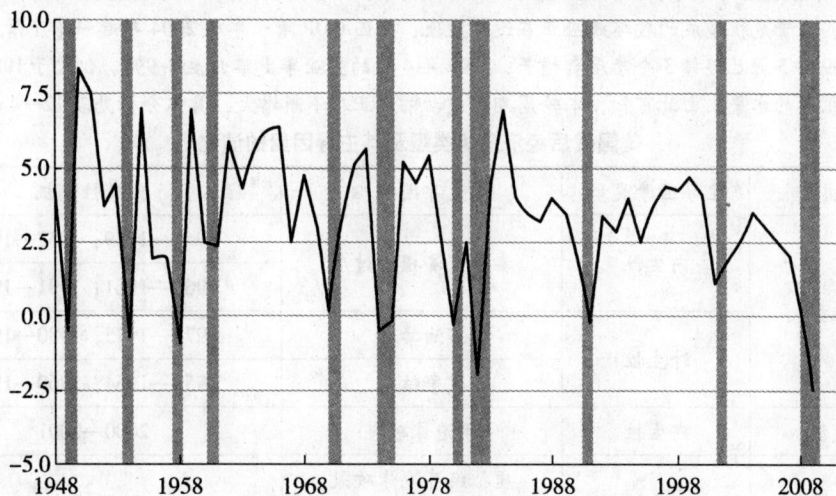

图 12—2　战后 1948—2009 年美国实际 GDP 增长率变化趋势

（注：阴影部分表示衰退）

数据来源　St. Louis Fed：Economic Data, http：//research. stlouisfed. org/fred2/。

根据美国实际 GDP 增长率的变化，我们可以把美国经济大致划分为 11 个周期，见表 12—3。美国战后经济周期无论长度还是波幅都不是固定不变的，而是在时间路径上不断地动态演化，并大致经历了三个阶段。

表 12—3　　　　　　　　　　1948—2009 年美国经济周期的划分

经济周期		持续时间		
波峰	波谷	下降期（月）	上升期（月）	周期（月）
1948. 12	1949. 10	11	37	45
1953. 6	1954. 5	10	45	56
1957. 8	1958. 4	8	39	49
1960. 6	1961. 2	10	24	32
1969. 12	1970. 11	11	106	116
1973. 11	1975. 3	16	36	47
1980. 1	1980. 7	6	58	74
1981. 3	1982. 11	16	12	18
1990. 7	1991. 3	8	92	108
2001. 3	2001. 11	8	120	128
2007. 9	尚未达到	>19	71	>90

资料来源　根据 NBER 与 OECD 月度数据库相关数据整理计算。

---

① 王汉儒：《开放条件下经济理论的扩展与应用》，载《世界经济研究》，2009（12）。

　　第一阶段（1948—1975年），忽略越战因素，美国经济周期的长度存在一定的缩减趋势，经济危机有频繁化的态势，而波幅即危机的破坏性有逐渐收敛的趋势。

　　第二阶段（1975—2001年），美国经济周期长度显著增加，经济危机的频率下降，但波幅经历了先扩大再缩小的过程。

　　第三阶段（2001年至今），美国经济周期的长度大致保持在90个月以上的水平，但考虑到2001年和2003年爆发的阿富汗、伊拉克战争因素，周期长度的变化趋势并不十分明朗。

　　同时，次贷危机造成的破坏效应正在逐步显现：美国GDP增长率从2004年起一路下滑，2008年6月至2009年3月已连续3个季度负增长；2009年4月的失业率更攀升至8.9%，仅次于1982年第二次石油危机时的水平。由此可知，本轮周期的波动幅度正在不断增大，具体分析见表12—4。

表12—4　　　　　　　　　　美国战后经济危机类型及其主导因素的演化

危机类型	主导因素类型	主导因素	代表性危机
传统型	内生性	实体经济投资过度	1948—1949；1957—1958
			1960—1961；1991—1992
	外生性	石油禁运	1973—1975；1980—1982
		战争结束	1953—1954；1969—1970
过渡型	内生性	IT泡沫破裂	2000—2001
现代型	内生性	虚拟经济泡沫破裂	2007至今
		实体经济内外严重失衡	

本章小结

　　所谓经济周期（又称商业周期或商业循环），是国民收入及经济活动的周期性波动。它可以分为两大阶段：扩张阶段与收缩阶段，前者包括复苏和繁荣，后者包括衰退和萧条。

　　按照持续时间的长度，经济周期可为分长、中、短各类，短周期持续数年，长周期持续数十年。

　　经济周期处于衰退阶段时，生产萎缩、消费不振、失业率上升、利润下滑。

　　造成经济周期的原因有内因与外因之分。外因论认为，周期源于经济体系之外的因素——太阳黑子、战争、选举、新资源的发现、科技创新等。内因论认为，经济周期是经济体系内部的收入、成本、投资等因素在市场机制作用下的必然现象。

　　乘数—加速数模型包括两层含义：投资的变动会引起收入与消费的数倍变动，即乘数作用；而收入与消费的变动又会引起投资的数倍变动，即加速数作用。乘数和加速数的共同作用，形成累积性的经济扩张与收缩局面，即经济周期。

思考与训练

一、判断题

1. 经济周期持续时间只有3到5年。　　　　　　　　　　　　　　　　（　　）

2. 经济衰退之后很快就能进入复苏阶段。　　　　　　　　　　　　（　　）

3. 科技创新被认为是影响经济周期的外因。　　　　　　　　　　　（　　）

4. 乘数和加速数的共同作用，形成累积性的经济扩张与收缩局面。　（　　）

二、简答题

1. 简述经济周期各阶段经济运行的表现。

2. 乘数与加速数原理如何影响经济运行？

三、计算题

假定某国经济的边际消费倾向为 0.9，加速数为 2，每期政府支出为 900 亿美元，2010 年的国民收入水平为 5 000 亿美元，比上一年增加 100 亿美元，求 2011 年和 2012 年的总消费、总投资和国民收入水平。

四、讨论题

搜集资料，讨论改革开放以来我国经济周期的具体表现及其原因。

第 13 章　货币主义

学习目标

了解货币主义者的特征和货币主义产生的时代背景以及货币主义的理论基础，理解现代货币主义的理论结构及其在通货膨胀和失业问题上的应用。

导入场景

在凯恩斯之前，以萨伊定律为基础的古典宏观经济学认为，在资本主义完全竞争条件下，市场机制的内在作用必然使经济趋于充分就业。20 世纪 30 年代的大萧条宣告了萨伊定律的破产，"凯恩斯革命"应运而生，许多经济学家开始相信政府对经济的计划与指导是一种稳定经济的力量，西方发达国家在凯恩斯理论指导下控制着宏观经济的运行，并取得了很大的成绩。

20 世纪 50 年代以来，新古典综合学派的理论和主张为西方政府所重视，成为当时的主流学派，这主要是因为第二次世界大战以后的几十年中，以美国为首的西方世界的经济发展虽有一定波动，但总的来说经济增长较快，通货膨胀率和失业率也不算高。

然而进入 20 世纪 70 年代，特别是 1974—1975 年，大多数西方国家出现了"滞胀"的局面，即失业和通货膨胀同时并存。新古典综合学派在理论上无法解释这种局面，凯恩斯的说法受到了严重的打击，由于它无法对滞胀加以理论上的解释，在政策上也就提不出消除滞胀的举措。

在这样的背景下，以反通货膨胀为己任的货币主义反"凯恩斯革命"的真正冲击取得了强有力的发展。以米尔顿·弗里德曼为首的货币主义与凯恩斯主义展开了激烈的论战。随后发展的现代货币主义认为资本主义存在着运用市场机制实现充分就业的长期趋势，拥有货币供应量干预权的资本主义国家政府在控制通货膨胀方面具有巨大的潜力。

根据央行发布的货币政策报告和国家统计局公布的国民经济数据，我国经济增长的高峰可能已经过去，通货膨胀的预期正在逐步转为现实。我国经济正处于由"高增长、低通胀"向"低增长、高通胀"的局面靠近。

首先，中国经济增长的速度放缓。2007 年 2 季度经济增长率达到顶峰 13.44%，随后逐季度下降，至 2009 年 1 季度，经济增长率仅为 6.1%。虽然通过财政政策和货币政策的调控使得经济增长率稍有上升，但经济增长的高峰已经过去。

其次，通货膨胀的压力增加。在过去的几年内，消费者价格指数逐年上涨，2011 年已经创下历史新高。而我国通货膨胀传导的路径已经从需求端开始的通货膨胀转向由资产和起源类商品价格开始沿着产业链向下传导。由此可见，我国面临着"滞胀"的威胁。

对于通货膨胀，货币供应量是决定性的因素，2009 年中国名义 GDP 和 M_2 之间存在着 23 个百分点的差距。在 2008 年之前，"双防"是中国宏观调控的主要目标，而此后，宏观调控的口径已经变为"一保一控"，即"保增长、控物价"，中国政府史无前例的在短期内连续降低存款准备金率和存贷款利率。这些宏观调控措施是政府对可能滞胀的经济形势作出的反映。

在滞胀压力下，既然货币主义的理论与主张对我国乃至世界各国具有指导作用和实践意义，我们就需要了解什么是货币主义，它如何指导政府制定经济政策带领我们走出滞胀的泥潭。本章将介绍货币主义产生的时代背景和理论基础，并理解货币主义理论结构是怎样的以及它在通货膨胀和失业问题上的应用。

13.1 货币主义的理论基础

13.1.1 货币主义者的特征

"货币主义"一词是由美国罗彻斯特大学管理研究院经济学教授卡尔·布伦纳于 1968 年提出来的，用来描述由弗里德曼领导的芝加哥大学经济团队。20 世纪五六十年代，货币主义在弗里德曼的大力倡导下，以芝加哥大学为发源地和大本营，在美国兴起并逐渐传播到世界各地。1976 年，米尔顿·弗里德曼因为在对消费的分析和在货币和货币理论等方面的成就，被瑞典皇家科学院授予当年诺贝尔经济学奖，这标志着弗里德曼所代表的货币主义在西方资本主义世界产生了重大的影响。

货币主义以反凯恩斯主义而出名，是在古典学派和新古典综合学派的基础上产生的一个经济学流派。美国希伯来大学的帕廷金以周密的方式重新阐述了货币数量论，芝加哥大学的弗里德曼和许多他过去的学生提供了货币数量分析的框架，使人们能够对货币数量的变化制约收入变化这个命题进行实证的检验，罗彻斯特大学的卡尔·布伦纳和卡内基—梅隆大学的艾伦·梅尔泽又共同提出了货币需求是稳定的实证根据。此外，还有美国的哈里·约翰逊，英国的艾伦·沃尔特斯、戴维·莱德勒等，他们对于货币理论分析的侧重点不同，但基本观点是一致的，他们的理论继承了其芝加哥的前辈在货币数量分析方面的一贯传统，高度重视货币因素。但是，这种传统并不是一种固定不变的体系，而只是一种主张"货币重要"的理论研究方法。他们在"货币重要"这一基本前提下结为一体，但在具体问题的理论分析细节上却各不相像，使人们难于简单地把货币主义者的观点统一地罗列出来。尽管如此，还是有经济学家对货币主义作出定义，有哈弗、卡尔·布朗纳、托马斯·迈耶和米契尔、戴维·莱德勒、保罗·萨缪尔森、詹姆斯·托宾等。这些学者对货币主义定义的内容不尽相同，但都选择了从货币主义者的特征来定义，综合各种定义，发现货币主义者有以下几个共同特征：

首先，强调货币因素对名义收入变动的决定作用，认为货币是影响经济活动的决定性因素。为了保证国民经济稳定增长，就必须保持货币供应量稳定增长，货币当局应当而且能够担负起稳定货币供应增长率的责任。

其次，坚持市场经济具有内在自动稳定性的信条，认为资本主义经济具有达到充分就业均衡的自然趋势，经济波动的主要原因是政府干预的失误。为了减少经济运行的周期性波动，必须放弃逆经济周期而动的宏观经济政策。

再次，相信由私人经济行为决定的资源配置与名义收入的短期变动，因此，不必对私人经济行为进行详尽的分析，就可以作出高度准确的宏观经济分析。由于这一条，货币主义者一般都倾向于使用小的、简单的经济模型，而不太喜欢使用大的、复杂的多变量经济模型。

为区别于古典货币主义，人们习惯上称弗里德曼发展起来的货币主义为现代货币主义。

13.1.2　货币主义产生的时代背景

1929—1933 年，资本主义世界爆发了前所未有的经济危机：存货大量积压，物价猛烈跌落，生产大幅度下降，失业人员急剧增加，西方各国的生产力倒退了几十年。在金融市场上，爆发了猛烈而持续的挤提存款、抢兑黄金的风潮，大量银行纷纷倒闭破产，整个金融系统陷入瘫痪状态，货币制度濒临崩溃的边缘。这次空前严重的经济危机彻底粉碎了传统经济学关于私人资本主义自由市场机制能够自动实现充分就业均衡的教条，迫使当时的西方经济学家面对现实，解释经济危机的原因，寻找医治经济危机的良策，凯恩斯主义便应运而生。凯恩斯主张由政府干预经济，实行赤字财政和举债支出，用膨胀通货的方法来刺激经济活动，避免经济危机，达到"充分就业"。他的这一套理论、政策获得了暂时的成功。

第二次世界大战后，以美国为代表的资本主义国家在医治战争创伤的过程中，为了提高物价、刺激投资、解决失业问题，曾普遍推行凯恩斯主义，搞赤字财政，有意识地实行温和通货膨胀，使得在 20 世纪 50 年代的大部分时间里出现了经济不断增长、失业人数逐渐减少、通货膨胀日益降低的大好形势，进入了所谓的"凯恩斯时代"。

然而，好景不长，从 20 世纪 60 年代中期以后，许多资本主义国家逐渐打破了温和的通货膨胀界限，走上"奔腾式"通货膨胀轨道，通货膨胀率逐渐达到两位数。到了 20 世纪 70 年代，情况更加糟糕，第一次能源危机爆发，石油价格急剧上涨。而 20 世纪 50 年代到 70 年代初期，美国、日本和西欧各国在第三次技术革命的影响下，借助廉价的石油，发展迅速，石油价格的猛涨，大大地增加了这些国家的生产成本，从而推动物价不断上升。自第一次能源危机爆发以来，世界各主要资本主义国家一方面相继出现通货膨胀加速，另一方面出现经济增长速度减缓甚至停滞萎缩，这些发达国家处于"停滞膨胀"（简称"滞涨"）的处境。

按照凯恩斯理论，达到充分就业以前，通过赤字财政把货币投入市场流通，会收到刺激生产、增加就业的良好效果，而不会出现通货膨胀。显然，凯恩斯主义已经无法解释这种一方面通货膨胀，一方面经济停滞的"滞涨"现象了。面对这些现实情况，资本主义各国政府及大多数凯恩斯主义经济学家不得不承认凯恩斯主义失败了。这时，有的西方经济学家哀叹凯恩斯主义的失灵而垂头丧气，有的沿着凯恩斯主义的道路而不断对其修正、发展和完善，还有的则走上了凯恩斯主义反对派的道路而去寻求新的理论。

事实上，即使是在凯恩斯主义声誉正隆的时候，也仍有一部分保守的经济学家不愿放弃传统货币数量说而去随声附和。早在 1951 年，弗里德曼在《对货币政策的评论》一文中，就公开建议同时使用财政政策和货币政策去医治通货膨胀，反对实行盯住利率的扩张性货币政策。1956 年，他又发表了《货币数量论——一种重新表述》一文，强调了货币因素在经济分析和经济政策中的极端重要性。《货币数量论——一种重新表述》这篇文章现在已被看作现代货币主义兴起的重要标志，但是在当时，它并没有引起西方经济学界的足够重视。具体来看，现代货币主义初期并没有受到重视主要是由 20 世纪 50 年代至 70 年代初期资本主义国家的三个社会经济条件所决定：①经济增长率保持高速增长；②失业人数较二战前大为降低；③通货膨胀处于"温和"状态。而到了 70 年代，持续性地"滞涨"使得政府奉行 30 多年的凯恩斯主义经济学陷入绝境，却帮了现代货币主义的大忙。

13.2 现代货币主义的理论结构

13.2.1 现代货币数量说

弗里德曼认为：货币是一种资产，一种持有财富的方式，数量论首先是货币需求的学说。而传统的货币数量论并没有把数量论与货币需求理论联系在一起，对货币与物价的关系解释也缺乏说服力。弗里德曼是沿着剑桥方程式对数量论进行了重新表述。值得一提的是，虽然现代货币主义反对凯恩斯主义，但是在货币需求理论的研究上却接受了凯恩斯流动偏好理论中把货币作为一种资产的思想，采纳了凯恩斯对影响流动偏好的动机和因素的分析方法。他本人公开承认，他的货币需求理论的形成和发展，除受传统货币数量论的启发外，还在于深受凯恩斯对货币的流动性分析的影响。弗里德曼认为人们对货币的需求受三类因素的影响：①收入或财富的变化；②持有货币的机会成本；③持有货币给人们带来的效用。

弗里德曼认为财富或收入是影响货币需求的重要因素，财富由人力财富和非人力财富构成，两者的比例构成也会影响货币的需求。这里的财富总额包括收入或消费服务的所有来源。来源之一是人类的生产能力，而这也正是保持财富的形式之一。利率表示财富存量和收入存量之间的关系，可以把财富看做是收入的资本化价值，利率即贴现率。"持久性收入"可以代表财富，持久性收入是指人力财富和非人力财富在相当长的时期内所获得的平均收入流量。

货币与其他资产的预期报酬率是影响货币需求的另一个因素。持有货币可以带来便利、安全、流动性等。同时持有货币就要放弃其他资产所提供的收益，为持有货币而放弃的其他资产的收益构成持有货币的机会成本。持有货币机会成本的大小自然影响货币需求。股票、债券和实物资产被视为货币的替代品，其收益代表了持有货币的机会成本。债券的收益包括债券利息和债券价格变动引起的资本增值或贬值。股票的收益包括两种：股息和价格变动带来的增值或贬值。实物资产的名义收益率，取决于物价水平的变动。

还有其他影响货币需求的因素，例如，人们对流动性的偏好等。

综合上述原因，弗里德曼在《货币数量论——一种重新表述》中将货币需求函数定义如下：

$$M/P=f\left(r_b,\ r_e,\ \frac{1}{p}\times\frac{dp}{dt};\ W;\ Y/P;\ u\right) \tag{13—1}$$

后来，弗里德曼在《货币分析的理论架构》中将货币需求函数又扩展如下：

$$M/P=f\left(y,\ w;\ r_m,\ r_b,\ r_e,\ \frac{1}{p}\times\frac{dp}{dt};\ u\right) \tag{13—2}$$

式中，M 为个人财富持有者手边保存的货币量；P 为一般物价水平；M/P 为实际货币需求；f 为函数符号；y 为实际总收入；Y 为货币总收入；w 为非人力形式的财富所占总财富的比率（或者来自财产的收入占总收入的比例）；r_m 为货币的预期名义收益率；r_b 为债券的预期名义收益率，包括债券价格的预期变动；r_e 为股票的预期名义收益率，包括股票价格的预期变动；$\frac{1}{p} \times \frac{dp}{dt}$ 为预期价格变动率，也就是实物资产的名义报酬率；u 为去掉实物变化的变量，即非实物变量，如人口多少、银行业的发达情况、经济周期的波动等。

在弗里德曼货币需求公式中，有关货币需求的变量，可以分为三个部分：收入的变量（y 和 w）、利率的变量（r_m、r_b、r_e、$\frac{1}{p} \times \frac{dp}{dt}$）、非实物变量（u）。

式（13—2）是针对单个货币持有者来说，若撇开分配效应，而将 M、y、w 分别视为人均货币持有量、人均实际收入和人均财产收入，那么式（13—2）即可应用于整个社会。就企业而言，它所拥有的人力财富和非人力财富均须从市场上购买，也就是说，企业的货币需求不受财富形式的影响，因此，撇开 w，式（13—2）即可视为企业货币需求函数。

弗里德曼认为，他的货币需求函数的主要特点是其稳定性。货币需求稳定的原因主要如下：第一，影响货币供给和货币需求的因素是相互独立的。影响货币供给的若干主要因素并不影响货币需求，如影响货币供给的最主要变量——金融制度和金融政策对货币需求没有什么影响，货币需求主要受函数式中相关变量的影响。第二，在货币需求函数中的变量，有些本身就具有稳定性，如 w 和 u，有些如 $\frac{1}{p} \times \frac{dp}{dt}$ 只有在少数情况下才影响货币需求，因而它们不会破坏货币需求函数的稳定性。第三，货币需求函数的倒数基本上是一个稳定的函数。弗里德曼通过对货币流通速度变化趋势的分析，来证明货币函数的稳定性。通过对美国货币史的长期研究，弗里德曼论证了货币流通速度在长期内是十分稳定的，短期内，如果从持久性收入来考虑，也是稳定的。

关于货币需求的变量中，弗里德曼认为持久性收入对货币需求起着决定性的作用。他认为实际货币需求是随着实际持久性收入而变动的，而且，实际货币需求的收入弹性大于1（根据弗里德曼的统计结果，实际收入每增加1%，实际货币需求就增加1.8%，即货币的流通速度下降0.8%）。据此，他认为各种货币存量（包括通货、活期存款、定期存款）都是一种"奢侈品"。因而，一方面，在长期中货币需求的上升趋势（即货币流通速度的下降趋势）是收入增长趋势的必然结果。另一方面，在周期波动中，经济扩张时，当期收入高于实际持久性收入，因此货币需求相对于当期收入是下降的，从而使货币流通速度上升；而当经济萧条时，当期收入低于实际持久性收入，因此货币需求相对于当期收入水平是上升的，从而使货币流通速度下降。

关于利率（包括 r_m、r_b、r_e），弗里德曼认为利率对货币需求的影响是微乎其微的。弗里德曼根据统计上的验证得出，美国在 1867—1960 年这段时期，利率每增加（或减少）1%，人们对货币的需求只减少（或增加）0.15%，即货币需求的利率弹性为-0.15。其他国家的统计资料也证实货币需求的利率弹性一般在-0.1 到-0.5 之间。货币需求缺乏利率弹性，成为货币需求函数具有稳定性的证据之一。

弗里德曼认为价格预期是引起货币需求变动的直接因素。价格预期会影响货币的购买力，因而它的变动会引起货币需求反方向变动，就是预期价格上涨率越高，预期货币购买力越低，由此会引起货币需求的下降，从而使货币流通速度加快，反之则结果相反。

13.2.2　通货膨胀理论

弗里德曼认为通货膨胀主要是货币现象，是货币供应量的增长率超过生产的增长率所造成的。

（1）通货膨胀始终而且永远是一种货币现象。即是说，每当货币流通量的增加（不论其因何而增加）超过了社会商品总产量的增加时，以此种货币衡量的一般物价水平就会提高。每单位产品的货币数量增加得越快，通货膨胀率也越高。即使在以商品作为货币来流通的条件下（如烟草、金、银等，其用作货币的数量多少，要受到物质上的限制），只要这种货币数量的增长比社会商品总产量的增长更快，通货膨胀就会发生。在实行金本位制时，如果发行更多的货币，就必须有商品的增加，否则，一部分货币就会退出流通领域。在纸币流通的情况下，它的发行量由货币当局决定。这种纸币发行量过多，超过了商品量的增长率，也就是说，超过流通中所需要的货币量。纸币是不能兑换黄金或金币的价值符号，它不能退出流通领域。因此就会出现通货过多的现象，即通货膨胀。在以纸币作为流通工具的条件下，货币数量的多少不再受到物质上的限制，货币的名义数量可以按任何一个比率来增加，通货膨胀的发生就愈加有可能成为经常发生的现象了。

弗里德曼认为在实施凯恩斯政策以前发生的通货膨胀和战争有关。在战争期间，政府为了筹借资金，而发行更多的货币，从而引起通货膨胀，当战争结束时，政府就采取货币紧缩政策抑制通货膨胀。所以，凯恩斯以前的通货膨胀都是有阶段性的。在第二次世界大战后，主要资本主义国家都实施凯恩斯主义政策，利用增加政府支出来刺激有效需求，因而扩大了货币的发行量，造成通货膨胀，这种通货膨胀是持续性的。

（2）货币供应量增加过快的原因。弗里德曼认为，货币供应量增加过快的原因有三个：一是政府开支迅速增长；二是政府推行充分就业政策；三是中央银行实行错误的货币政策。

对于政府增加支出，造成财政赤字，弗里德曼认为并不能片面地认为一定会造成通货膨胀。如果政府通过向私人借债或增加税收来增加支出，也就是把增加的支出转移出去，通过政府支出的增加来替代私人支出的增加，通过这种替代，是不会发生通货膨胀的。如果政府利用向中央银行出卖债券的方法来增加政府支出，则会发生通货膨胀，因为这实际上相当于政府增加了在中央银行的存款，也就是增加了货币供应量。

政府扩大支出的目的之一是增加就业，如果采取利用向中央银行出售政府债券来扩大支出，则不仅增加了政府的存款，也增加了银行的存款准备金。银行存款准备金增加了，对个人或企业的贷款能力也扩大了，从而可以增加企业的数目或扩大企业的规模，从而可以增加就业人数。

中央银行将货币政策的目标放在控制利率上面。当利率上升时，中央银行就增加货币供应量来降低利率；当利率下降时，中央银行就减少货币供应量来提高利率。如此，就造成了利率和货币供给的经常波动，使人们对价格无法预期，这就加深了通货膨胀。

正如货币数量的连续增加是通货膨胀的一个重要原因，并且是唯一的原因一样，降低货币增长率是医治通货膨胀的一个"药方"，并且是唯一的"药方"。

13.2.3　自由市场经济理论

现代货币主义认为资本主义商品经济是高度稳定的、最适应自我调节的制度，具有无危机发展和增长的内在潜力，用不着国家的干预和调节，因而现代货币主义经济学，推崇自由市场经济，反对凯恩斯经济学自由主义思想，反对政府干预经济。

弗里德曼认为对经济进行国家干预会引起许多问题。他认为，凡是在个人自由的成分较大、普通公民的物质享受在某种程度上有所增加、人们普遍对未来的发展抱有信心的地方，其经济活动主要是通过自由市场组织的；凡是在国家控制其公民经济活动的地方，凡是在详细的中央经济计划统治一切的地方，那里的普通公民就受到了政治的束缚，生活水平低下，无力掌握自己的命运。

弗里德曼认为计划经济模式中，参与活动的人并不是作为其本人，而是作为别人的代理人来行事的，他是在执行命令，奉命行事。理想的市场经济模式则是：在这种经济中，个人是作为追求其自身利益的本人而行事的，如果有谁是作为别人的代理人而行事的，他也是在自愿、双方同意的基础上这样做的。实际上，对于社会来说，不论是作为一种理想还是在现实经济中，都不存在纯粹的计划经济或纯粹的市场经济。他强调，虽然不存在任何真正令人满意的自由市场机制，但并不能说稍微背离完全的自由市场就是不可取的。首先，生产效率并不是人们追求的唯一目标，人们愿意为了一些别的目标而牺牲一点效率。其次，在某些事情如国防、公共服务等方面，市场机制是无能为力的，需要国家干预。再次，由于外部效应的存在，使得市场机制的运行存在不完善的地方，需要国家加以解决。因此，自由主义者并不是无政府主义者，他反对的只是无限制地一味扩大政府的职能，使它窒息自由市场机制的活力。

弗里德曼还指出，自由市场机制不但是国内贸易应遵守的原则，也是国际贸易中重要的政策。弗里德曼认为，自由贸易的世界好比是自由经济的国家，奉行贸易保护主义政策必然妨碍各国经济的迅速发展和人民生活水平的提高。19世纪50年代后英国将近一个世纪的自由贸易、明治维新后日本约30年的自由贸易以及现代香港的自由贸易，都充分证明了经济自由主义在国际贸易中的重要性。

13.2.4　自然失业率理论

自然失业率是弗里德曼提出的，指的是在没有货币因素干扰，劳工市场和商品市场的自发供求力量发挥作用的情况下，供求双方处于均衡状态时的失业率。

现代货币主义认为，依靠通货膨胀来减少失业率是不可能的。这是因为在资本主义社会，由于劳工市场和商品市场的不完全性，供给和需求的随机变动，获得有关工作空位和可利用的劳动力的情报的费用、劳动力流动的费用等，总会存在一个与此相应的包括摩擦性失业和自愿性失业在内的自然失业率。如果政府当局试图通过扩大货币供应量把市场的失业率降低到自然失业率以下，那么由于劳工最初没有预料到这种货币供应量的扩大会引起通货膨胀，产量和就业会暂时地得到增加。但过了一段时期之后，由需求增加所带动的物价上涨会使劳工的实际工资下降，它会影响劳工的预期，从而要求根据预期的通货膨胀提高他们的名义工资。这样雇主会发现增雇劳工于他们不利，于是纷纷解雇工人，市场失业率又回复到自然失业率的水平。如果在这种情况下政府当局仍然把降低市场失业率至自然失业率以下作为政策的既定目标，那么它就必须进一步扩大货币供应量。在经过一段时期的失业率下降之后，由于和上面同样的原因，失业率最终又回到原来的自然失业率水平。按照这个"自然率假说"，只要经过几个这样的反复过程，人们就会发现，通货膨胀和失业之间的交替关系从长期来看是不存在的。至于每一短暂时期所确实存在的通货膨胀和失业之间的交替关系，那是因为每当政府采取扩张性政策措施的时候，劳工和雇主无法预计到市场现在的这种干预所引起的后果，他们会把货币供应量的扩张视为名义需求的变化而调整其产量和就业。因此从短期来看，他们会被愚弄以致在提高价格的过程中同时增加产量和就业，从而形成短期菲利普斯曲线，长期来看，这种菲利普斯曲线是不存在的。

现代货币主义的经济政策主张归结于实行单一规则的货币政策。也就是不考虑利率、信贷流量、存款准备金等因素，而以一定的货币存量作为唯一支配因素的货币政策。现代货币主义的主要财政观点是：反对政府庞大化，主张从压缩财政入手控制资本主义经济的通货膨胀。反对通过减税和增加财政支出刺激经济和实现充分就业的财政政策。主张降低临界税率即高额累进税率，以鼓励从事生产性投资，实现经济高速增长。

13.3 对现代货币主义的评价

现代货币主义对于经济运行的分析，侧重于长期均衡的分析上，它所要传达的是资本主义存在着运用市场机制实现充分就业的长期趋势，以及拥有货币供应量干预权的资本主义国家政府在控制通货膨胀方面所具有的潜力。

现代货币主义是在西方出现"停滞通胀"现象，而凯恩斯主义无法解释的情况下成长起来的，它受到了资本主义世界的欢迎，而且对这些国家的经济政策产生了不同程度的影响。

然而，现代货币主义也存在着很多缺陷。

现代货币数量说忽视了货币的价值尺度职能。在金本位制情况下，商品的价格决定于商品自身价值以及黄金价值的大小，商品价值不变时，商品价格随黄金价值的变动而成反比例变动，这并不是由于货币流通量所引起的变动，而是由货币价值变动引起的。

现代货币主义对于通货膨胀的解释中过度强调货币供应量，而忽视了其他因素，如商品生产或商品生产成本等因素，这个观点值得怀疑。

现代货币主义政策在现实中的失败，更是凸显货币主义的缺陷。

英国从 1979 年 5 月算起，实行货币主义政策，第一年原计划将货币供应量增长率控制在 7%～11% 之间，实际增长率却是 22%。通货膨胀率由 1979 年 5 月的 8.5% 上升到 1980 年 8 月的 22%。1984 年虽卜降到 4%，但是全国总失业人数增加了 200 万，使总就业人数下降 9.5%，制造业产量下降了 13%，总投资额下降 42%，这是 1929 至 1932 年经济大萧条以来最糟糕的纪录。

在美国，奉行货币主义也并不有效。美联储 1979 年 10 月 6 日宣布，通过公开市场活动改变银行体系的储备来保证 M_1 与 M_2 缓慢而稳定的增长，从此不再依靠调节短期利率和公开市场活动来推行官方的再贴现率。结果货币供应量并未缓慢均匀的增长，而利率和通货膨胀率却上涨到前所未有的高度。1980 年 3 月利率高达 18.6%，通货膨胀率高达 15.2%，不久，这两者更涨到 20% 以上，是美国内战以来无论平时或战时均未见过的险状。货币学派不承认这是政策的错误，仍认为控制机制上有漏洞。1980 年通过的货币管制法案规定，凡吸收存款的银行，不论是联邦储备的会员银行，还是外国银行在美国的分行，一律确定了最低储备要求。但情况并未好转，货币供应仍然控制不住。一年半以后，货币主义的实验被迫停止，又恢复了传统的调节利率的政策。

本章小结

货币主义者强调货币因素对名义收入变动的决定作用，坚持市场经济具有内在自动稳定性的信条，认为不必对私人经济行为进行详尽的分析，就可以作出高度准确的宏观经济分析。

货币主义的理论基础是货币数量论，包括现金交易数量说和现金余额数量说。

弗里德曼认为人们对货币的需求受三类因素的影响：①收入或财富的变化；②持有货币的机会成本；③持有货币给人们带来的效用。

弗里德曼认为通货膨胀主要是货币现象，是货币供应量的增长率超过生产的增长率所造成的，对经济进行过多国家干预会窒息自由市场机制的活力，反对通过减税和增加财政支出刺激经济和实现充分就业的财政政策。主张降低临界税率即高额累进税率，以鼓励从事生产性投资，实现经济高速增长。

思考与训练

一、判断题

1. 货币主义者认为经济运行没有内在自动稳定性。 （　　）
2. 弗里德曼认为持久性收入对货币需求起着决定性的作用。 （　　）
3. 弗里德曼认为通货膨胀是货币供应量的增长率超过生产的增长率所造成的。
（　　）
4. 现代货币主义认为，依靠通货膨胀来减少失业率是不可能的。 （　　）
5. 现代货币数量说强调了货币的价值尺度职能。 （　　）

二、简答题

1. 货币主义者的特征有哪些？
2. 货币主义如何解释通货膨胀？

三、讨论题

探讨货币主义的政策主张在中国的适用性。

第 14 章　理性预期学派

学习目标

了解理性预期学派产生的背景，理解静态预期、外推型预期、适应性预期和理性预期的区别，了解理性预期学派的基本观点、政策主张和主要缺陷。

导入场景

在金融危机背景下，全球经济衰退敲响了自由市场经济的警钟。政府这只"看得见的手"将干预走向了前台，人们也许会问，市场失灵，政府作用会是理性的吗？从中央政府计划四万亿拉动经济，到各地政府放言十几万亿的猛烈投资，答案似乎并不简单。

理性预期理论认为，政府并不总是比公众高明，在理性预期条件下，人们早已预期了政府的经济政策及其实施后果，并作出了相应的预防措施和对策，正是所谓的"上有政策，下有对策"，使得政府的经济政策不能有任何效果。在理性预期下，经济主体总是设法利用一切可以获得的信息，而政府并不总是能获得所有可能的信息，导致政策制定存在一定的偏差。在理性预期学派框架下，如果经济不反复遭受政府的冲击，基本上就是稳定的。他们严厉批判了凯恩斯主义的经济政策，认为过多的政府干预只能引起经济的混乱，只有减少政府对经济生活的干预，充分发挥市场自身的调节作用，才能保持经济的稳定。卢卡斯指出政府干预越少，经济效率越高。政府只需要制定稳定的政策为私人经济活动提供良好的环境就可以了，而无需采取积极行动主义政策。

然而自由市场经济具有自身的局限性，仅仅依靠"看不见的手"是有诸多弊病的，美国次贷危机后经济的复苏需要依靠政府帮助重塑人们的信心。

作为社会主义国家，建国之后相当长时间里我国实行的是计划经济，经济发展受到了严重的制约。要大力发展经济就需要发展完善市场经济，然而，市场经济并不等于完全的放任自由而不加以管制干涉。

2007 年金融危机下，我国消费严重不足，消费仅约占 GDP 的 35%①，而产能占了 GDP 的 70%，也就是说我国有 35% 的产能是过剩的，而过剩的这部分就拿去出口，从而使得我国的经济与国外紧密挂钩。经济衰退使得国外消费大幅缩减，通过出口直接拉低了我国的经济增长。如果放任市场的自由，经济低增长的压力将越来越大，政府必须采取一系列的措施鼓励居民消费。

政府干预是否是理性的？在今天努力发展市场经济的国情下，我国是否应该积极实施

---

① 荣忠霞：《07 年消费额仅占 GDP 的 36% 左右 降幅超十年前》，载于新华网，http：//news. xinhuanet. com/politics/2008－01/03/content_7358060. htm，2008－01－03，内容有改动。

政府干预保障经济的健康运行？要回答这些问题，我们要从理性预期学派的基本理论知识学起。本章将从理性预期学派产生的背景出发，具体阐述理性预期学派的基本观点、政策主张和主要缺陷。

20世纪70年代，美国经济陷入了"滞胀"局面，凯恩斯主义的积极干预政策受到质疑，在这种背景下，旨在以理性预期方法说明凯恩斯宏观经济政策无效性的理性预期学派应时而生。1961年，约翰·穆思在一篇题为《理性预期和价格变动理论》的文章中首次提出了"理性预期"的概念。随后托马斯·萨金特，尼尔·华莱士、约翰·泰勒，爱德华·普福斯科特和罗伯特·巴罗等学者也相继发表论文，系统阐述理性预期问题，而1995年诺贝尔经济学奖获得者——芝加哥大学的经济学家罗伯特·卢卡斯无疑是该学派的核心，他在1970年发表了《预期与货币中性》一文。由于卢卡斯的杰出贡献，理性预期学派最终自成一家并产生了巨大影响。

14.1　理性预期

所谓"预期"就是指从事经济活动的主体（如个人、企业等）在决定其当前的行动以前，对未来的经济形势或经济变动所作的一种估计。例如，厂商在进行生产决策时，要对未来的商品生产价格和市场需求进行预测，然后才决定生产什么，生产多少以及如何生产；农民必须对各种农产品的未来价格进行预测来决定当前应种植哪些农作物；居民要预测未来货币价格（即利率）以及通货膨胀率等，以决定当期应更多的储蓄还是更多的消费。

在西方经济学中，对预期的关注由来已久，凯恩斯在《通论》一文中对货币需求、投资水平与经济周期的考察都是基于预期范畴进行的。但他所讲的预期是盲目的、变化不定的预期，以致成为经济不稳定、甚至周期波动的原因。从根本上讲，凯恩斯的预期观是"非理性"的预期观。作为凯恩斯反对派的货币主义代表人物弗里德曼所讲的预期则是适应性预期，指人们在进行预期的时候，事先没有掌握充足的信息，没有经过很严密的思考，也没有做很仔细的判断。此后经济学家约翰·穆思、罗伯特·卢卡斯等分别对预期进行了开创性研究，最终形成了以卢卡斯为首的理性预期学派。下面将以穆思的代表作《理性预期和价格变动理论》中的模型为基础，分析预期从非理性到理性的发展过程。

14.1.1　穆斯的例子

穆斯举的是一个农产品市场的例子。这种农产品面对的是一个向下倾斜的需求曲线。

$$Q^d = \alpha - \beta P_t \tag{14—1}$$

式中，Q^d 为市场需求，P_t 为当期的市场价格，α 与 β 为正的常数。另外，农产品的供给由于受前一期的播种面积决定，因此是刚性的。在前一期，预期当期农产品的价格越高，前一期的播种面就越大，今年的供给也就越多。所以，农产品的供给可以写为：

$$Q^s = \gamma P_t^e \tag{14—2}$$

式中，Q^s 为市场供给，P_t^e 为t-1期预期的t期的市场价格，γ 为正的常数。由市场出清条件 $Q^d = Q^s$，即 $\alpha - \beta P_t = \gamma P_t^e$，可以得到：

$$P_t = \frac{\alpha}{\beta} - \frac{\gamma}{\beta} P_t^e \tag{14—3}$$

由式（14—3）可以看出，在这个简单的例子中，市场价格与成交量完全由预期价格决定。而这个预期价格就是求解该模型的关键。下面将依次介绍四种预期决定的方法：静态预期、外推型预期、适应性预期与理性预期。

14.1.2　静态预期

在 t–1 时期预测 t 时期的价格等于（t–1）时期实际成交的价格 P_{t-1}，这种预期称为"静态预期"，数学表达式为：

$$P_t^e = P_{t-1} \tag{14—4}$$

将式（14—4）代入式（14—3）可以解出

$$P_t = \frac{\alpha}{\beta} - \frac{\gamma}{\beta} P_{t-1} \tag{14—5}$$

式（14—5）为一阶差分方程，当 $\gamma/\beta<1$ 时，价格 P_t 会收敛于一常数；当 $\gamma/\beta>1$ 时，P_t 会发散；当 $\gamma/\beta=1$ 时，价格会在两个数中轮流取值，呈现周期性的特征[①]。这就是著名的"蛛网模型"。

这种简单的静态预期无法很好的描述现实情况，因为人们一般不会用这种僵化的方式来建立对未来的预期，此外，蛛网模型虽然突出了预期的重要性，但由该模型所预测的蛛网特征在现实中并未被观察到。

14.1.3　外推型预期

为了克服静态预期过于简单的缺点，经济学家梅茨勒于 1941 提出了外推型预期的观点。他认为对未来的预期不仅应以经济变量的过去水平为基础，而且还要考虑经济变量未来的变化趋势。对 t 时期价格的外推型预期可定义为：

$$P_t^e = P_{t-1} + \varepsilon\,(P_{t-1} - P_{t-2}) \tag{14—6}$$

式中，ε 为预期系数，P_{t-1} 为 t–1 期价格，P_{t-2} 为 t–2 期价格。

任何时期的外推型预期都等于前一期的价格水平加上（或减去）一定比例的前两个时期的价格水平之差。如果 $\varepsilon>0$，则以前的趋势将保持下去；如果 $\varepsilon<0$，则以前的趋势将向反方向发展。如果 $\varepsilon=0$，则 $P_t^e = P_{t-1}$，即为静态预期。

14.1.4　适应性预期

1956 年，美国经济学家卡根提出了适应性预期理论。所谓适应性预期是指各个主体能够根据他们以前的预期的误差程度来修正每一时期的预期，其代数表达式为：

$$P_t^e = P_{t-1}^e + \eta\,(P_{t-1} - P_{t-1}^e) \tag{14—7}$$

式中，η 为适应系数，它决定了预期对过去误差进行调整的速度。$0<\eta<1$，因此，在进行适应性预期的条件下，下一时期的预期值等于当期预期值加上（或减去）一定比例的当期预期的误差值。如果 $\eta=1$，则有 $P_t^e = P_{t-1}$。将式（14—7）等号右边变形可得：

$$P_t^e = \eta P_{t-1} + (1-\eta)\,P_{t-1}^e \tag{14—8}$$

---

①　将（14—5）式等号右边的部分进行无穷次迭代，最终得到一个无穷级数：$P_t = \frac{\alpha}{\beta} \sum\limits_{i=0}^{\infty} (-1)^i \left(\frac{\gamma}{\beta}\right)^i$。当 $\left|\frac{\gamma}{\beta}\right|<1$，此级数收敛，即 P_t 收敛；当 $\left|\frac{\gamma}{\beta}\right|>1$ 时，该级数发散，则 P_t 也发散。

从式（14—8）可以看到，对下一期价格的预期等于当期价格与前一期预期价格的加权平均和。根据式（14—7）可得前一期价格 $P_{t-1} = \dfrac{\alpha}{\beta} - \dfrac{\gamma}{\beta}P_{t-1}^e$，即 $P_{t-1}^e = \dfrac{\beta}{\gamma}\left(\dfrac{\alpha}{\beta} - P_{t-1}\right)$。代入式（14—8）可得：

$$P_t^e = (1-\eta)\ \alpha + \left(\eta + \dfrac{\gamma}{\beta}\eta - 1\right)P_{t-1} \tag{14—9}$$

将式（14—9）代入式（14—5）可得：

$$P_t = \eta\dfrac{\alpha}{\beta} + \left(1 - \eta - \dfrac{\gamma}{\beta}\eta\right)P_{t-1} \tag{14—10}$$

差分方程（14—10）给出了在适应性预期下价格的动态变化过程。

适应性预期是经济学中普遍使用的预期形式。这种预期形式概念简洁，且在经验性运用上较为便利，预期系数 η 的统计估计值很容易得到。适应性预期模型在一个渐变的环境中，例如，美国 20 世纪五六十年代平均通货膨胀率在 2% 以下，能够有效发挥作用。然而，适应性预期机制的使用存在一些明显的问题。

首先，在适应性预期中，参数 η 居于核心的位置。模型解在很大程度上取决于 η。但是 η 的取值却是一个难题，无论从理论上还是实证上都无法得到令人满意的估计。

其次，适应性预期只是汇集了被预测变量的过去值，完全忽略了可能获得的与所测变量高度相关的同一时期的信息，因而当前可得的新信息无法在预期形成过程中发挥任何作用。例如，一个国家某一政党在大选中获胜的消息极有可能被用来修正关于通货膨胀水平的预测，但根据适应性预期假说，这一明显有用的新信息并不包括在决策其行为的预期中。

14.1.5　理性预期

上述三种预期各有特点，但有一个共同的缺陷，即三种预期没有建立在对经济行为理论深入考虑的基础之上。即使是较先进的适应性预期也只是依据对被预期的变量的过去数值来进行预测，不能充分利用与预期变量相关的其他变量提供的有用信息。1961 年，约翰·穆斯在《理性预期与价格变动理论》一文中，首先提出了理性预期假说。理性预期是指经济当事人为避免损失和谋取最大利益，会设法利用一切可以取得的信息，对所关心的经济变量在未来的变动状况作出尽可能准确的估计。

1）确定条件下的理性预期

假设经济中没有不确定性。这时我们要求预期是正确的，即 $P_t^e = P_t$，将该条件代入到方程（14—3）中，有：

$$P_t^e = P_t = \dfrac{\alpha}{\beta} - \dfrac{\gamma}{\beta}P_t^e \tag{14—11}$$

可以解得：

$$P_t^e = P_t = \dfrac{\alpha}{\beta+\gamma} \tag{14—12}$$

式中，$\dfrac{\alpha}{\beta+\gamma}$ 为对未来价格的理性预期。为了作出这样的预期，人们必须知道市场的需求曲线和供给曲线的形式，以及其中参数的取值。也就是说，人们在进行预期时要利用可以利用的一切信息，数学表达式为：

$$P_t^e = E[P_t | I_{t-1}]$$
(14—13)

式中，I_{t-1} 为 t-1 期的信息集，它包含了 t-1 期的所有信息。

2）不确定性下的理性预期

在一个确定性的模型中，人们准确的预见到未来的状况，所以理性预期成了"完美预见"（Perfect Foresight），但这并不现实，下面将在模型中引入不确定性。

现在模型的不同之处在于需求曲线还会受到一个零均值且每期都是独立分布的随机干扰项的影响，即需求曲线（14—1）中多了一项随机项：

$$Q^d = \alpha - \beta P_t + u_t$$
(14—14)

式中，$u_t \sim i.i.d.$ 为随机干扰项，且 $E[u_t | I_{t-1}] = 0$，也就是说，随机干扰项是无法预测的。市场供给曲线仍是（14—2）式。根据市场出清条件 $Q^d = Q^s$ 可得：

$$P_t = \frac{\alpha}{\beta} - \frac{\gamma}{\beta} P_t^e + \frac{1}{\gamma} u_t$$

理性预期要求 $P_t^e = E[P_t | I_{t-1}]$，而

$$E[P_t | I_{t-1}] = E\left[\frac{\alpha}{\beta} - \frac{\gamma}{\beta} P_t^e + \frac{1}{\gamma} u_t | I_{t-1}\right] = \frac{\alpha}{\beta} - \frac{\gamma}{\beta} P_t^e$$

所以由 $P_t^e = \frac{\alpha}{\beta} - \frac{\gamma}{\beta} P_t^e$ 可以解出：

$$P_t^e = \frac{\alpha}{\beta + \gamma}$$
(14—15)

t 期的真实价格为：

$$P_t = \frac{\alpha}{\beta + \gamma} + \frac{1}{\gamma} u_t$$
(14—16)

比较式（14—15）与式（14—16）可以发现，此时的理性预期与未来的实际值之间有差异，但这一差异是一个在 t 期才会实现的随机变量。这个随机变量的实际值在 t-1 期无法预测，因此，在 t-1 期所作的理性预期是给定了 t-1 期的所有信息后所能作出的最优的价格预测。比较式（14—15）与式（14—16）还可以发现，在理性预期下，人们对未来某变量的预期值就是该变量的数学期望。

一般而言，市场参与者在市场上存在一段时间以后，都会对市场有所了解。以农产品市场为例，一个有经验的农场主一般能够对未来农产品的价格进行比较准确的预测。因此在没有外界冲击时，农产品市场基本是比较稳定的，不会出现如静态预期或适应性预期所预测的那种波动。可见现实状况更支持理性预期假设。

14.2 理性预期学派的基本理论

14.2.1 理性预期学派的基本论点

理性预期学派认为，在进行经济决策时，人们不仅考虑现实的、客观的经济情况，而且用最大可能获得的信息对社会经济行为以及政府的未来行为进行预测，这样形成的预期一般较符合实际上即将发生的事实，即"理性的预期"。人们偶尔会犯认识上的错误，但决不会犯系统性的、持续性的错误。如果政府企图增加 10% 的货币供给量来促进经济增长和就业，人们就会有 10% 的通货膨胀预期。人们在确定房租、议定工资时，都可把未

来价格波动估计进去，定的高一些，以防止因通货膨胀而降低收入。

同时，由于政府对经济信息的反应不如公众那样灵活及时，所以政府的决策不可能如个人决策那样灵活，因此政府任何一项稳定经济的措施，都会被公众的理性预期所抵消，成为无效措施。甚至政府拟要实行的政策，其意向很快被公众猜透而采取防卫措施，迫使政府放弃实行。政府决策人只能在很短的时期内运用意外的、不可预料的手段来欺骗人们，暂时地达到某种政策目标。但是人们是不会长久受骗的。人们对于政策措施，最初也许无法预料，但很快就会警觉起来，产生合理的预期，从而抵销国家干预的预期效果。因此，理性预期学派认为，国家干预经济的任何措施都是无效的。要保持经济稳定，就应听任市场经济的自动调节，反对任何形式的国家干预，所以，一般认为理性预期学派是比货币主义更彻底的经济自由主义。

14.2.2　理性预期学派对凯恩斯宏观经济理论的批评

理性预期学派从分析方法入手，批判了凯恩斯主义的分析方法，指出其存在的问题，并用自己的心理预期方法取代或补充了凯恩斯主义的分析方法。理性预期学派认为，凯恩斯主义的分析前提是不现实的，分析方法是有缺陷的。

1）凯恩斯主义宏观经济理论缺乏微观基础

西方学者认为，既然宏观总量是微观个量的总和，而微观个量又是微观单位行为的后果，那么，研究宏观数量之间的关系的宏观经济理论是否正确必须取决于微观单位的行为，而微观单位的行为又是微观经济学研究的对象。所以，宏观经济理论必须具有微观经济学的基础。凯恩斯本人的理论并未注意到微观基础的问题，而在这个问题上，理性预期学派给予凯恩斯主义以沉重打击。

2）凯恩斯主义是无理性预期

凯恩斯主义的预期是无理性的预期，在这种预期下建立的经济模型只有在将来和过去的变动相似或差别不大时才大致准确，但未来是不确定的，是在不断变化着的，依据这种无理性的预期而建立的经济模型就不能符合现实。

3）凯恩斯主义理论体系自相矛盾

按照西方经济学公认的说法，同一类型的人的行为不应相互矛盾，因为行为自相矛盾的人是不合乎理性的，而合乎理性的人又是西方经济学的基本假设之一。但凯恩斯主义理论体系中所假设的人在两个或两个以上的函数或方程中具有不同的行为。例如，在消费函数中，劳动者之所以进行储蓄是为了将来的消费，而在劳动的供给函数中，他们又被认为是在现在的收入和闲暇之间进行选择。即是说劳动者在消费函数中考虑到将来，而在劳动的供给函数中只想到现在。换言之，在两个函数中，劳动者具有不同的行为。

此外，一项经济政策是否成功必须要从微观经济学的角度来考虑该政策是否能增加社会成员的福利，而不能仅根据凯恩斯主义的宏观经济数字来判别经济政策的成败，因为这一标准没有考虑到社会成员为此而必须支付的代价。

14.2.3　理性预期学派的政策主张

在理性预期学派看来，既然任何宏观经济政策对经济的干预都是无效的，都不能改变就业、产量等实际变量，那么政府还不如放弃这些政策，让市场机制去调节经济活动。然而，从另一方面看，理性预期学派并非是主张绝对经济自由的无政府主义者，他们反对实行相机抉择的财政货币政策，但他们也有自己的政策主张。

1）政府的政策目标只能是维持一定的物价水平

理性预期学派否认凯恩斯主义者所推崇的菲利普斯曲线，他们认为通货膨胀和失业即使在短期也没有此消彼长的替代关系，货币供给量的变动只影响物价水平，而不会影响就业率和产出量。由于理性预期的作用，提高货币供给量的增长率，只能加剧通货膨胀，就业和产出水平不会相应增长；而降低货币供给量的增长率，能缓解通货膨胀，但却不一定降低就业和产出，因而货币是中性的。另外，在他们看来，所有的失业都是"自然的"，所以政府没有必要把控制失业率作为政策目标之一。政府政策的唯一目标是确定理想的一般物价水平。

2）避免政策的多变性

"反周期"的财政政策和货币政策是具有规律性的，如果出现衰退，人们就会预期政府将实行扩张性的政策；如果过分繁荣引发了通货膨胀，人们就会预期政府将实行紧缩性的政策。这种规律性很容易被经济主体所掌握，理性的经济主体会作出相应的反应来守护自己的经济利益，从而抵消制定政策的作用。而突然出台的政策除了对经济产生冲击之外，也只在短期有效，还会加强人们的防范心理。因此，政府一方面应放弃对经济的干预，另一方面应制定取信于民的长期稳定的政策，放弃政策的多变性，以消除人们的防范心理，不再采取预防措施。就财政政策而言，政府应平衡预算以稳定经济；就货币而言，政府应明确地规定一个货币供给量的年增长率，即货币供给量的增长与经济增长保持一致，这样就会消除由于政府频繁干预经济而产生的持续性的通货膨胀的预期，物价就会趋于稳定，失业也不会增加，经济就不会有太大的波动。反之，如果政策多变，由于公众有能力掌握一切信息，能够作出理性的预期，政府的干预政策不仅达不到目的，还会干扰经济的正常运行。

14.3　对理性预期学派的评价

14.3.1　理性预期学派的分析特点

理性预期学派在分析方法上有以下几个重要的特点：

1）预期的形成本身成为经济分析的对象

理性预期学派的经济学家们认为，预期的形成本身就是经济行为的一个组成部分，因此应该确立一种经济分析方法，就像运用各种经济学原理去分析市场行为那样来分析预期的形成。

2）把经济活动当事者基于理性预期所可能采取的对策作为研究的对象

理性预期学派认为宏观政策的成功与否不仅决定于政策的制定者一方，还在于作为市场主体的企业和消费者的行为。企业和消费者的行为是宏观政策的制定者必须充分了解并在制定政策时予以充分考虑的。而在理性预期世界中，政府的需求管理政策是无效的，因为这一政策没有顾及到企业和消费者方面的理性预期行为的影响。

3）坚持新古典经济学的信条

在理性预期学派的理论分析中，始终坚持新古典经济学的如下三个重要的信条：第一，经济当事人的实际经济决策，例如关于储蓄、消费或投资的决策，只取决于实际的而不是名义的或货币的因素；第二，在经济当事人的有限信息之下，他们是一贯的和成功的最优先者，即他们连续地处于均衡中；第三，在评价经济环境时，经济当事人不会犯系统性错误，即他们具有理性预期。在经济分析中，强调经济变量的实际因素，对于经济当事人的决策的决定作用，以及强调经济当事人连续的实现均衡，是新古典经济学理论的基本特征。但是传统的新古典经济学不重视预期学派的作用。理性预期学派认为，人们的经济行为是随时根据信息进行调整的。以充分的信息为根据对未来的经济形势进行理性预期，从而决定了经济当事人的经济决策，这是理性预期学派对于新古典经济学的新的理论贡献。

此外，理性预期学派在分析方法上还有一些重要的特点，例如，它强调经济活动的动态分析，大量应用数学方法，对现代西方经济学产生了很大的影响。

14.3.2　对理性预期学派的批评

理性预期学派改变了传统的宏观经济分析方法，动摇了凯恩斯主义经济学的基础，推动了经济学的发展，特别是对政府经济政策的制定产生了深远的影响。但众多学者对其前提假设和对经济的适用性提出了异议，主要的批评可以归纳为以下几点：

1）理性预期的假定缺乏现实性

理性预期理论认为经济行为主体是完全理性的经济人，经济行为主体会尽其所能追求利益最大化。这就是包括理性预期学派在内的众多西方经济学派公认的"完全理性"假定。但由于人在生理和智力能力等方面的局限性以及外界事物的不确定性、复杂性，使人们在理解、解决复杂问题和处理信息方面的能力受到限制。因而，人们在进行经济决策时不可能达到完全理性的程度，至多只能达到"有限理性"的水平。虽然理性预期学派假定经济行为主体在决策时会利用现有信息进行经济计算，这固然没有错，但他们并没有考虑经济主体应如何以及以何代价获取信息。也就是说，他们的结论是以经济主体以无代价地获得任何信息为基础的。并且自从科斯的交易费用理论提出以后，这样的假定已遭受大多数经济学家的批评。既然经济主体在取得经济信息时要付出代价，因而经济主体获得信息的数量和质量不能不受到限制，在此基础上形成的预期也就不可能达到理想的状态。即使经济主体拥有较充分的信息，但面对错综复杂的经济环境，要他们进行完全符合经济运行的预期也是困难的。理性预期理论断言经济主体能作出理性的、与经济运行相一致的预期是没有根据的。

2）理性预期理论认为资本主义自由市场制度无所不能

理性预期学派秉承萨伊定律的衣钵，认为自由市场制度能自发调整商品供求，使市场实现全面的均衡。但事实和理论都证明这一观点是错误的。20世纪30年代席卷主要资本主义国家的经济危机以及西方经济理论中有关市场失灵的论述都对自由市场制度万能说提出了挑战。

3）理性预期理论的政策无效论不符合实际

理性预期学派主张政府在经济快速变化时期"无为而治"，他们认为自由竞争的资本主义市场能保证资本主义经济的产出量和就业量处于一种自然的均衡水平。但是，西方国家通过税收政策能够影响消费和投资已是事实，货币供给量的变动对利率、就业和产出的影响也很明显。另外，技术和自由贸易是否能创造就业机会？如果是的话，政府推动技术进步和促进自由贸易的政策是否有效？什么样的政策能够推动经济增长？类似这些当今困扰人们的问题，理性预期学派还未能提供令人满意的答案。因此，理性预期理论虽然解释了凯恩斯主义不能解释的一些经济现象，但以该理论为基础建立的模型并没有反映真实的世界。

尽管近年来卢卡斯及其追随者对某些极端的理论作了修正，并对检验作了极大努力，但至少到目前为止，其结果是不能令人满意的。宏观经济现象纷繁复杂，并非某个经济学派所能囊括。到目前为止，还没有某个经济理论能够解释全部经济现象。只要能在某些方面，在某种程度上解释经济现象并能自圆其说，那么该理论就应被认可。理性预期学派也正是从这种意义上来说是成功的。作为一种基本的分析工具和思想方法，理性预期学派的影响是广泛而深远的，该学派的思想和研究方法不仅在经济理论上得到广泛的应用（如关于投资、消费和外汇汇率的研究和分析就明显受理性预期学派的影响），而且在实践上也受到西方各国经济政策制定者的重视。

实际上，经济也不可能纯粹地按某一学派的模型运行，而似乎是按众多学派混合的模型运行，只不过在不同时期某一学派与经济事实更一致些。新旧理论之间及并行的各种理论之间的论争将不断延续下去，这也正是经济理论发展的重要动力之一。

本章小结

理性预期学派是对新古典综合学派的理论和政策提出挑战而兴起的。1961 年，约翰·穆思在一篇题为《理性预期和价格变动理论》的文章中，最初提出了"理性预期"的概念，这可以看作该学派的缘起。之后，卢卡斯、萨金特、华莱士等人循着理性预期的思路，研究了诸如工资、就业、失业、货币、通货膨胀、政府行为和经济政策的作用等一系列理论问题，并批评了凯恩斯主义的理论和政策，形成了独具特色的理论体系。

理性预期学派认为，人们在进行经济决策时不仅考虑现实、客观的经济情况，而且用最大可能获得的信息对社会经济行为以及政府的未来行为进行预测，这样形成的预期一般比较符合实际上即将发生的事实，即"理性的预期"。政府任何一项稳定经济的措施，都会被公众的理性预期所抵消，成为无效措施。要保持经济稳定，就应听任市场经济的自动调节，反对任何形式的国家干预。

理性预期学派认为菲利普斯曲线甚至在短期内也不存在。国家调节经济的措施，无论是短期还是长期内都是无效的。理性预期学派的菲利普斯曲线同货币主义长期菲利普斯曲线是一样的，为一条起自自然失业率的垂直线。

思考与训练

一、判断题

1. 理性预期学派认为个人和企业进行经济决策时形成的预期一般较符合实际将发生的事实。　　　　　　　　　　　　　　　　　　　　　　　　（　　）

2. 理性预期学派主张政府政策应当保持稳定。　　　　　　　　　　　（　　）

3. 理性预期学派认为人们的经济行为是随时根据信息进行调整的。　（　　）

4. 理性预期学派认为政府的政策将被公众理性预期行为抵消。　　　（　　）

5. 理性预期学派的政策无效论符合实际。　　　　　　　　　　　　　　（　　）

二、简答题

1. 什么是理性预期？理性预期与静态预期、适应性预期等有何区别？

2. 分析和比较凯恩斯主义、货币主义以及理性预期学派的菲利普斯曲线有何异同。

三、讨论题

搜集资料，从理性预期的视角讨论 1998 年至今中国房地产市场上个人、开发商和政府之间的互动行为。

第 15 章　供给学派

学习目标

了解供给学派的产生背景、理论渊源和代表人物，理解供给学派的基本理论和政策主张，了解供给学派与凯恩斯学派及货币主义学派的分歧。

导入场景

第二次世界大战后 30 年期间，美国奉行以需求管理为主要内容的凯恩斯主义，实行扩大内需的经济政策，对美国经济增长发挥了重要作用。直到 70 年代，尤其是 1973—1974 年和 1979—1980 年的两次石油危机形成的负向供给冲击使当时的美国经济陷入滞胀的漩涡。80 年代的里根政府经济管理的核心由需求转向供给，于 1981 年和 1986 年分别提出"经济复兴计划"和税制改革方案，借此实现了长达 92 个月美国历史上位列第 3 的最长增长期。

相比美国 20 世纪 80 年代前的经济环境，我国目前的宏观环境有着较大的相似度，两者都处于痛苦的产业结构升级前的困境之中。早年就有学者指出我国过剩经济不是全面的过剩，而是结构性的过剩，产业结构严重不合理。市场上一般商品过剩，无效供给过多，而高新技术产品则需要大量进口；大量劳动人口失业的同时，高端人才严重短缺；经济建设领域重复投资、重复建设，造成资源浪费。要推动我国经济增长，就需要在执行扩张性财政政策的同时把注意力放到"供给"方面，实施向供给倾斜的管理政策。①

从 1997 年开始，我国政府不断推出支持鼓励中小企业发展的政策，比如中小企业融资平台的构建。2008 年，党中央、国务院审时度势发布或者授权发布了一系列结构性减税政策。国家需要重点扶持的高新技术企业，减按 15% 的税率征收企业所得税，并对技术创新企业以及农林牧渔业实行税收优惠政策；小规模纳税人征收率统一调低至 3%，将矿产品增值税税率恢复到 17%；提高现行成品油消费税单位税额，不再新设立燃油税等。

里根在 1981 年初入主白宫后，在减税政策方面基本采纳了供给学派主张。如个人所得税税率从原来的 14 级（11%～50%）减少到 1988 年的 2 级（15% 及 28%），另对高收入者课以 5% 的附加税，合并最高税率为 33%，比原来降低 17 个百分点。我国政府也有类似的举措，反映了我国政府已经开始重视对供给方面的调整。之前我国也一直受凯恩斯需求管理政策的影响，扩大消费的经济政策的制定也多以考虑需求为主，供给经济学为我国扩大内需提供了一个新的理论指导方向。

我国扩大消费的经济政策的制定应该以需求为方向还是以供给为方向？两者的政策在

---

① 吴敬琏：《当代经济改革战略与实施》，载《亚太经济时报》，1997-07-13，内容有改动。

促进经济增长上存在着怎样的区别？政府应该如何适度调配需求管理政策和供给管理政策？前面我们已经对凯恩斯的需求管理进行了介绍，要回答上面的问题，我们就得首先知道供给学派的具体内容。本章我们就将了解到供给学派的具体理论和政策主张，以及与凯恩斯学派的分歧，并且掌握供给学派在消除"滞胀"问题上与货币主义的不同。

供给学派是20世纪70年代兴起于美国的一个经济学流派。该学派因强调"供给创造需求"而得名，又称供应学派。供给学派认为一个国家的国民生产总值增长率主要取决于劳动力和资本等主要生产要素的供给及有效使用；企业与个人提供生产要素和从事生产经营活动，都是为了谋取利润和报酬，取得实际收入。该学派主张充分发挥自由市场对生产要素的供给和利用的调节作用；政府的税收应该成为刺激供应、增加生产和实际收入的工具。与其他学派相比，供给学派具有鲜明的特点，其理论和政策主张出现不久即被英美等国政府所接受，并据此迅速制定政策加以贯彻执行，这在经济学史上是少见的。其原因是什么呢？我们将详细分析供给学派产生的背景、基本理论、政策主张、理论渊源以及供给学派与凯恩斯主义和货币主义的争论。

15.1　供给学派产生的背景

15.1.1　产生背景

供给学派产生于经济发展史中的一个特殊的历史时刻——20世纪70年代美国经济"滞胀"时期，经济发展停滞，同时伴随着通货膨胀。它为当时的里根政府所重视，随着"里根经济学"的运用而大放异彩，也随着"里根经济学"的衰落而衰落。供给学派注重供给，与凯恩斯主义注重需求恰恰相反。

我们来回顾一下供给学派产生的大背景——"滞胀"。

"滞胀"产生于20世纪70年代初期，其生成有几个重要的原因。首先，在第二次世界大战至20世纪70年代初期这一阶段，美国、西欧等发达国家长期实行凯恩斯主义的需求管理政策，刺激了经济飞速增长。然而，进入20世纪70年代以来，美国经济陷入了"滞胀"的怪圈，即经济发展停滞，并伴随着通货膨胀。凯恩斯主义无法解释"滞胀"，更谈不上解决。凯恩斯主义认为经济发展停滞和通货膨胀不会同时出现：在凯恩斯主义的眼中，需求决定供给，当经济衰退时，意味着有效需求不足，政府采取扩张性的政策增加有效需求，这样，经济会走出衰退，同时会产生通货膨胀；当经济过热时，政府采取收缩性的政策降低有效需求，这样，经济会从过热向正常过渡，同时通货膨胀会得到缓和。美国经济的"滞胀"让凯恩斯主义束手无策。正是在这种情形下，出现了一批鼓吹从经济的供给方面来解决"滞胀"的学者，供给学派就这样诞生了。

15.1.2　理论渊源

供给学派的理论渊源是古典的宏观经济分析，可追溯到重商主义和重农学派。重商主义要求政府重视税收的效果以及制定政策保持生产的低成本。重商主义认为可通过出口补贴和提高进口税收的方法促进贸易顺差。重商主义还重视生产的低成本，如工资．他们认为低工资能刺激生产，降低生产成本，扩大顺差。重农学派也强调税收政策的重要性，主张只征收单一的地租税，取消其他所有税收，以减轻地主和产业资本家的税负，有利于资本积累。

亚当·斯密的著作《国民财富的性质及其原因的研究》首次在经济问题的研究中确立了"供给边"的中心地位。这一供给分析中心地位的确立，在西方经济学中延续了一个多世纪，直到马歇尔的《经济学原理》为止。但在《经济学原理》中，马歇尔对微观经济的供给分析和需求分析是并重的。1936 年凯恩斯的《就业利息和通货膨胀》彻底抛弃了经济学给予供给分析以高度关注的传统。从上述概括中可发现，供给学派的产生是有理论渊源的。

具体来说，亚当·斯密强调劳动和资本（数量与效率）在经济发展中的关键地位，坚决主张："要想增加财富，就必须强调促进生产、总供给和增长。"之所以强调供给，是因为斯密相信对大多数商品的需求是"无限大的，社会对自私自利、欲望的扩大和增多所造成的压力，促使货币收入者赶紧将其收入花掉或进行投资"。其中，供给支配需求，从而主宰经济增长与发展的思想，后来被让·萨伊所继承发展。重视劳动和资本的作用，以及认为货币数量的增加对增长没有可以预料的长期影响等，都使斯密转而非常关注租税政策。他提出了税收的四项准则：公正、确定性、支付方便和筹税经济。他说，"每一项税收均应这样制定，应该尽可能地少把钱从人们的口袋里拿出来和少把钱置于人们的口袋之外。超过这种程度，就会使钱流入国家财政部"，从而对经济增长起阻滞作用。斯密认为，对劳动工资征收的直接税是"不合理和有害的"，它会导致就业减少以及国家土地和劳动每年所创产品的减少。同时，对资本和利润课税也会给储蓄和投资带来消极影响，引起资本外流，从而对经济增长不利。综合这些分析，斯密清楚地认识到："有时高税率会使课税商品的消费减少，会刺激走私。因此，政府在高税率条件下所获的税收额，往往会比低税率条件下的税收额还少。"显然，斯密对租税政策的讨论实质上就是拉弗曲线内在规定的初始形式。

时隔不久，由斯密给经济理论所择定的方向出发，以供给分析为中心的思想就被推至极端：供给第一。其典型代表是让·萨伊的"萨伊定理"，即供给会创造它自己的需求。李嘉图也坚信"萨伊定律"内容的正确性。

总而言之，供给学派的理论渊源，基本上都是围绕着注重"供给边"的理论和强调"减税"政策的重要性这两个方面。

15.2 供给学派的代表人物

在美国，供给学派存在着所谓"极端的供给学派"和"温和的供给学派"之分。"极端的供给学派"又称"纯粹的供给学派"或"激进的供给学派"，由于其观点更鲜明、更富有特色，西方经济理论界又将其冠以"正统的供给学派"之名。"温和的供给学派"也称为"传统的供给学派"，与"极端的供给学派"的区别不在于其基本理论和思想方面，而在于它们对各自政策主张的效果所持的预期和判断不同。

15.2.1 "极端的供给学派"的代表人物

最早提出现代供给学派理论基本思想的，是加拿大籍美国哥伦比亚大学教授罗伯特·蒙代尔。1971 年，蒙代尔就批评美国政府通过增税方法来抑制通货膨胀的做法，而主张一方面紧缩货币供给量以抑制通货膨胀，另一方面实施减税，刺激经济增长，而减税之后，政府的税收未必减少，因而不一定会增加政府预算赤字。供给学派最引人注目的代表人物当算阿瑟·拉弗。拉弗提出的描述税收与税率之间关系的拉弗曲线形象解释了税收政策对经济的影响，成为供给学派的思想精髓。其他代表人物有裴德·万尼斯基、保罗·克雷·罗伯茨、乔治·吉尔德、杰克·肯普等。万尼斯基所著《世界运转方式》被认为是供给学派的第一部理论著作；吉尔德的《财富与贫困》阐述供给学派的资本和分配理论，被誉为是供给经济学的第一流分析；罗伯茨的《供应学派革命》影响也较大。

15.2.2　"温和的供给学派"的代表人物

"温和的供给学派"的代表人物首推美国国家经济研究局局长、里根经济顾问委员会主席、哈佛大学教授马丁·费尔德斯坦，他强调要靠资本积累和市场刺激而不是政府干预来减轻社会弊病；建议应使失业津贴也成为可征税对象，以便使领受者更积极地去寻找工作；倡导应把折旧放在重置成本基础上，而不放在历史成本基础上，这样就能促进更大的资本积累等。他最出名的理论当属说明财政赤字水平对资本形成和通货膨胀的影响及其相互关系的"费尔德斯坦曲线"。其代表作有《美国税收刺激、国民储蓄与资本积累》。其他代表人物还有迈克尔·K.埃文斯等。

15.3　供给学派的基本理论

15.3.1　供给与生产率是经济发展的决定因素

经济运行的决定因素是供给与需求，供给与需求共同决定着价格，主导着稀缺资源的分配。但是经济运行的决定因素经常被经济理论家曲解。经济学家对经济运行的决定因素的理解大致可以分为三个阶段：供给创造需求、需求决定供给、供给创造需求。

从亚当·斯密到萨伊，这个阶段资本主义经济在局部发展阶段，经济学家们认为无须探求"需求"问题，供给创造需求。然而，1929年爆发的经济危机，使凯恩斯主义认识到"有效需求不足"。一直到20世纪70年代初，凯恩斯主义占据统治地位，这时占优的是需求决定供给。进入20世纪70年代以后，凯恩斯主义的宏观需求管理政策失灵，无法解决"滞胀"难题，这引起了人们的进一步思考，逐渐把目光由宏观需求管理政策转向微观供给管理政策，这又是新阶段的供给创造需求。

供给学派认为经济发展取决于生产率的提高，理由是生产率的提高扩张了供给，供给创造需求。回顾一下20世纪70年代以来美国劳动生产率的情况：第二次世界大战后，美国劳动生产率很高，经济高速发展，但是进入到70年代以来劳动生产率逐步下降。据统计，自1968年以来，每个工时的产量增长率已从1948—1968年的平均3.1%下降到1968—1973年的平均2.1%，1973—1980年，私人企业劳动生产率的增长率平均数为0.6%，只相当于1968年以前20年的增长率平均数的1/5，1979—1980年，劳动生产率的增长是负值，即劳动生产率在下降。针对这种情况，供给学派认为，由于政府的宏观经济政策一直是针对总需求管理的，税收和政府开支被用来增加消费，而认为供给仅仅是依赖于需求，不需要进行供给管理，这种一边倒的宏观经济政策引发了滞胀。

15.3.2　拉弗曲线

供给学派的税收理论受到人们的格外重视，这种税收理论通常通过以阿瑟·拉弗的名字命名的拉弗曲线来进行图解。拉弗曲线描述的税率与税收的关系不同于凯恩斯主义的描述。凯恩斯主义将税率与税收的关系抽象为税率的提高将增加税收，但是阿瑟·拉弗认为提高税率并不必然能够增加税收。拉弗认为，在一般情况下，税率越高，政府税收越多；但当税率的提高超过一定限度时，企业经营成本提高，投资减少，收入减少，即税基减小，反而导致政府税收减少。

1）拉弗曲线概述

在经济学界，美国供给学派经济学家拉弗（Arthur B. Laffer）知名度颇高，他以拉弗曲线著称于世，并当上了里根总统的经济顾问，为里根政府推行减税政策出谋划策。

拉弗曲线简单明了，其命题是："总是存在产生同样收益的两种税率。"其主张政府必须保持适当的税率，才能保证较好的财政收入。与拉弗同时代的供给学派另一代表人物裘德·万尼斯基（Jude Wanniski）对此作出了扼要解释，"当税率为100%时，货币经济（与主要是为了逃税而存在的物物交换不同）中的全部生产都停止了，如果人们的所有劳动成果都被政府征收，他们就不愿意在货币经济中工作，因此由于生产中断，没有什么可供征收100%税额，政府的收益就等于零"，税率从0～100%，税收总额从零回归到零。拉弗曲线必然存在一个转折点（某一税率），在该点以下，即在一定的税率之下，政府的税收随税率的提高而增加，一旦税率的增加越过了这一转折点，政府税收将随税率的进一步提高而减少。拉弗曲线认为：税率高并不等于实际税收就高；税率太高，人们就不愿意进行生产，税基必然很小，相应地，税收也就很低了；只有在税率达到一个最优值时，实际税收才是最高的。

拉弗曲线的一般形状如图15—1所示，横轴表示税率，纵轴表示税收，可以理解为：在原点 O 处税率为零时，将没有税收收入；随着税率增加，当税率位于 C 点处，税收达到最高额；当税率在 B 点（100%）时，没有人愿意从事经济活动，所以税基为零，税收也为零。因此曲线是两头向下的倒 U 形。拉弗曲线说明，当税率超过图中 C 点时，挫伤积极性的影响将大于收入影响。所以尽管税率被提高了，但税收却开始下降。图 15—1 中的右边部分被称为税率禁区，当税率进入禁区后，税率与税收收入呈反比关系，要恢复经济增长势头，扩大税基，就必须降低税率。只有通过降低税率才可以双赢——收入和国民产量都增加。

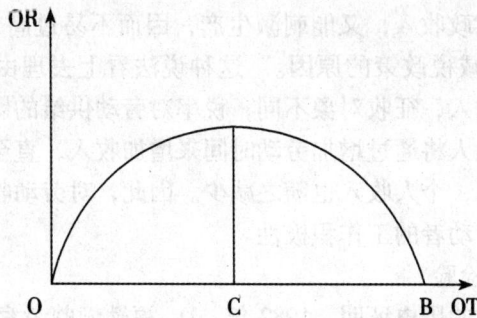

图15—1 拉弗曲线

2）拉弗曲线理论的提出及内容

拉弗曲线并不是严肃的经济学家精心研究的结果，而是拉弗 1974 年为了说服当时福特总统的白宫助理切尼，使其明白只有通过减税才能让美国摆脱滞胀困境，即兴在华盛顿一家餐馆的餐巾纸上画的一条抛物线，所以被戏称为"餐桌曲线"。

3）拉弗曲线的理论局限性

理论上，拉弗曲线缺乏体系的完整性，它仅是解决滞胀的一种对策而已，具有一定的局限性，主要表现在以下几点：

第一，拉弗曲线为减税提供的理论基础比较薄弱。在开放经济条件下，资本比劳动力更易在国际上自由流动。投资者会选择税率低的国家和地区，低税率给资本输入国家和地区带来就业和税收收入的大幅增长。资本的低税率"比较优势"，使开放经济的税率与税收的函数关系表现为一条单调递减的曲线。而劳动力受国家政策、文化环境、历史背景等多方面因素的影响，国际流动很困难。在这点上，拉弗曲线最多只能为降低企业所得税提供理论依据，而无法为降低个人所得税提供理论依据。

第二，拉弗曲线描述的是长期经济条件下税率对税收和经济的影响。在短期，各项政策从制定到实施，再到结果，具有一定的"时滞性"。正是这种"时滞作用"，使短期税率与税收的函数关系表现为一条单调递增的曲线。

第三，拉弗曲线忽视了阶层分析方法，只注意了收入与赋税的关系，而忽视了收入后面不同收入阶层的人群，把不同收入的人简单地抽象为"人们"。累进税分为超额累进税和全额累进税两种，各国一般采用超额累进所得税。累进税意味着，收入越多，征税的比例越大。低收入者并不负担高税率，因而不会受高累进税率的伤害。真正负担高税率的只是高收入者额外高的那部分收入，所以高税率只对这部分收入产生较大副作用。

第四，拉弗曲线的工作观是功利的，不能完全解释人们努力工作的原因。高累进税率影响工作的结果可能有三种：一种是拉弗曲线所预言的，一些高收入者宁愿要更多的闲暇而不是更多的工作；一种情况是一些人会更努力工作，以便赚更多的钱来弥补赋税的损失；对于那些从自己的工作中获得巨大成就感的医生、科学家、艺术家以及企业经理们将为 8 万美元就像为 10 万美元一样付出同样的努力。

第五，拉弗曲线将个人收入全部视为劳动收入，而忽视了非劳动收入。根据拉弗曲线，边际税率越高，闲暇的代价就越小，因而旷工增加，加班减少，人们用于提高技术水平的时间也相对减少，因此，高边际税率妨碍人们的工作积极性，劳动生产率下降。"合理的税率应当既能获得财政收入，又能刺激生产，因而不易过高，这也是西方国家 20 世纪 70 年代之后经常使用减税政策的原因。"这种说法看上去理由充分，但是，个人所得分为劳动收入和非劳动收入，征收对象不同，税率对劳动供给的影响亦不同。随着个人所得税率的逐步增加，理性人将通过增加劳动时间来增加收入，直至工作极限；然后，增加闲暇时间，减少工作时间，个人收入也随之减少。因此，对劳动收入轻征税、对非劳动收入重征税，有助于鼓励劳动者的工作积极性。

4）拉弗曲线的实践检验

拉弗曲线没有被既往的历史证明。1982 年，D. 福勒顿曾考察了几个有关工作努力程度对税率的反应的实例，计量研究之后做出了美国几十年来实际的拉弗曲线，最大税收点应位于实际经济所实行税率的右边。该研究得出了与供给学派不同的税收观点，即减税将引起税收按比例减少。

此外，拉弗曲线也没有提供正确的政策指导。无论是拉弗曲线的支持者还是反对者，其关注和争议的焦点，不在于该曲线的一般性理论内涵，而在于其政策性含义。针对 20 世纪七八十年代（1973—1982 年）的滞胀现象，供给学派在拉弗曲线的基础上，提出了减税政策。他们认为减税政策能够使美国经济走出滞胀的泥潭，在促进总产出的同时政府收入不受影响。20 世纪 80 年代，减税政策在美国得到了充分实践。减税改善了滞胀，但其代价却是巨额的财政赤字。可见，拉弗曲线并未发挥正确指导政策的作用。

15.4　供给学派的政策主张

供给学派的政策核心是：减税、经济自由和政府行为的非生产性，以及货币增长的稳定、适度和可测。

15.4.1　减税

减税即降低边际税率，是供给学派供给管理政策体系的关键手段。在对减税效应的分析方面，迈克尔·K. 埃文斯的描述最为系统。埃文斯认为减税效应主要集中在以下十个方面：第一，税率的降低，提高了个人所拥有的资产报酬率，从而会增加个人储蓄的积极性，这种较高的储蓄导致较低的利率和较高的投资。第二，降低公司税率或类似的措施，如增加投资税优惠或使折旧提成自由化，由于提高了纳税后的平均报酬率，直接有利于投资。第三，较高的投资导致生产率提高，这意味着每单位投入能够产出更多的产品和服务，有利于使单位产品成本下降，从而缓和通货膨胀。第四，公共部门的生产率增长很少或不增长，而私人部门生产率增长得快，把资源从公共部门转移到私人部门，就提高了生产率的总增长率。第五，生产率的较快增长，能够产生更多的产品和服务，可满足减税带来的需求，从而使得经济平衡增长，而不至于产生供不应求的现象。第六，较低的税率使增加工资的要求更加节制，因为实际收入因减税而提高了，工人没有遭受由于进入较高税收等级所带来的实际收入损失。第七，较低的通货膨胀率增加了实际可支配收入，从而增加消费、产量和就业。第八，较低的税率会提高工作积极性，使得工作质量得到改进，生产数量得以增加，而这又反过来进一步提高生产能力，也有助于缓解通货膨胀率的上升。第九，较低的通货膨胀率引起净出口增加，这会稳固美元的价值。这又使通货膨胀率进一步降低，因为进口品的价格下降了，而不是提高了。第十，生产能力提高，能够生产更多用于出口和国内消费的物品，因此更加强了美元的实力，减少输入性通货膨胀。

除了减税的效应外，供给学派还分析了减税的原则、时机、规模与方式等内容。减税的原则是消减边际税率，并不改变税收的累进性质。减税还存在一个时机选择问题，比如，当人们认为赤字问题最重要时，减税政策就会退到一边。因为减税政策不是万能的，所以供给学派又提出其他的政策主张。

15.4.2　经济自由和政府行为的非生产性

供给学派倡导经济自由，反对政府对经济进行不必要和不适当的干预。供给学派也承认政府的一些干预给经济带来了增长，但同时也指出，从长远来看，政府对经济的大量干预，会给经济造成重大损失。政府部门通过增加税收、发行债券或发行货币等手段筹措资金，用以干预经济，而这些会挤占私人部门的资源。供给学派认为私人部门的效率高于政府部门的效率，因而减少政府部门不必要和不适当的干预非常必要。相应的对策就是减税、减少政府开支从而缩减政府债务，保持稳定的货币政策。

反对政府对经济的不必要和不适当干预并非完全杜绝政府干预，而是要规范政府的干预行为。规范政府行为益处多多，这给私人部门的经济增长提供了更为广阔的空间，也带来了经济的自由化。供给学派的经济自由并不是完全复归古典经济学，不是经济的放任。在供给学派看来，倡导经济自由并不否认政府干预，所否定的是政府的过度干预。

15.4.3　货币增长的稳定、适度和可测

供给学派所追求的是无通胀或低通胀的经济增长，他们认为，通货膨胀的很重要的原因是高税收，是税收制动器的效应。供给学派认为，可行的货币政策，从货币供应量的角度，既不能多，也不能过分紧缩。因为如果在政府削减税收和预算计划被通过及政策实施之前，货币发行太少进而导致经济衰退，那么，收入下降和赤字扩大将危及减税，而失业增加将使削减政府开支十分困难。因而供给学派认为，不应在减税前实施任何紧缩性货币政策。

供给学派还认为，在特定的条件下，紧缩性的货币政策计划不仅不能解决通货膨胀问题，相反，它甚至会强化导致通货膨胀的成因。这是因为，"鉴于以往的政策经验，人们已学会了预期一次经济衰退之后必然是货币量的膨胀，因此，他们对通货膨胀的预期会在经济复苏之前就上升，这将使经济衰退期间的利率居高不下"，并导致控制通货膨胀计划的破产。可见，供给学派的"从紧"只是适度的。

供给学派还进一步强调货币供给量的稳定性。供给学派认为，金融市场不安定的真正原因并非赤字，而是对政策不稳定的恐慌，因而，安定金融市场就必须提供一个稳定的政策环境。

15.5　供给学派与凯恩斯主义、货币主义的争论

15.5.1　供给学派与凯恩斯主义的争论

供给学派与凯恩斯主义分歧的出发点在于需求还是供给是经济中最重要的一面。供给学派认为供给第一，而凯恩斯主义认为需求第一。

凯恩斯主义认为"有效需求决定供给"，供给学派提出了反对意见。在供给学派看来，20世纪30年代的大萧条是政府不恰当的干预行动所造成的，如30年代具有惩罚性的抬高税率、货币供应量大幅缩减以及故意销毁农产品等反供给措施等。到了20世纪70年代，凯恩斯主义的需求管理政策对滞胀更是束手无策，供给学派认为只有供给管理政策才能解决滞胀问题。

供给学派与凯恩斯主义的分歧主要有以下几点：

1）储蓄是抑制还是保障经济增长

储蓄属于总供给，投资属于总需求。凯恩斯主义强调投资对经济增长的促进作用，而供给学派则强调储蓄对经济的保障作用。问题的焦点在于储蓄对经济增长的作用。储蓄在凯恩斯主义中被视为"漏出"，意味着对经济增长的一种制约，这一理解是基于大萧条的背景，当时的资本积累无关紧要，储蓄的继续增加是有害的。供给学派基于滞胀的背景，认为储蓄被抑制是导致经济增长受阻的真正原因。没有较高的储蓄率，就没有较为强劲的

资本形成能力，因而也就没有较高的投资率，也就没有较快的经济增长。供给学派认为，提高储蓄率进而提高资本形成率是唯一的"长期解决办法"。

凯恩斯主义视储蓄为"大敌"，是因为储蓄"过多"使消费（它等于收入减储蓄）减少，使经济中的总需求水平下降，从而使投资吸引力削弱，进而使经济增长受阻。而供给学派则认为，储蓄的增加将使资本形成率上升，使经济增长加速进行。值得注意的是，双方均承认投资在经济中的关键作用，但是，在凯恩斯主义的总需求概念中，支出（包括居民户消费需求和政府购买需求）是第一位的，而投资则是第二位的，消费支出是"第一推动力"，哪怕在投资不增加的情况下，依靠现有资本存量而增加消费支出，同样能使经济增长。而在供给学派的视野里，储蓄成了经济的第一推动力，但它同样重视投资，认为投资是经济增长的必不可少的条件，只是它把高投资率视为高储蓄率的结果。

2）财政政策如何影响经济

供给学派与凯恩斯主义都强调财政政策对经济运行的作用，但它们对于财政政策影响经济的内在机理的理解有很多差异，因而在财政政策上也集中反映了两派间的分歧。

首先了解一下这两派对税收作用的认识。凯恩斯主义主张实行高额累进所得税制，其认为：政府干预在市场中主要通过经济手段来实现，为此必须依赖于大量的政府财政支出，即使凯恩斯主义并不追求年度预算平衡，但还是要求实现周期性预算平衡，而长期维持财政支出的主要手段要借助于高额累进所得税制。相反，供给学派认为，高额累进所得税制不利于经济发展。依据拉弗曲线所指出的政府税收与税率的双重对应关系，高额累进所得税制其实压低了国民收入水平。供给学派认为，在短期，高额累进所得税制可能会增加政府收入，但是从长期来看，这种行为倾向于降低经济中的投资水平，抑制经济的内在活力。供给学派并不认为高额累进税制是经济运行的"内在稳定器"，而认为高额累进税制是阻碍经济的"税收制动器"。供给学派主张减税，这种减税应当是永久性的。减税在凯恩斯主义看来，只是在衰退期刺激需求的权宜手段，而供给学派认为减税应是直接增加供给的有效手段。

对支出作用的不同认识也是两派的重要分歧之一。凯恩斯主义对政府支出的经济效应有极高的预期。根据"有效需求不足"定律，凯恩斯主义认为，扩大政府支出可弥补私人部门投资和消费需求间的缺口，以实现充分就业。尽管减税也能起到类似作用，但减税被凯恩斯主义视为第二位的政策手段，认为减税不足以构成对投资（资本边际效率）和消费（边际消费倾向）强有力的刺激。供给学派的观点正好与此相反，他们认为应该减税，限制政府支出。其理由是：滞胀正是长期实行凯恩斯扩张财政政策的恶果。就长期而言，政府支出过度扩张的最终结果是耗尽私人部门的储蓄，政府支出既不增加供给，也不增加就业水平的真实上升，而仅仅是对现行失业加以掩盖。

3）就业政策与货币政策的差异

供给学派与凯恩斯主义在就业政策和货币政策上，同样存在差异。

就业政策：凯恩斯主义认为，经济中存在着长期的有效需求不足问题，因此经济中存在着非自愿失业，非充分就业是资本主义经济的常态。根据这一认识，凯恩斯主义认为，经济能够自动达到充分就业均衡的古典经济学仅仅是一个特例。因此，凯恩斯主义主张国家干预以实现充分就业。供给学派对凯恩斯主义的就业政策予以否定。供给学派认为将失业归结为有效需求不足是片面的，凯恩斯主义关于失业反映需求不足的观点显然是大萧条经验的产物。解决失业问题的途径在于消除对劳动力市场的错误刺激和破坏，新的就业政策应着眼于供给方。供给学派的就业政策反映了其理论向"古典主义"的复旧，蕴含着对经济自由的向往，蕴含着只要保证了经济的活力和市场机制的积极作用，经济就能发展、充分就业就能够"自动"实现的思想。强调供给导向的就业政策，实际上也是重现了"萨伊定律"。

货币政策：在凯恩斯主义看来，货币政策不如财政政策重要，因为货币政策的传递路径复杂且不易控制，相比之下，政府支出能更好地服务于需求管理的政策目标。供给学派成员对货币政策重要性的看法不尽一致，总的倾向是强调以减税为特征的财政政策，而把货币政策看作围绕削减边际税率这一核心政策的配套政策工具，但这种配套并不是机械和被动的。为营造较好的、宽松的宏观经济环境，货币政策就显得相当重要了。

15.5.2 供给学派与货币主义的争论

货币主义与供给学派在很多认识上有共同之处，但是，由于它们对所面临的经济问题的分析角度与方法不同，因而经济理论与政策主张也有种种分歧。这部分的分析将集中于货币政策的重要性、滞胀的出路以及相关的货币制度等方面。

1）货币政策的重要性

供给学派在对货币的重要性问题的认识态度上不如货币主义坚定。"货币最重要"是货币主义的宣言。供给学派对此无法全盘接受。供给学派虽然也注重货币政策，但它所注重的货币政策是围绕削减边际税率这一核心政策主张的。货币政策固然重要，但它仅仅是供给学派政策实施的前提而已。

2）货币政策的稳定性

货币主义始终坚持货币政策的稳定性。供给学派在货币政策稳定性问题上，受到货币主义的影响，认为正确的货币政策应该是稳定、适度和可测的货币增长。但是，供给学派并没有一味地追求货币数量的稳定，并没把货币政策作为稳定经济的唯一手段。货币政策稳定很重要，但是并不是供给学派政策的终极目标，只有在实现经济增长的过程中，货币政策的稳定性才具有现实意义。

3）如何对付滞胀

对于如何解决滞胀，供给学派与货币主义给出了不同对策。如前所述，供给学派认为对付滞胀的主要方法是削减边际税率。其主导思路是，通过削减边际税率来提高生产率，随着税基的扩大，在一段时间之后，实现财政预算的"自偿"平衡，再通过其他措施的配合，使经济运行的实际状态回复到以低赤字或预算平衡为基础，资本形成率大大提高的水平，这使经济增长遵循低通货膨胀其至无通货膨胀的运行轨迹。

货币主义也认同削减税率是个有效的方法，但是认为削减税率仅仅能够解决低速增长的问题，不能解决通货膨胀的问题。通货膨胀要靠抑制货币供给量来解决。货币主义认为，通货膨胀和低速增长是两个问题，因而对于滞胀所采取的措施就不应是单一核心政策，而应是两方面的。对于通货膨胀而言，最主要的应是抑制货币供给量的增加。对于低速增长问题，弗里德曼没有死守住货币政策不放。他认为，为解决低速增长，最重要的是要解决两方面的问题：一个是过高的边际税率，另一个是政府对价格、工资的管制以及过于烦琐的各类规章制度。

4）货币数量的可控性与"金本位制"

在货币主义看来，货币政策是最重要的，它主张实施"单一规划"，坚持货币政策的稳定性。由此看来，货币主义认为货币数量是可控的。弗里德曼等人认为，如果中央银行致力于控制银行的存款准备金或货币基数（银行据以创造货币的基础），政府就足以控制经济，既能保持价格稳定又能取得满意的经济增长率。

供给学派与货币主义相反，对货币可控性持否定看法。其认为，货币数量的控制是不现实的，因为银行、公司一直在创造各种新的信用凭证来充当货币，货币学派所称的货币甚至连定义都无法规定，更谈不上控制了。在对货币数量可控性提出质疑的基础上，供给学派否定纸币制度，提倡恢复"金本位制"。供给学派认为，"金本位制"不会限制经济的增长，相反，会使公众对美元产生信心，对未用于消费的收入在未来的购买力抱有信心。良好的价值预期将使公众停止对诸如住房等不动产的投机活动，增加储蓄，从而在金本位恢复之后的一段时间内，可靠的储蓄所引起的生产性投资将会翻番，这种投资活动将使经济走向繁荣。

15.6　供给学派的实际应用——"里根经济学"

里根政府的经济政策受到供给学派的深刻影响，并实践了供给学派的诸多政策主张。但是里根政府并未完全遵循供给学派的经济理论。"里根经济学"所体现的经济理论，远超出了供给学派的经济理论视野。按照美国著名经济学家保罗·萨缪尔森的评价，"里根经济学"实际上是"各种观点的大杂烩"，它以"自由放任和芝加哥式的市场经济学"为前提，由供给学派、现代货币主义和传统的保守经济学派的理论和观点糅合而成。

作为"里根经济学"支柱的供给学派、现代货币主义和传统的保守经济学派，都试图使自己最关注的问题置于中心地位：供给学派设法通过削减边际税率来提高经济增长水平；货币主义则以为"唯有货币最重要"，力主实行货币主义的货币政策来平抑通货膨胀；传统保守经济学派最为担忧的与上述两者不同，它认为预算平衡是经济健康运行的先决条件。不可否认，供给学派的理论和政策主张在"里根经济学"中取得了中心地位，其减税政策主张，在里根经济复兴计划中确实占据了突出的地位，但在里根进行美国税制改革的过程中，减税法案屡受挫折，多次反复。迫于日益增加的赤字压力，而削减政府支出又困难重重，增税就在所难免。

总之，美国 20 世纪 80 年代的经济发展史说明，"里根经济学"自身的矛盾与美国经济政治社会重重矛盾的结合，必然导致"里根经济学"走向破产，供给学派种种美妙的政策构想没有得到实现。同时，随着"里根经济学"的隐没，供给学派也成了在美国经济理论与政策世界中昙花一现的现象。

本章小结

供给学派产生于经济发展史中的一个特殊的历史时刻——20 世纪 70 年代美国经济滞胀，即经济发展停滞，同时伴随着通货膨胀。它为当时的里根政府所重视，随着"里根经济学"的运用而大放异彩，也随着"里根经济学"的衰落而衰落。供给学派注重供给，与凯恩斯主义注重需求恰恰相反。

供给学派的理论渊源,基本上都是围绕着注重"供给边"的理论和强调"减税"政策的重要性这两个方面。供给学派认为经济发展取决于生产率的提高。其理由是生产率的提高扩张了供给,供给创造需求。供给学派的税收理论受到人们的格外重视,这种税收理论通常通过以阿瑟·拉弗的名字命名的拉弗曲线来进行图解。拉弗认为,在一般情况下,税率越高,政府税收越多;但当税率的提高超过一定限度时,企业经营成本提高,投资减少,收入减少,即税基减小,反而导致政府税收减少。

供给学派的政策核心是:减税、经济自由和政府行为的非生产性,以及货币增长的稳定、适度和可测。

供给学派与凯恩斯主义分歧的出发点在于是需求还是供给是经济中最重要的一面。供给学派认为供给第一,而凯恩斯主义认为需求第一。

供给学派与货币主义的分歧涉及货币政策的重要性、稳定性以及治理滞胀的对策等方面。

思考与训练

一、判断题

1. 供给学派强调需求创造供给。 （　）
2. 供给学派认为经济增长率主要决定于生产要素的供给及有效使用。 （　）
3. 拉弗曲线的命题是:"总是存在产生同样收益的两种税率。" （　）
4. 供给学派主张经济自由。 （　）
5. 供给学派认为储蓄的增加将使经济增长加速。 （　）
6. 供给学派强调货币供给量的稳定性。 （　）

二、判断题

1. 供给学派与货币主义的区别在哪里?
2. 供给学派与凯恩斯主义的区别在哪里?

三、讨论题

现阶段供给学派在中国是否适用?

第16章 开放条件下宏观经济的内外均衡

学习目标

了解开放经济以及内外均衡的含义，理解蒙代尔—弗莱明模型和内外均衡的冲突，理解实现内外均衡的政策搭配、政策选择和效果以及三元悖论，了解内外均衡理论的新发展。

导入场景

过去几十年间，中国实行对外开放政策，经济从封闭走向开放，并逐步扩大开放的广度和深度，融入国际分工体系，成为经济全球化进程的主动参与者。加入 WTO 以后，在新的国际环境下，中国有必要调整战略导向，需要在更加开放的条件下谋求竞争优势。

从 1994 年到 2010 年，我国国际收支经常项目和资本与金融项目呈现持续"双顺差"的局势。自 2003 年以来，在美元汇率持续下跌的背景下，美、日等发达国家纷纷指责中国通过人民币汇率低估扩大出口，进行不公平对外贸易，使得人民币面临巨大的升值压力。这种格局使得人民币对美元的汇率由 2005 年 8.2 下降为 2010 年的 6.77 左右，给我国的出口创汇企业带来了压力，同时热钱的涌入也推高了我国房地产和大宗商品的价格。同时由于贸易顺差导致我国外汇储备快速增长，在现在的金融背景下，我国外汇处于被动局面，陷入了所谓的"美元陷阱"。

受金融危机的影响，经常项目净收支下降。然而数据显示，2010 年，我国涉外经济总体趋于活跃，国际收支交易呈现恢复性增长，总体规模创历史新高，与同期国内生产总值之比为 95%，较 2009 年上升 13 个百分点。经常项目收支状况持续改善，顺差与国内生产总值之比为 5.2%，与 2009 年的比例基本持平，仍明显低于 2007 年和 2008 年的历史高点。受欧洲主权债务危机影响，我国资本与金融项目顺差年内呈现一定波动。[①]"十二五"规划纲要明确提出，国际收支趋向基本平衡是"十二五"时期经济社会发展的主要目标之一。

可见，我国的经济受国际与国内多方面因素的综合影响。一国宏观经济均衡包含着内部均衡和外部均衡，外部均衡则是由汇率、外汇储备等因素决定。除了第 9 章介绍的内部

---

① 国家外汇管理局国际收支分析小组：《2010 年中国国际收支报告》，http：//www.safe.gov.cn/model_safe/tjsj/pic/20110401141159144.pdf，2011-04-01，内容有改动。

均衡的实现，在开放经济条件下，我们还要加入国际部门进行经济的内外均衡分析。所以我们就需要学习本章内容，了解开放经济以及内外均衡的含义。要加入国际部门，应该如何建立模型从而进行均衡的分析？内外均衡的宏观经济目标之间又如何协调？怎样进行政策选择和搭配可实施宏观经济政策调控，实现内外均衡？本章将具体介绍蒙代尔—弗莱明模型和内外均衡的冲突，并详细说明内外均衡的政策搭配、政策选择和效果以及三元悖论。

　　在全球经济一体化的今天，开放性已经渗透到经济的方方面面，而宏观经济的内外均衡则是开放经济中的重要课题。本章从国民收入模型说起，将我们的视野从封闭引向开放，经济的开放性必然带来了一系列新的问题需要面对：政策目标的变化、国际经济非均衡的传导、经济内外均衡的冲突和实现。本章的重点在于开放经济中蒙代尔—弗莱明模型对内外均衡的分析以及 IS—LM—BP 曲线对宏观经济政策搭配和效果的探讨，这也是本章的难点所在。

16.1　开放条件下的宏观经济

16.1.1　国民收入模型：由封闭走向开放

　　让我们再回到前文分析的国民收入恒等式。在一个封闭经济中，涉及的经济部门只有家庭、企业和政府，国内的总支出等于总产出。那么封闭经济中的国民收入可以用以下两个等式来描述：

供给等式：$Y=C+S+T$ (16—1)

需求等式：$Y=C+I+G$ (16—2)

式中：Y 为国民收入；C 为消费；S 为储蓄；T 为税收；I 为投资；G 为政府支出。国内的总供给等于总需求，封闭经济中若投资与储蓄不平衡就会造成宏观经济的失衡。

　　然而在开放经济中情况就不一样了，它除了封闭经济中的三个部门还涉及国际部门。国际部门通过贸易及生产要素流动与国内各经济部门产生联系。[①] 因此，开放经济中的国民收入恒等式为：

供给等式：$Y=C+S+T+M$ (16—3)

需求等式：$Y=C+I+G+X$ (16—4)

$Y=C+I+G+NX$ (16—5)

式中：M 为进口；X 为出口；NX 为净出口（也称为贸易余额）。根据总需求与总供给之间的恒等关系，我们得到另一个很重要的式子：

$(I-S)+(G-T)=M-X$ (16—6)

　　等式左边的第一项反映国内储蓄与私人投资之间的差额，第二项反映政府的财政收支差额，代表的是宏观经济的内部均衡状况，等式的右边代表的是宏观经济的外部均衡状况，它表明一个经济体的内外均衡是紧密联系在一起的。

　　再看式（16—5），这是一个包含了国际贸易和资本流动的总模型。由于国民储蓄 S^* 为 $Y-C-G$，那么将其简单变换可得到：

---

　　①　张小蒂等：《宏观经济学》，351 页，杭州，浙江大学出版社，1997。

$$S^* - I = NX \tag{16—7}$$

储蓄和投资之间的差额被称为国外净投资，那么，开放经济中国外净投资要与贸易余额保持平衡。从国际收支平衡表上来看，可以解释为经常项目的余额和资本与金融项目的余额要保持平衡。通过式（16—7）我们更进一步地了解了外部均衡。

16.1.2　国际经济的非均衡传导

对于一个国家来说，宏观经济内外均衡之间的联系远超过了上面所分析的复杂程度。在开放条件下，各国之间的经济联系使得外部非均衡在国际传导，进而对一国的内部均衡也产生影响。根据一国经济与外部交流的形式我们将分别分析国际商品流动、国际资本流动、国际劳动力流动以及国际信息流动带来的非均衡传导。

国际商品流动是国际经济非均衡传导的主要渠道。如果一国或地区具有重大国际影响的商品（如能源）价格发生较大变动，那么势必会对其他国家的该种商品的国内价格产生影响，这是一个直观的传导途径。同时，由于贸易乘数的存在，国际贸易的变化会导致国民收入以更大的倍数变化，因此这种国际非均衡在传导中被无形地放大了。决定国际经济非均衡在商品流动中传导程度的因素包括：一国的开放程度、它的国际贸易地位、贸易的地区结构以及该国的经济体制和经济政策。一国的开放程度越高，它的经济与国际市场之间的联系就越紧密；一国的国际贸易额和供需量占世界贸易的比重越大，它的经济对世界经济的依赖越强，国际经济波动对其影响的速度、深度和广度就越大。如果一国的贸易地区结构过于单一，国际非均衡的传导对其的影响也会越大。最后，不同的经济体制和经济政策也会对非均衡的国际传导机制产生不同程度的作用，因此，一国政府可以通过选择不同的汇率制度、搭配运用经济贸易政策来调节经济的内外均衡状况。

国际资本的流动同样为国际非均衡的传导提供了重要的渠道。当一国经济出现失衡时（如通货膨胀或经济衰退），国内利率水平的变化必然带来国际资本的流动，若该种流动大规模地发生，国际资本市场的利率肯定会受到影响，从而该国（尤其是国际经济中的大国）的失衡影响到了其他国家的经济和资本流动。在外汇市场上，各国资本流动的变化很可能带来各国外汇市场的失衡，货币面临升值或贬值的压力。面对该种压力，为了维持固定汇率，当局要在外汇市场上购买或抛售本币，被迫改变国内的货币供给；采用浮动汇率的国家也会由于汇率变动而影响进出口状况。这两种情况都会对经济的内部均衡造成冲击。

与国际商品流和国际资本流相比，国际劳动力流和国际信息流在国际经济非均衡传导中发挥的作用有限。国际劳动力的流动造成的外汇的汇入、汇出会影响到国际收支的平衡，同时大量的劳动力流动也会影响到工资水平的变化。信息非均衡传导是指由于信息形成的示范效应、各种信息交易以及各种信息引起的预防行为而形成的非均衡。[①] 通过信息流而进行的国际经济非均衡的传导在重大国际事件和危机时期会有一定的表现。

16.1.3　宏观经济的政策目标

经济从封闭走向开放意味着一国在处理好国内经济事务的同时还要处理好对外经济事务；在追求经济均衡的过程中不仅要应对来自经济体本身的问题，还要预防和处理国际经

---

① 杨培雷：《国际经济学》，359 页，上海，上海财经大学出版社，2007。

济的非均衡传导；在制定经济政策时既要考虑对国内产出、通货膨胀和就业的影响，也要注意对国际收支的作用。因此，与封闭经济相比，开放经济条件下，一国的宏观经济政策显然有了新的内容。

正如我们前面所说到的，封闭经济中，一国政府所关注和追求的就是经济增长、充分就业和通货稳定。政策当局运用货币政策和财政政策进行宏观调控以实现经济的内部均衡。然而开放经济条件下，经常项目和国际收支平衡成为政策当局不可避免和必须追求的内容，这样一国宏观经济的政策目标由原来的三个增加到四个。政府对经济进行调节的中心任务是在实现经济稳定发展的同时，确定经济合理的开放状态。国民经济稳定增长，劳动力充分就业，经济没有衰退和就业不足，物价水平稳定，没有严重的通货膨胀，国际收支平衡，即使存在赤字或盈余也是在一个合理的范围内。随着各国政府对财政收支情况的关注，目前财政收支平衡也成为一个重要的宏观经济目标。

这四个宏观经济目标会在不同时间和不同情况下成为政策当局首要的追求。我们可以把这四个目标大体分为两类：内部均衡目标和外部均衡目标，理想的状态是一国经济同时实现内外均衡。各国的经济实践表明，内部均衡一般会被给予优先考虑，但是当一国经常项目出现严重失衡时，外部均衡甚至会成为宏观经济的首要目标。

16.2　开放经济中内外均衡的关系

16.2.1　内外均衡的内涵

从宏观经济的四个目标来分析，内部均衡指的就是一国的经济处于充分就业状态，无通货膨胀，并且保持稳定的经济增长；外部均衡则是要达到国际收支平衡。但是，在国际经济实践中，如何去判定"均衡"取决于人们对于这四个目标所描述状态的"价值判断"。

最先提出内部均衡概念的是英国经济学家米德，他认为一国的内部均衡就是要达到无通胀的充分就业状态。随着 20 世纪 50 年代菲利普斯曲线的出现，人们认为均衡状态是菲利普斯曲线上的某个点，是一对失业率和通胀率的组合。但是当自然失业率的假说普遍被大家接受的时候，人们更倾向于把内部均衡状态看作在自然失业率水平下的低通货膨胀率和稳定的经济增长。因为在长期失业率水平保持自然失业率，如果政策当局企图使失业水平降到低于自然失业率，那么经济就会处于超充分就业，这样只会带来通货膨胀。同样，过分地追求无通货膨胀也不利于刺激经济的增长。为了后面分析的简便性，本章对于内部均衡的定义沿用米德的论述。

外部均衡最初的概念来源于一国与国外的经济交易所达到的理想状态，它的概念虽然只有短短几个字却包含着灵活的价值判断。我们肯定不能简单地将"外部均衡"与"国际收支差额为零"等同起来，更不能单纯地看国际收支平衡表的余额，因为国际收支平衡表永远都是会计平衡的。与内部均衡类似，人们对外部均衡的认识和界定也是一个不断发展的过程。布雷顿森林体系下，汇率固定，资本管制，因此外部均衡往往以经常项目平衡为表现形式。20 世纪 70 年代之后，汇率开始浮动，经常项目的不平衡可以通过汇率的调整和国际资本的流动来进行平衡，这时人们关注的焦点在于国际收支总差额的平衡。可是 20 世纪 80 年代以来，国际资金流动带来的问题日益突出，人们意识到要对国际收支的结构进行监控和调整；同时对于外部均衡的理解更是突破了年度的限制，国家应该从动态的视角对国际收支作出战略性的安排。出于便于分析的角度考虑，本章把外部均衡简单理解为合理的经常项目余额。

内部均衡的分析我们在封闭经济中已经理解得比较透彻了，这里需要进一步对外部均衡的标准作一个简单的阐述。常用的衡量合理的经常项目余额的标准主要有两个：经济理性和可维持性。[①]

全球范围内，一国的经常项目盈余来自于其他国家的经常项目赤字。在前面的分析中我们得出一国的贸易余额与国民储蓄和投资的差额是保持一致的。那么，所谓的经济理性就是说一国的经常项目余额状况应反映该国相对别国的时间偏好差异和资本边际生产率的差异等经济理性条件。这里的时间偏好指的是对消费时间的偏好。居民偏好即期消费的国家，储蓄率低，进口需求相对较高，则它的经常项目表现为适当赤字时为正常状态；偏好未来消费的国家有较高的储蓄率，则它合理状态下的当期经常项目应表现为一定的盈余。同理，资本边际生产率较高的国家，资本流入，则经常项目的正常情况应为适当的赤字；资本边际生产率较低的国家，资本流出，则经常项目会表现为一定的盈余。但是，这样的结论是建立在国际资本能够完全自由流动和没有清偿风险的假设之下，而实际情况却比这要复杂很多。那么评判外部均衡的另一个标准——可维持性就显得更加重要，因为经济是一个长期的动态过程，无论是国际债务人还是国际债权人都将面临清偿的问题，因此要考虑经济的跨期预算约束。

16.2.2　蒙代尔—弗莱明模型：内外均衡关系的描述

在封闭经济中我们对于宏观经济均衡的分析主要建立在凯恩斯的 IS—LM 模型之上，在开放条件下我们用于分析的模型称为蒙代尔—弗莱明模型。蒙代尔—弗莱明模型是一个小型开放经济的 IS—LM 模型，它把国际资本流动融入到模型中，并且假设所研究的经济是一个资本完全流动的小型开放经济。基于这个假设就得到了一个重要的结论：该经济体的国内利率 r 等于世界利率 r^*。因为一旦名义利率在某种情况下提高了，那么国际资本会迅速涌向该国，使利率水平下降到国际利率水平，用公式表示为：

$$r=r^* \tag{16—8}$$

现在我们来推导开放经济中的 IS^* 曲线，由于模型中利率恒等于世界利率，所以我们这里将体现汇率与产出之间的关系。回想在本章第 1 节中对于商品市场均衡的描述式 (16—5)，这里我们给出每个变量在此模型中的影响因素：

$$Y=C(Y-T)+I(r^*)+G+NX(e) \tag{16—9}$$

式中：消费由可支配收入（Y-T）正向决定；投资由世界利率 r^* 正向决定；净出口由名义汇率 e 负向决定。假定国内物价水平 P 与国外物价水平 P^* 均固定，那么实际汇率 $\varepsilon = eP/P^*$ 则与名义汇率同比例变动。这样，如果名义汇率升值，相应地本国商品相对于外国商品就贵了，自然引起出口的减少和进口的增加，也就是 NX 减少了，NX 的减少直接带来了总收入 Y 的下降，因此，IS^* 曲线如图 16—1 所示。

投资、政府支出、净出口以及汇率的上升都会引起 IS 曲线向右移动，因为它们都能导致国内收入的增加；向左移动的情况与之相反。

---

① 姜波克：《国际金融新编》，24 页，北京，高等教育出版社，2008。

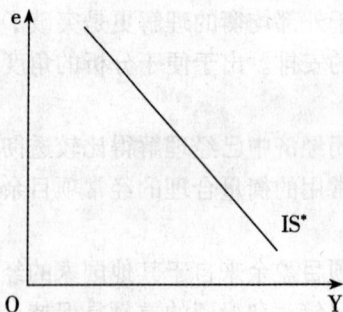

图 16—1　IS* 曲线

接下来，我们来看蒙代尔—弗莱明模型中 LM* 的推导。和封闭经济中的 LM 类似，表示货币市场均衡的公式仍然是：

$$M/P = L(r^*, Y) \tag{16—10}$$

所不同的是，这里实际货币需求由世界利率 r^* 负向决定，由收入 Y 正向决定。在短期，国内物价水平一定并且货币供应量由货币当局外生决定，所以在 r^* 不变的情况下，式（16—10）决定了收入水平 Y，那么 LM* 的曲线形状如图 16—2 所示。

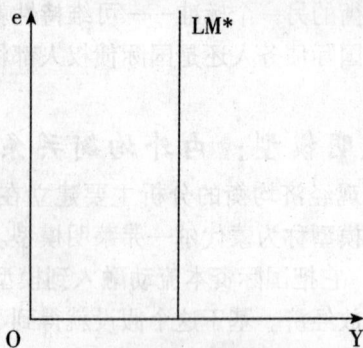

图 16—2　LM* 曲线

因为汇率不是决定货币市场均衡的因素，因此，只要世界利率保持不变，LM* 就决定了总收入的水平，在这个坐标系中 LM* 曲线就是垂直的。本国货币供应量的上升以及汇率的下降均是引起 LM 曲线右移的因素，因为它们均能引起实际货币余额的增加，为了保持平衡，则必须有更高的收入水平来保证相应的货币需求；左移的情况则与之相反。

式（16—9）和式（16—10）就是蒙代尔—弗莱明模型所描述的宏观经济均衡状况，在一个坐标系中表示就更加明朗，也更易于分析。

图 16—3 中，IS* 曲线和 LM* 曲线的交点表示了满足商品市场和货币市场均衡时的收入水平和汇率水平。任何单独处于 IS* 曲线或 LM* 曲线上而异于交点的情况都表明经济未处于内外同时均衡的状态。运用蒙代尔—弗莱明模型我们就可以具体分析不同的汇率制度下，不同的政策对于汇率和产出的影响，从而得出实现内外均衡的办法。

从该模型中也许我们还不能很直观明了地看到内部均衡和外部均衡的关系，下面我们回到外部均衡的目标——国际收支平衡的分析。

从国际收支平衡表来看，国际收支主要由经常项目余额和资本与金融项目余额决定，因此，如果经常项目和资本与金融项目的余额都达到均衡，那该国的外部经济显然是均衡

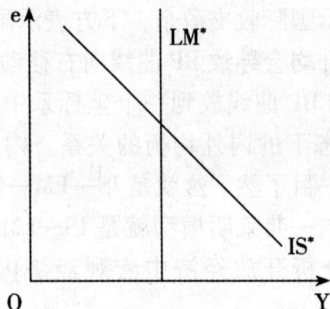

图 16—3　IS* 和 LM* 曲线

的，但这种情况并不是常态。这样，我们就把经常项目和资本与金融项目的收支之和为零作为我们推导的目标，来推导反映国民收入和国内利率之间关系的国际收支平衡曲线，即 BP 曲线。根据国际收支等式：

$$BP=CA+K=X(e)-M(e, Y)+K(r, r^*, E_e)=0 \tag{16—11}$$

式中：CA 为经常项目余额，由出口额 X 与进口额 M 之差表示；K 为资本与金融项目余额。因为本币贬值，净出口增加，所以 $CA'(e)>0$；又因为边际进口倾向 $0<M'(Y)<1$，所以 $-1<CA'(Y)<0$，综合得出国民收入提高，净出口将下降，但是净出口下降的幅度小于国民收入增加的幅度。资本项目受国内利率、国外利率和预期汇率决定，假定国外利率和汇率预期一定，那么 K 就由国内利率决定，国内利率提高，国外资本流入，资本与金融项目出现顺差。在资本与金融项目出现顺差的情况下，经常项目要出现逆差来保持 BP 等于零，也就是说国民收入 Y 会增加，因此在国际收支平衡模型中，国民收入 Y 与国内利率 r 成非减函数关系。[①] 根据资本流动的不同状况，BP 曲线呈现三种不同的斜率状况（如图 16—4 所示）。

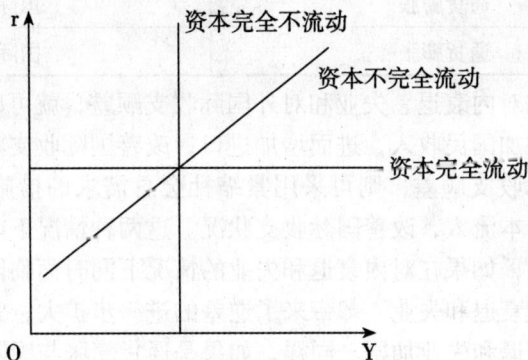

图 16—4　BP 曲线的三种不同情况

资本完全不流动时，BP 曲线与横轴垂直，因为国际收支中没有资本与金融项目的影响，利率变动不会引起国民收入的变化。BP 曲线的左边表示国际收支盈余，右边表示国际收支赤字。资本完全流动时，BP 曲线水平，因为任何经常项目的不平衡都可以通过国际资本的迅速流动来弥补。资本不完全流动时，BP 曲线斜率为正，资本流动程度越高，

---

① 顾建平、陈瑛：《宏观经济学》，158 页，北京，中国财政经济出版社，2007。

曲线斜率越大。曲线的上方表示国际收支盈余，下方表示国际收支赤字。自主性的出口增加或进口减少，以及汇率的上升均会导致 BP 曲线向右移动，反之则向左移动。

这样我们把 IS—LM 曲线和 BP 曲线放到一个坐标系中就可以更好地分析在不同的汇率制度中、不同的资本流动状态下的内外均衡的关系。内外均衡是否达到，有怎样的关系，应该怎样调整，从图上都一目了然。这就是 IS—LM—BP 曲线，也是蒙代尔—弗莱明模型的扩展，因为实际上蒙代尔—弗莱明模型就是 IS—LM—BP 曲线中 BP 曲线水平的情况。IS—LM—BP 曲线是我们分析开放经济中宏观经济内外均衡以及经济政策的重要工具。

16.2.3 内外均衡的冲突

四个宏观经济目标构成了内外均衡的目标，往往这四个目标之间是不协调的。比如追求经济增长和充分就业的目标都会带来国民收入的增加，假设边际进口倾向既定，收入的增加必然引起进口的增加，从而使国际收支状况恶化。如果一国通过降低汇率的方式来增加出口，改善国际收支状况，这样就提高了进口商品的价格，如果国内市场对进口商品的依赖较大，则会引起国内物价的上涨。

米德认为在固定汇率制度下，一国主要依靠改变社会总需求的政策来实现经济的均衡，而往往内外均衡难以兼顾，发生冲突。表 16—1 是开放经济面临的四种不同的内外失衡情况。

表 16—1　　　　　　　　开放经济面临的内部失衡与外部失衡

情　况	内部失衡	外部失衡
1	经济衰退，失业增加	国际收支逆差
2	经济衰退，失业增加	国际收支顺差
3	通货膨胀	国际收支顺差
4	通货膨胀	国际收支逆差

如果开放经济面临对内衰退、失业和对外国际收支顺差，就可以使用增加社会总需求的措施，扩大就业，增加国民收入，进而增加进口，改善国际收支状况。如果情况变成对内通货膨胀，对外国际收支顺差，则可采用紧缩社会总需求的措施，稳定物价，扩大出口，抑制进口，吸引资本流入，改善国际收支状况。这两种情况下内外均衡可以通过一种措施来达到协调。可是，如果在对内衰退和失业的情况下同时面临国际收支的逆差，扩大总需求的措施能够解决衰退和失业，却带来了逆差的进一步扩大；紧缩总需求的措施解决了逆差，却使国内的衰退和失业加剧。同样，如果是通货膨胀与国际收支逆差并存，扩张政策带来的是通胀的加剧，紧缩政策的副作用是逆差的扩大。这两种情况下，内外均衡之间出现了冲突，实现一个均衡必然要干扰或破坏另一个均衡，使其离均衡目标越来越远[①]，这就是"米德冲突"的主要思想。

米德的分析主要是针对固定汇率制度经济的情况，也没有考虑国际资本流动对内外均衡的影响，因此我们也称它为"狭义的内外均衡冲突"。广义上来讲，只要在实现一个均衡的过程中对另外的均衡产生干扰甚至破坏就称为内外均衡冲突。因此，内外均衡冲突的

---

① 陈雨露：《国际金融》，3 版，264 页，北京，中国人民大学出版社，2008。

问题不仅存在于固定汇率制下，在浮动汇率制中也存在。一国不可能光靠汇率机制来实现外部均衡的自动调节，因为人们并不能知道自动调节机制是否能及时发挥作用，并在适当的时间内达到均衡。所以政府还是要通过政策手段来调节社会总需求，但这样又会通过各种途径影响汇率，再反过来对国内经济产生影响。同时，国际市场上的巨额资金不仅会影响各国汇率，也会影响利率和国内经济。因此，在浮动汇率制下，汇率的浮动使一国面临的情况更加多变和复杂，内外经济相互影响的路径和方面更多，冲突更加深刻。这就对政策当局运用政策手段追求均衡目标提出了更高的要求，也更显示出研究如何实现内外均衡的迫切性和重要性。

16.3　开放经济中内外均衡的实现

16.3.1　政策搭配理论

　　内外均衡的实现是开放经济中的重大课题，虽然说经济在长期是趋于均衡的，但是在短期必须要靠合理运用政策手段来实现。荷兰经济学家丁伯根最早提出了把政策目标和政策工具联系在一起的正式模型。他提出必须要运用不少于 n 种的相互独立的政策工具并合理配合才能实现 n 种政策目标。这就是著名的"丁伯根法则"，并且是传统的经济政策理论的核心。了解了"丁伯根法则"我们再看"米德冲突"。在固定汇率制下，要同时实现内外均衡两个目标，却只有调节社会总需求一个政策手段，当然会显得力不从心。

　　那么具体如何搭配运用政策工具来实现内外均衡呢？1955 年澳大利亚经济学家斯旺提出了搭配使用支出增减政策和支出转换政策的建议，为该问题的研究作出了重要贡献。支出增减政策旨在影响社会总需求水平，主要包括货币政策和财政政策；支出转换政策旨在改变支出的结构，如汇率政策，当然关税等直接管制也属于该范畴，但它们的特定性更强。图 16—5 便是著名的"斯旺图"。

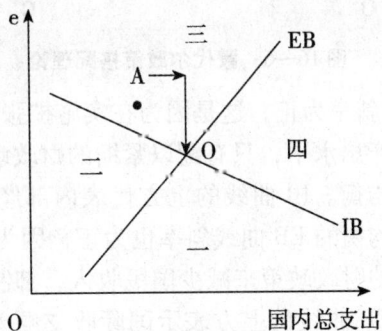

图 16—5　斯旺图

　　图 16—5 中纵轴代表汇率 e，横轴代表国内总支出，包括消费、投资和政府支出。IB 曲线和 EB 曲线分别代表充分就业和物价稳定的内部均衡以及国际收支平衡的外部均衡（忽略资本流动）。IB 曲线的下方代表内部失业、衰退，上方代表通货膨胀；EB 曲线的上方代表国际收支顺差，下方代表国际收支逆差，只有在两条线的交点 O 上经济才同时处于内外均衡的状态。被 IB 和 EB 两条曲线所分割成的四个部分正好对应了第 2 节中表 16—1 的四种情况。以图中的 A 点为例，经济处在通胀、顺差的状态，要想达到 O 点，要

通过扩张的支出增减政策和紧缩的支出转换政策搭配。在其他情况下，我们也可以通过这种箭头清晰地表示出所需的政策搭配，只有当经济处于与 O 点水平或垂直的直线上的点才可以只使用一种政策手段来实现内外均衡，但这是极少的特殊情况。从图上的分析来看，支出增减政策主要用来实现内部均衡，支出转换政策主要用来实现外部均衡。

无论是"米德冲突"还是"斯旺图"，其都把货币政策和财政政策看成同种效果的政策工具。但是，美国经济学家蒙代尔发现：财政政策与货币政策虽然都属于支出增减政策，但是它们却掌握在不同的决策者手中，而且对经济的影响重点和作用机制都不尽相同。因此，他提出财政政策和货币政策是两个独立的政策，搭配地使用财政政策和货币政策可以同时实现内外均衡的目标。这样，即使在固定汇率制度下也能实现内外均衡。

在蒙代尔的分析中，他以总需求（AD）和充分就业产出水平（Y_f）之间的关系来描述内部均衡；用经常项目余额 CA 和资本与金融项目余额 TC 来说明外部均衡。当 $AD>Y_f$ 时出现通货膨胀，反之则需求不足，出现失业；当 CA+TC>0 时，国际收支顺差，反之则是国际收支逆差。蒙代尔的政策搭配理论放在这样的坐标系中讨论，横轴用政府支出 G 表示财政政策，G 变大表示财政政策扩张；纵轴用利率 r 表示货币政策，r 变大表示货币政策扩张（如图 16—6 所示）。

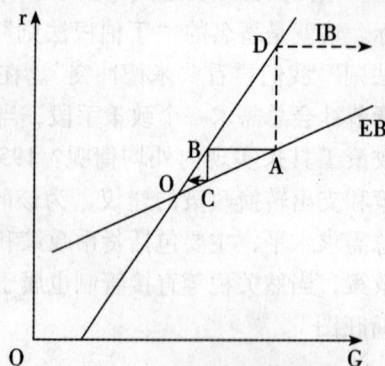

图16—6 蒙代尔政策搭配理论

表示内部均衡的 IB 曲线斜率为正，这是因为在实施扩张的货币政策时，r 下降，投资增多，总需求超过充分就业产出水平，只有配以紧缩的财政政策，减少政府支出，降低总需求，才能保持内部经济的均衡。IB 曲线的上方代表内部经济存在失业，下方表示存在通货膨胀。同理，表示外部均衡的 EB 曲线斜率也为正，因为扩张的货币政策会使资本流出冲动增大，则需配以紧缩的财政政策来减少国民收入，抑制进口和投资需求，扩大净出口，使国际收支保持平衡。EB 曲线的上方表示国际收支顺差，下方表示国际收支逆差。同时，由于资本流动的利率弹性要大于投资需求的利率弹性，所以 EB 曲线比 IB 曲线平坦。只有在两线的交点 O 上才能达到经济的内外同时均衡。

为了进一步阐述蒙代尔的思想，我们假设经济处于 A 点，外部均衡而内部通胀，我们有两种政策来消除内部通胀。假设使用紧缩的货币政策沿虚线到达 D 点，内部通胀的问题是解决了，却带来了国际收支顺差，若再采用扩张的财政政策，结果只能使经济越来越偏离内外同时均衡的状态。假设使用紧缩的财政政策到达 B 点，经济处于内部均衡和外部顺差的状态，再加以扩张的货币政策达到 C 点，沿着实线箭头的方向，通过一个收敛的过程就会在 O 点达到均衡。如图 16—6 所示，得出的一般规律就是我们应该采用财政政策来主要实现内部均衡，货币政策治理外部均衡的问题则比较有效。这就是蒙代尔的"有效市场分类原则"："目标应该与它最有影响力的政策相配对。"[①] 表 16—2 归纳了不同的失衡状态下的最佳政策组合。

表 16—2　　　　　　　　　　不同的失衡状态下的最佳政策组合

经济失衡状态	经济衰退（失业）	经济衰退（失业）	通货膨胀	通货膨胀
	国际收支逆差	国际收支顺差	国际收支顺差	国际收支逆差
最佳政策组合	扩张的财政政策	扩张的财政政策	紧缩的财政政策	紧缩的财政政策
	紧缩的货币政策	扩张的货币政策	扩张的货币政策	紧缩的货币政策

　　蒙代尔的分析克服了斯旺分析的缺点，如考虑了资本流动对国际收支的影响，提出了切实可行的政策搭配措施。但是，它也存在不足，这方面内容我们将在下一部分继续讨论。

16.3.2　政策选择与效果

　　"丁伯根法则"以及蒙代尔的"有效市场分类原则"是进行宏观经济政策调控、实现内外均衡的基本原则。下面我们将继续在蒙代尔—弗莱明模型（IS—LM—BP 曲线）的基础上分析在不同的汇率制度下，不同的资本管制状况，如何采用财政政策和货币政策的搭配来实现内外的均衡，以及会有怎样的政策效果。

　　1）固定汇率制度下的内外均衡及政策分析

　　（1）资本完全不流动的情况

　　如图 16—7 所示，经济的初始均衡点在 O 点，是 IS_1、LM_1、BP 三条曲线的交点。假设货币当局采用扩张的货币政策，则 LM_1 移向 LM_2，与 IS_1 曲线交于 A 点，经济达到短期均衡，国内产出增加，利率下降，经常项目发生赤字。国际收支赤字意味着外汇市场上本币供应量上升，在没有资本流动的情况下，政府为了维持汇率的固定必须使用外汇购买本币，带来货币供应量的减少、利率的上升及投资和国民收入的下降，直至恢复到 Y_0 的水平。因为没有资本流动和汇率变动的情况下，保证国际收支平衡的收入水平是一定的。假设财政当局采用扩张的财政政策，则 IS_1 移向 IS_2，与 LM_1 曲线交于短期均衡 B 点，国内产出增加，利率上升，经常项目发生赤字。与 A 点类似的情况，LM_1 曲线需要左移至 LM_3，直至 C 点，国民收入水平恢复到 Y_0 的水平。紧缩的政策分析原理相同。

　　以上的分析可以看出，在没有资本流动的固定汇率制度下，无论是财政政策还是货币政策都不能对产出等实际经济量造成长期稳定的影响，但短期是有效果的。货币政策影响的是基础货币的内部结构（外汇储备变化）；财政政策影响的是基础货币及国民收入结构（外汇储备变化/政府支出和私人投资变化）。

　　（2）资本完全流动的情况

　　如图 16—8 所示，经济的初始均衡点在 O 点，扩张的货币政策使 LM_1 移向 LM_2，到达 A 点，利率下降，但是资本会迅速流出，造成外汇市场上本币供大于求，产生贬值的

①　Mundell, R. A., The Appropriate Use of Monetary and Fiscal Policy for Internal and External Stability, IMF Staff Papers 9, No. 1, pp. 70–77, 1962.

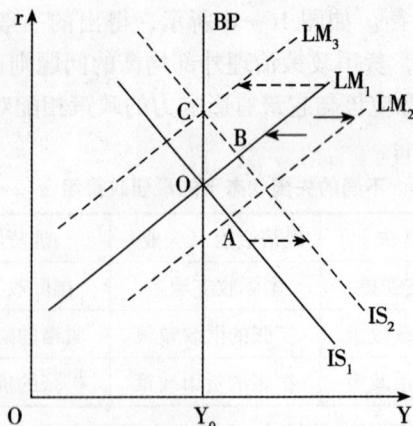

图 16—7　固定汇率制下资本完全不流动时的财政与货币政策

压力，货币当局只好用外汇储备购买本币，以维持汇率不变，因此 LM 曲线迅速恢复到期初水平。扩张的财政政策使 IS_1 移向 IS_2，到达 B 点，但微小的利率上升都会吸引大量国际资本流入，货币当局抛出本币维持汇率的同时，LM_1 右移至 LM_3，经济在 C 点达到均衡，此时的产出水平为 Y_1。紧缩的政策分析原理相同。

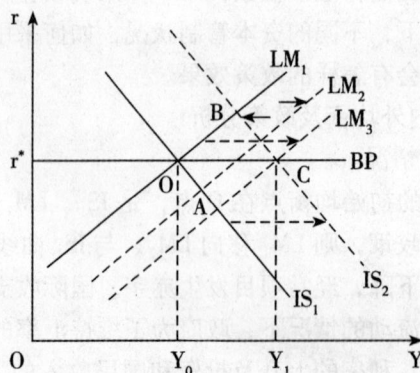

图 16—8　固定汇率制下资本完全流动时的财政与货币政策

因此我们可以得出结论：资本完全流动的固定汇率制下，货币政策甚至在短期都是无效的，而财政政策效果很好。

（3）资本不完全流动的情况

这次我们从另一个角度来分析政策搭配。经济的初始均衡点在 O 点，从图 16—9 上我们可以看出是处于外部均衡和内部失业并存的状态，因为产出水平低于充分就业产出水平 Y_f。根据蒙代尔的有效市场分类原则，采用扩张的财政政策来消除失业，经济到达 A 点。但此时又出现了国际收支顺差，产出也没有达到 Y_f，此时，再搭配使用扩张的货币政策，降低利率，使资本与金融项目恶化，最终达到 B 点，内外同时实现均衡。这里只是分析了外部均衡与内部失业同时出现这一种情况，其他几种情况与之类似，留给读者分析。

总的来说，在固定汇率制度下，财政政策会成为主要的政策工具，而货币政策则起不到长期的效果。

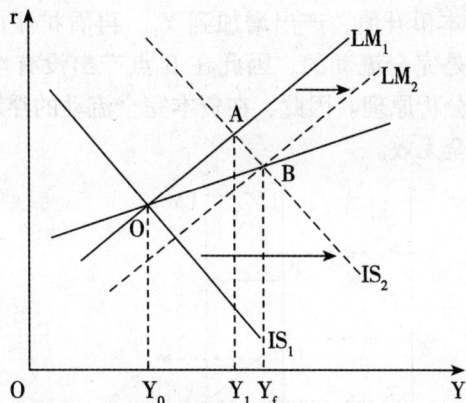

图 16—9　固定汇率制下资本不完全流动时的财政与货币政策

2）浮动汇率制度下的内外均衡及政策分析

（1）资本完全不流动的情况

如图 16—10 所示，经济从均衡点 O 点出发，先看扩张的货币政策。LM_2 与 IS_1 交于点 A，利率从 r_0 下降到 r_1，产出增加，国际收支出现逆差。与固定汇率制不同的是逆差不会改变货币供应量，而是会造成本币的贬值即汇率的上升。这样 BP 曲线和 IS 曲线则均会右移，直至三线重新交于一点 B，产出水平达到 Y_1。再看扩张的财政政策，IS_1 移向 IS_2 与 LM_1 交于点 C，利率上升为 r_2，产出增加，国际收支出现逆差。与 A 点情况相似，这带来 LM 曲线和 BP 曲线的右移，直至三线重新交于一点 B，产出水平达到 Y_1。

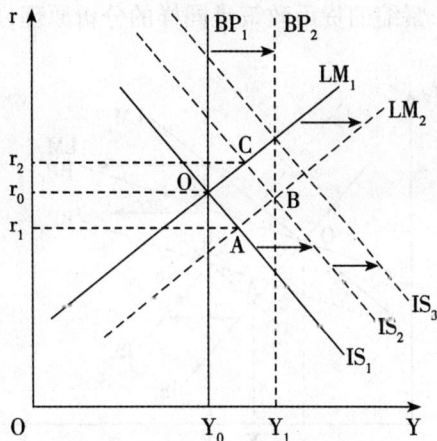

图 16—10　浮动汇率制下资本完全不流动时的财政与货币政策

由此看来，在资本完全不流动的浮动汇率制下，扩张的货币政策会带来本币贬值、国民收入增加以及利率下降，扩张的财政政策则会带来本币贬值、国民收入增加以及利率上升，反之则反是。

（2）资本完全流动的情况

回忆到第 2 节的第 2 部分，我们说蒙代尔—弗莱明模型就是 IS—LM—BP 曲线中 BP 曲线为水平的情况，这里我们就采用推导出来的 IS^*—LM^* 模型来分析。

如图 16—11 所示，经济从初始均衡点 O 点开始，扩张的货币政策带来了 LM^* 曲线右移到达 A 点，汇率下降，本币升值，产出增加到 Y_1。再看扩张的财政政策带来的是 IS^* 曲线的右移，但由于资本是完全流动的，因此在 B 点产出没有增加，本币贬值，汇率上升。紧缩的政策是同样的分析原理。因此，在资本完全流动的浮动汇率制度下，货币政策完全有效而财政政策则完全无效。

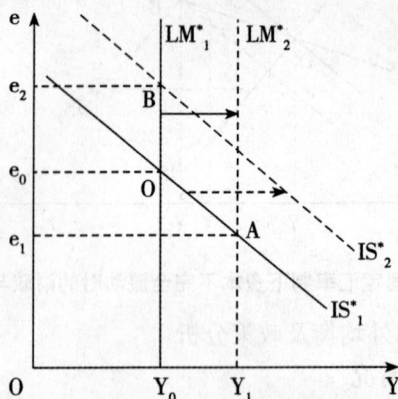

图 16—11 浮动汇率制下资本完全流动时的财政与货币政策

（3）资本不完全流动的情况

如图 16—12 所示，经济在 O 点处于均衡，扩张的货币政策使曲线 LM_1 移向 LM_2，到达 A 点，利率下降，产出增加，经常项目和资本与金融项目都恶化，本币贬值，造成 IS 曲线和 BP 曲线都相应右移，直至三线重新交于点 B，经济恢复内外均衡。此时，产出增加，利率下降，本币贬值。紧缩的货币政策是同样的分析原理，会带来产出的减少和利率的上升以及本币的升值。

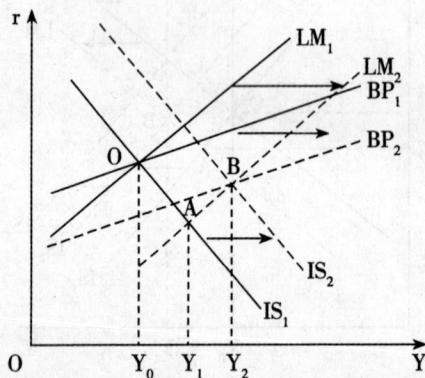

图 16—12 浮动汇率制下资本不完全流动时的货币政策

现在我们来看扩张的财政政策有怎样的效果。如图 16—13 所示，扩张的财政政策使曲线 IS_1 达到 IS_2 的位置与 LM 曲线相交于点 A。与初始的均衡点 O 相比，利率上升至 r_1，产出增加，但 A 点处在 BP 曲线的上方，所以国际收支是呈顺差的状态。这是因为虽然产出增加会带来经常项目的恶化，但是利率的上升却能带来资本与金融项目的改善。同时，LM 曲线的斜率大于 BP 曲线的斜率，这说明资本的流动比货币需求对利率变动更敏感，所以资本与金融项目改善要大于经常项目的恶化，因此从整体上说，国际收支处于盈余状态。国际收支的顺差又引起了本币的升值，导致 IS、BP 曲线的左移，最终三线交于新的均衡点 B，产出增加，利率上升，处于 r_2 水平（低于封闭经济条件下扩张的财政政策达到的水平），本币升值。

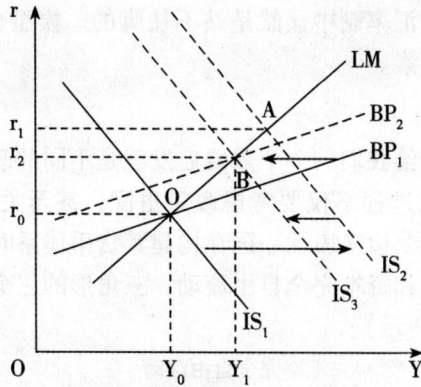

图16—13 浮动汇率制下资本不完全流动时的财政政策（一）

从分析的过程我们可以体会到，货币需求和资本流动相对于利率变动的敏感程度，即 LM 曲线和 BP 曲线的斜率孰大孰小是影响政策效果的一个重要因素。

下面再分析另一种情况。图16—14 中 LM 曲线要比 BP 曲线平坦，即资本流动对利率变动的敏感程度小于货币需求对利率变动的敏感程度。扩张的财政政策使 IS 曲线右移与 LM 曲线交于点 A，利率上升，产出增加。同时，A 点处于 BP_1 曲线的下方，代表国际收支逆差，原因是资本的流入不能弥补经常项目带来的资本流出。这样，本币贬值，BP 曲线和 IS 曲线右移，到达新的均衡点 B。与 O 点相比，利率上升，产出增加，本币贬值。显然，同样的财政政策在图16—13 和图16—14 这两种情况下一个会引起本币升值，一个会引起本币贬值。

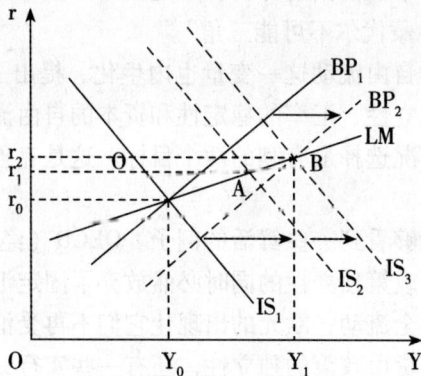

图16—14 浮动汇率制下资本不完全流动时的财政政策（二）

回顾我们在封闭经济中对 IS—LM 模型的政策分析，我们不难发现，开放经济中的政策效果与封闭经济中差别很大，甚至作用完全相反。开放经济中影响经济目标和政策效果的因素比封闭经济更加复杂，作用机制也发生了变化，如果不能采取适当的政策搭配甚至会导致经济不均衡的加剧。蒙代尔—弗莱明模型是我们分析开放经济的"工作母机"。那是不是根据蒙代尔—弗莱明模型来搭配政策就万无一失了呢？显然不是。该模型比较适合分析短期的情况，并且假定马歇尔—勒纳条件成立，但实际上由于"J 曲线效应"的存在，短期上这一点并不能一直成立。该模型认为国内外利差是影响国际资本持续流动的唯一因素，但对这种无限期的持续流动的期望是不显示的。模型的另一个主要问题是默认了静态的汇率预期，这在浮动汇率制中显然是站不住脚的。模型也忽略了长期的预算约束、财富作用以及供给方面的因素。[①]

16.3.3　三元悖论

蒙代尔—弗莱明模型带给我们的一个重要启发就是不同的政策目标之间存在冲突，实现宏观经济内外均衡的决策过程不仅要考虑政策搭配，甚至关系到经济制度和体制的选择。可以用一个三角形的三个边来表示一国在构建其货币体系时所要达到的目标：货币政策完全独立、汇率的稳定性和资本完全自由流动；三角形的三个顶点表示不同目标组合所得到的结果（如图16—15所示）。

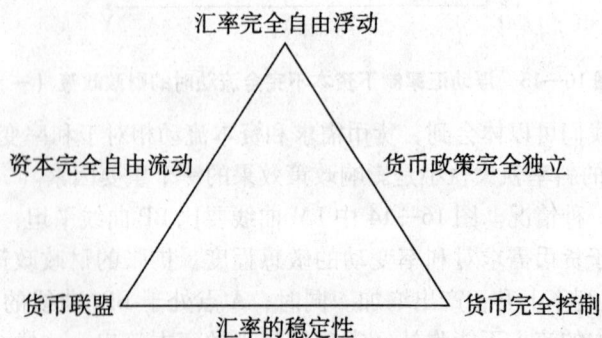

图16—15　蒙代尔不可能三角

蒙代尔—弗莱明模型讨论的是在资本完全自由流动的情况下，汇率的稳定性和货币政策独立性的关系。根据我们本节前面的分析，固定汇率下货币政策是无效的，因此两者只能取其一。这就是所谓的"蒙代尔不可能三角"。

后来，克鲁格曼把资本自由流动这一变量也内生化，提出了"三元悖论"，即在开放经济条件下，货币政策的独立性、汇率的稳定性和资本的自由流动这三个目标不能同时实现，一国只能根据自己的情况选择最有利的两个目标。这是克鲁格曼较之于蒙代尔—弗莱明模型的进一步贡献。

在实践中，我们往往能够看到一些鲜活的例子。OECD（经济合作与发展组织）成员在保证资本自由流动和货币政策独立性的同时必然放弃了固定汇率制度，而选择汇率自由浮动。欧盟成员之间资本完全流动，欧元的出现让它们不再受汇率波动的困扰，但欧洲央行的出现意味着它们失去了货币政策的独立性，还有一些实行钉住汇率制或货币局制度的国家和地区大致也可以归入这一类。中国在汇率制度改革之前保证绝对的货币政策自主权，必须通过严格的资本管制来保证固定汇率制度。正是现实经济的复杂性和全球经济的开放融合让我们看到实现一国经济的内外均衡不再是本国政策当局单纯地搭配各种经济政策，而是牵涉到全球经济体之间的博弈和协调。

---

① ［美］基斯·比尔宾：《国际金融》，王忠晶译，314页，北京，中国税务出版社，2006。

16.4　内外均衡理论的新发展

16.4.1　经济政策的国际协调：政策效应分析[①]

开放经济条件下，一国经济的内外均衡问题不仅是一国的经济内政问题，而且需要国家间的相互协调配合。近年来有关内外均衡理论的阐述主要集中在政策效应、政策协调层面。

1）溢出效应

这里我们所说的溢出效应也可以理解为政策的外部性，即一个国家的宏观经济政策会对其他国家的经济状况产生影响。根据"溢出效应"的真实存在，库珀等经济学家提出要进行国际政策协调来避免那些消极的溢出效应的影响。我们可以通过浮动汇率制下两国的蒙代尔—弗莱明模型来讨论政策的溢出效应（如图 16—16 所示）。

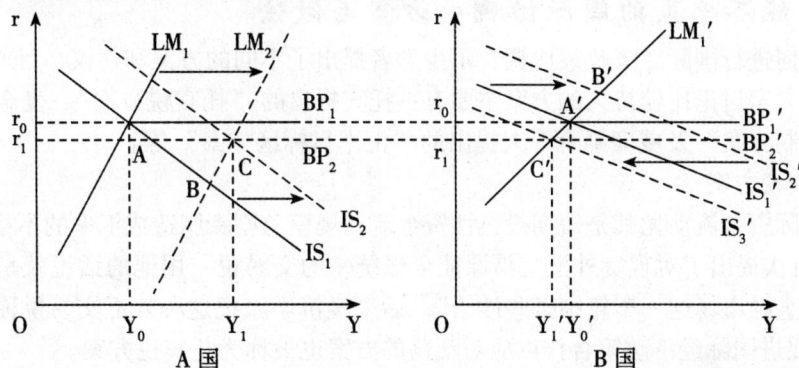

图 16—16　政策的溢出效应

A 国与 B 国均非小国，资本的流动均会对两国利率造成影响。两国经济处于均衡点 A 和 A′。A 国采取扩张的货币政策使经济暂时达到 B 点，利率下降，收入上升，则 A 国进口增加，B 国出口增加，B 国的 IS 曲线向右移至 IS_2'，经济暂时达到 B′点，产出增加，利率上升。由于利率的差异，造成资本从 A 国流向 B 国，A 国货币相对升值，B 国货币相对贬值，这样 A 国的 IS 曲线向右移动，B 国的 IS 曲线向左移动，直至再形成新的均衡利率 r_1，BP 曲线分别移至 BP_2 和 BP_2'。

经过以上简单的分析，我们看到 A 国采用扩张的货币政策能带来本国产出的增加，却带来了 B 国产出的减少。这就是所谓的政策的溢出效应。一些学者在对其他政策效应进行分析时得出了以下的结论：固定汇率制下的货币政策以及浮动汇率制下的财政政策均会对产出带来刺激作用且惠及别国，但固定汇率制下的财政政策以及浮动汇率制下的货币政策则会殃及别国。

2）回振效应

回振效应是溢出效应的反方向效应。当 B 国由于 A 国引发的溢出效应导致 B 国的经济扩张或收缩后，又反过来对最初引发溢出效应的 A 国的经济运行产生影响，这种影响

---

① 王爱俭：《20 世纪国际金融理论研究：进展与评述》，286 页，北京，中国金融出版社，2005。

被称为回振效应或回波效应。接着上文来说，B 国产出下降，则进口减少，势必导致 A 国的出口也下降，这样也会造成 A 国的产出和国民收入下降。回振效应说明了"以邻为壑"的经济政策在开放经济的今天是行不通的，各国之间的利益是相互关联的，国际经济政策的协调在实现全球经济发展中显得尤为重要。

3）博弈论分析

既然国际经济政策协调有那么多的好处，那为什么在现实中很少发生呢？有很多阻碍的因素，主要是国家间不信任使得大部门国家在大多数情况下陷入了"囚徒困境"。大家都希望少付出却能多收益，结果就只能达到一个非最优均衡，但是如果两国能够合作的话就能够达到纳什均衡。哈马达（1979，1985）、格雷（1983）分别在某一阶段静态完全信息博弈框架下对固定汇率制和浮动汇率制下的国际经济关系进行了分析；米勒和萨尔曼（1985）在动态博弈框架下也对国际经济政策协调的效果作了分析，通常都得出政策协调会导致两国福利增加的结论。

16.4.2 经济政策的国际协调：方案与做法

关于如何进行国际经济政策协调，不少学者提出了不同的方案和建议。目前流传比较广泛和引起大家讨论比较持久的方案主要有：托宾提出的"托宾税方案"、麦金农的"恢复固定汇率制方案"及威廉姆森等人提出的"汇率目标区方案"等。

1）托宾税方案

面对国际资金流动尤其是短期投机性资金流动规模急剧膨胀造成汇率的不稳定，托宾于 1972 年首次提出了对现货外汇交易课征全球统一的交易税，用他的话说就是"往飞速运转的国际金融市场这一车轮中掷些沙子"。后来经济学家把这种外汇交易税称为"托宾税"，这一促进国际经济政策合作以应对动荡的方案也被称为托宾税方案。

托宾税具有单一低税率和全球性两个特征。一方面通过征税可以抑制投机，稳定汇率，为全球性收入再分配提供资金来源；另一方面，托宾税的实施面临着税基的确定、应税交易的识别以及税率的确定等诸多技术上的难题。托宾税是一种国际政策协调方案，各国协调中可能出现许多障碍难以克服。虽然一些国家希望在全球开征托宾税，却至今未在全球范围内达成共识，但它在全球金融经济环境复杂多变的今天仍然频频被各国所谈起。

2）恢复固定汇率制方案

布雷顿森林体系崩溃之后，浮动汇率带来了汇率的频繁波动，麦金农的方案作为最典型的以恢复固定汇率制为特征的协调方案受到广泛重视。该方案最早提出于 1974 年，并在 20 世纪 80 年代又经过多次的修改。麦金农的基本思想就是以浮动汇率制为特征的国际货币制度缺乏效率，应在恢复固定汇率制的基础上进行国际政策协调。各国首先依据购买力平价确定彼此的汇率水平，实行固定汇率制，然后通过协调货币供给的方法维持固定汇率制。麦金农提出了应从全球角度来看问题，这富有启迪意义。但是，该方案虽然能够保证汇率稳定，却牺牲了汇率的灵活性，同时单纯以购买力平价来确定汇率似乎过于草率。再者，它以协调各国货币供给来维持固定汇率制的设想是难以在实际经济中实现的，因为还会有来自实物经济的冲击。尤其是在当代国际资金流动问题非常突出时，固定汇率制容易成为投机的目标，而使政府陷入政策困境。

3）汇率目标区方案

汇率目标区方案的产生也是要克服浮动汇率制给世界带来的汇率动荡。它是由威廉姆森和米勒在 1987 年将汇率目标区制从政策协调角度进行扩展形成的。该方案兼具固定汇率制和浮动汇率制的特点，与麦金农方案有着明显的区别。它的基本指导思想是用在世界贸易中占最大比重的工业国家的货币来建立一个汇率目标区，在这个"区"内有一个中心汇率（基本均衡汇率），并在中心汇率附近确定一个汇率波动的范围，实际汇率对中心汇率的偏离幅度要确定下来，有关国家应力求使汇率的变动不超过这个区域。

基本均衡汇率是指政府追求的中期（一般指 5 年）内实现的经济内外均衡的汇率。在对汇率目标区的维持上，各国都应以货币政策实现外部均衡、以财政政策实现内部均衡的政策搭配思路来进行宏观调控上的政策协调。当然，这一方案也引起了很多质疑，比如基本均衡汇率的水平如何被广泛地接受，实现外部均衡的最适当宏观经济政策工具是什么（布来恩特，1988），汇率波动的宽度是否合理（克鲁格曼，1989）等。因此，该方案在现实经济中仍然不能得到很好的实践推广。

16.4.3　全球化背景下的外部均衡和国际协调

在全球化的背景下，我们所追求的外部平衡不仅受到市场力量和政策干预的影响，还受到整个国际经济大环境的牵制。在经历了金本位制、布雷顿森林体系之后，国际货币体制进入了牙买加体系，以多元的储备货币和浮动的汇率制度为特点。牙买加体系建立至今也在不断改进，面对频繁爆发的金融危机，各国在该框架下不断地创新和实践新的协调政策。这里最值得一提的便是——最适度通货区理论，由麦金农和蒙代尔于 20 世纪 60 年代提出。通货区区域内各成员货币相互都保持钉住汇率制，对区外各种货币实行联合浮动。欧洲货币一体化进程和欧元的诞生是最适度通货区理论最好的实践证明，也是国际货币政策协调的新境界。

正是因为欧盟国家特殊的历史和经济条件，最适度通货区理论才能够在欧盟得到淋漓尽致的实践。但同时，最适度通货区理论也从另一个角度告诉我们，如果国家或地区之间不是最优通货区，那么实行浮动汇率制是它们更好的选择。因此世界范围内的灵活汇率和敏感的国际资本流动等因素给国际经济环境带来了一定的不稳定因素，危机总是不可避免地发生，这就是全球范围内的外部均衡的严重失调。20 世纪 80 年代初期爆发的全球债务危机和 20 世纪末的亚洲金融危机还被人们所谈论，2008 年由美国次贷危机而引发的动荡和经济衰退的恐慌逐渐蔓延。全球各国都出台了相应的救市措施，更值得关注的是全球合作应对危机的意识加强了。各国央行联手降息，联合国邀集世界银行和国际货币基金组织共同商讨对策。全球各国投入近 3 万亿美元救市。国际经济政策合作在经济均衡尤其是外部均衡的实现过程中扮演着越来越重要的角色，在危机面前更是如此。

本章小结

在开放条件下，各国之间的经济联系使得外部非均衡在国际上传导，进而对一国的内部均衡也产生影响。国际商品流动是国际经济非均衡传导的主要途径，国际资本的流动同样为国际非均衡的传导提供了重要的渠道。

在封闭经济中对于宏观经济均衡的分析主要建立在凯恩斯的 IS—LM 模型之上，在开放条件下用于分析的模型被称为蒙代尔—弗莱明模型。蒙代尔—弗莱明模型是一个小型开放经济的 IS—LM 模型，它把国际资本流动融入到模型中，并且假设所研究的经济是一个资本完全流动的小型开放经济。

从宏观经济的四个目标来分析，内部均衡指的就是一国的经济处于充分就业状态，无通货膨胀，并且保持稳定的经济增长；外部均衡则是要达到国际收支平衡。四个宏观经济目标构成了内外均衡的目标，往往这四个目标之间是不协调的。

内外均衡的实现是开放经济中的重大课题，"丁伯根法则"以及蒙代尔的"有效市场分类原则"是进行宏观经济政策调控、实现内外均衡的基本原则。不同的汇率制度下、不同的资本管制状况、财政和货币政策的不同搭配会有不同的政策效果。

在开放经济条件下，货币政策的独立性、汇率的稳定性和资本的自由流动这三个目标不能同时实现，一国只能根据自己的情况选择最有利的两个目标。

开放经济条件下，一国经济的内外均衡问题不仅是一国的经济内政问题，而且需要国家间的相互协调配合。近年来有关内外均衡理论的阐述主要集中在政策效应、政策协调层面。

思考与训练

一、判断题

1. 国民储蓄与投资之间的差额为国外净投资。　　　　　　　　　　　　（　）

2. 国际劳动力流和信息流在国际经济非均衡传导中发挥的作用有限。　（　）

3. 丁伯根提出必须要运用不多于 n 种的相互独立的政策工具并合理配合才能实现 n 种政策目标。　　　　　　　　　　　　　　　　　　　　　　　　（　）

4. "米德冲突"和"斯旺图"都把货币政策和财政政策看成同种效果的政策工具。

　　　　　　　　　　　　　　　　　　　　　　　　　　　　　　　（　）

5. 蒙代尔认为应当采用货币政策实现内部均衡，采用财政政策治理外部均衡。

　　　　　　　　　　　　　　　　　　　　　　　　　　　　　　　（　）

二、简答题

1. 试用蒙代尔政策搭配理论并结合图形分析如何搭配使用财政政策和货币政策使经济达到均衡。

2. 简述国际经济政策协调的几种典型方案。

三、讨论题

结合实际，讨论三元悖论条件下中国的宏观经济目标取舍。

第 17 章　非瓦尔拉斯均衡

学习目标

了解非瓦尔拉斯均衡理论的起源与发展历程，理解瓦尔拉斯均衡与非瓦尔拉斯均衡分析方法的区别与联系；理解非瓦尔拉斯均衡分析在失业理论中的应用。

导入场景

自亚当·斯密以来，均衡思想一直统治着经济世界。在"看不见的手"的指导下，各个市场达到出清状态。瓦尔拉斯的一般均衡理论将均衡的概念与思想落实到明确而严密的方程组上，使得均衡理论发展到相当完善的地步。

然而瓦尔拉斯均衡体系是有缺陷的，它是建立在非现实的假设之上。一些原来可以容忍的非现实性的假设可能因为实践的变化而需要补充和修正，瓦尔拉斯均衡的假设和相应理论在 1929—1933 年的经济大萧条之后就面临着巨大的挑战。

经济体系的常态是存在一定的失业率或通货膨胀率的，而且瓦尔拉斯均衡下市场参与者只是根据价格调节。事实上，如果存在企业 A，在价格存在黏性的情况下，它所作出的生产决策不光是依据市场的价格调整供给量，它还会从市场的供给数量和需求数量方面取得信息，从而调整自己的经济活动。也就是说市场主体的交易行为受到供求数量的限制。

正如凯恩斯在《通论》一书中，利用一般均衡分析方法研究宏观经济中的总供给与总需求的均衡问题时发现消费者在资源禀赋约束条件下进行效用最大化决策，其行为选择是复杂的，不仅受商品价格因素的约束，而且还受商品数量的制约，这样市场上的均衡经常地处于非充分就业下的均衡状态，这也是首次提出了所谓非瓦尔拉斯均衡的基本要素。

目前我国经济中出现了经济紧缩、失业问题突出的局面，近似于凯恩斯失业均衡状态。在瓦尔拉斯均衡分析的假设离我国的现实情况较远时，我国的经济研究方法应该作出什么样的调整？使用非瓦尔拉斯均衡分析替代均衡分析对我国的经济分析有什么样的影响？所以对于非瓦尔拉斯均衡的学习具有重要的积极意义，本章将具体分析非瓦尔拉斯均衡理论的发展及与瓦尔拉斯均衡之间的关系，并介绍其在失业理论中的应用。

17.1　非瓦尔拉斯均衡理论的起源与发展

根据西方经济学的解释，经济中的均衡是指经济中的各种力量（比如说供给力量与需求力量）在市场上各自达到某种位置，于是经济中便出现了稳定，在或长或短的时间内不再发生变化。传统的西方经济学就是建立在均衡分析的基础之上，这种均衡有狭义和广义之分。狭义的均衡即瓦尔拉斯均衡：市场体系中的所有市场通过价格运动而使供求达到均衡，在均衡状态下经济人都唯一地根据价格信号作出自己的行为决策，它假定均衡的实现是瞬间完成的。这个事前的均衡假定排除了市场上的非均衡价格交易，因此经济人不可能遇到供给或需求不能完全实现的数量约束，整体经济系统不存在数量信号。广义的均衡包含瓦尔拉斯均衡和非瓦尔拉斯均衡。后者描述的是这样的状态，经济人在作出供求决策时不仅考虑传统的价格信号，而且主要考虑数量信号的变动，使得每个市场的有效供求达到均衡。因此，瓦尔拉斯均衡是通过价格摸索达到均衡，非瓦尔拉斯均衡是通过数量摸索达到均衡，也称配额均衡。

非瓦尔拉斯均衡的思想萌芽是在 20 世纪 30 年代，源于凯恩斯发表的《通论》。凯恩斯阐述的收入、就业等宏观经济理论，包含了非瓦尔拉斯均衡分析方法，表现在：（1）理论分析前提——社会资源的闲置，说明市场处于非均衡之中；（2）引入数量信号，如在消费函数中，消费的决定变量有收入，而非只有价格；（3）货币市场的均衡不能保证商品市场的均衡，商品市场的均衡不能保证劳动力市场的均衡；（4）非自愿失业的存在是一般情况，充分就业的国民收入均衡只是特例，说明依靠市场自身调节作用不能达到充分就业。

凯恩斯的宏观经济理论无法与瓦尔拉斯均衡的微观理论相协调，围绕着如何给凯恩斯非均衡的宏观经济学提供一个彼此和谐的微观经济学基础，凯恩斯之后的经济学家以《通论》中的要点出发，提出了非均衡分析的理论。该理论不断得到发展，以至 20 世纪 50 至 70 年代出现了以帕廷金、克洛尔、巴罗、格罗斯曼、贝纳西等人为代表的非均衡学派，这些经济学家对非瓦尔拉斯均衡理论研究的贡献如下：

帕廷金（D. Patinkin）是一位推崇一般均衡的理论经济学家。他在 1956 年出版的《货币、利息和价格》一书分析非自愿失业时，认识到非自愿失业是一种非均衡现象，同一般均衡理论相悖，必须在非均衡环境中考察失业问题。他指出，在非自愿失业情况下，厂商对劳动需求的降低是因为商品市场的有效需求不足，而不是实际工资太高。总需求的下降使厂商的销售发生了困难。在一般均衡理论中，销售量是厂商根据价格进行选择的结果，而现在变成特定的数量约束。商品市场的超额供给引发了劳动力市场的超额供给。

克洛尔（R. W. Clower）是第一个明确反对一般均衡理论的经济学家。他在《凯恩斯的反革命》（1965）一文中，对失业情况下的家庭行为进行了分析。当家庭在劳动力市场受到数量约束，不能出售其意愿供给时，收入就会减少，根据预算约束，家庭在商品市场上的需求就会减少。劳动力市场的超额供给对商品市场有溢出效应。与此相对应，克洛尔将古典理论中的家庭决策称作单一决策假定，即根据劳动力和产品的相对价格信号来决定劳动销售和产品购买数量。在市场出现超额供给的情况下，必须用他的双重决策假定代替单一的决策假定，即先决定能够销售的数量再决定能购买的数量。克洛尔的双重决策假定考虑了非均衡下的数量约束，并把数量变量引入微观经济人的需求函数中，这与凯恩斯的宏观消费函数是一致的。克洛尔的非均衡分析为凯恩斯的消费函数提供了微观基础。

罗伯特·巴罗和格罗斯曼（H. I. Grossman）在《收入和就业的一般非均衡模型》（1971）一文中，综合了帕廷金和克洛尔的研究成果，将局部非均衡分析扩展为包括商品市场和劳动力市场的宏观经济一般非均衡分析，系统论述了数量调节思想，建立了收入和就业的一般均衡模型，从而奠定了非瓦尔拉斯均衡的理论基础。

20 世纪 70 年代中期，非瓦尔拉斯均衡学派的杰出代表人物之一、法国著名经济学家贝纳西（J. P. Benassy）发表了多篇关于非瓦尔拉斯均衡的文献，在这些文献中，贝纳西从微观角度研究了货币经济下行为人在非均衡市场上的行为特征，从而为凯恩斯的宏观经济体系奠定了一个严格的微观基础。他着重考察了非均衡下的配额均衡，建立多种价格弹性下的均衡模型，从微观市场的非均衡出发研究宏观经济的非均衡问题。他对微宏观非均衡问题的深入研究使得多年的非均衡研究的理论形成一个完整的体系。

17.2　瓦尔拉斯均衡和非瓦尔拉斯均衡

瓦尔拉斯均衡的实现过程可以简述如下：市场中存在一个虚拟的"拍卖者"，他宣布一个价格，市场的参与者针对这个价格下自己的需求（购买者）和供给（出售者）向市场作出反应；如果市场供需相等则交易实现，否则"拍卖者"根据市场的供需数量的对比来调节报出的价格，供大于需时调低报出价格，供小于需时调高报出价格，这样价格向均衡价格靠近，参与者再根据新的价格作出供需数量的反应……这样周而复始直至市场达到供需相等的均衡状态。这种交易制度下市场的买卖双方都能按自己的意愿购买和意愿出售的数量进行交易，达到完全出清，经济达到了瓦尔拉斯均衡状态。

从瓦尔拉斯均衡状态的形成过程中容易得出瓦尔拉斯均衡是建立在以下的假设基础之上的：（1）市场存在一个"拍卖者"，他掌握市场的供需信息并根据供需信息调整价格，最终使价格达到均衡价格；（2）价格可以根据市场的供求关系进行任意的调整，其调整是沿着供需相等的方向；（3）交易双方只对价格信号作出反应，而且他们调整自己的供给量和需求量时不考虑其他人的反应，即他们对价格变化的反应是相互独立的；（4）供需双方均以最后形成的均衡价格进行交易，在调整价格达到均衡价格之前没有交易发生。

瓦尔拉斯均衡是理想的经济情形。首先，在现实经济中，不可能存在一个"拍卖者"，即使是中央集中计划制度下的国家也不可能掌握各个市场供求的完全信息，更不可能制定出均衡的价格体系。其次，价格的调整不仅仅受供需的影响，还受其他诸如政治的、心理的很多因素的影响。最后，市场的参与者在作出自己的供需决策时肯定会考虑其他利益相关者的反应，如产品价格变化，生产者进行生产调整时会考虑原料市场和替代品市场以及竞争者等的相应变化，即市场参与者不仅考虑价格信号，还考虑其他参与者的数量信号。在现实经济中，在"拍卖者"拍到均衡的价格之前，就有市场的参与者按照非均衡的价格进行交易了，所以，上面的第四个假设的非现实性也是显而易见的。

既然瓦尔拉斯均衡状态和经济运行的现实情况有很大的差距，那么用瓦尔拉斯均衡的框架来研究实际的经济运行必然缺少解释力度。非瓦尔拉斯均衡承认市场的非完善性，认识到现实世界中的市场不可能完全出清，放松了瓦尔拉斯均衡中的假设条件，认为价格不是市场均衡的唯一调节因素，市场的参与者不仅对价格信号作出反应，还会受到资源配置等的数量信号的影响，并且放弃价格的完全弹性的假设，这就使得非瓦尔拉斯均衡分析更贴近于现实的经济运行情况，有更强的解释力，为研究价格缺乏弹性情况下的资源配置问题提供了严谨的分析框架。非瓦尔拉斯均衡分析本质上是对瓦尔拉斯一般均衡理论的拓展，试图说明各种脱离瓦尔拉斯均衡的情况。贝纳西说："非瓦尔拉斯方法并不是'反瓦尔拉斯'，相反，它只是在更为一般的假设下应用那些在瓦尔拉斯理论中一直很成功的方法。"

下面看一个非瓦尔拉斯均衡的例子：

我们考虑只有两个市场（劳动力市场和产品市场）和只有两个行为人（居民和厂商）的简单经济体系。假设价格和工资已经给定，假设市场上产品和劳动的交易量由需求和供给中的最小值决定，全部的利润都分配掉。分析产品市场和劳动力市场都存在超额供给情况下（即凯恩斯失业理论分析的有效需求不足）均衡的确定。

厂商的生产函数和居民的效用函数如下：

$$y = F (l)$$

$$U (c, m) = \alpha \log c + (1-\alpha) \log (m/p)$$

$$\delta = py - wl$$

式中：y 为产品数量；p 为产品价格；c 为居民购买产品的数量；m 为居民的货币持有量；l 为居民提供的劳动数量；δ 为厂商的利润；w 为居民的工资。

由于两个市场都存在超额供给，所以市场的交易量 (y^*, l^*) 都由需求决定：

$$y^* = \tilde{c}$$

$$l^* = \tilde{l}^d$$

由于产品市场存在超额供给，所以对劳动的有效需求为：

$$\tilde{l}^d = F^{-1} (\bar{y})$$

式中：$\bar{y}$ 为厂商在产品市场上受到的限制，等于消费需求：

$$\bar{y} = \tilde{c}$$

由于存在超额劳动供给，所以有效需求为：

$$\tilde{c} = \alpha (\bar{m} + \delta + w\bar{l}) / p$$

居民在劳动力市场上受到的限制等于厂商的需求：

$$\bar{l} = \tilde{l}^d$$

联立以上的方程可以解出均衡的交易量为：

$$y^* = \frac{\alpha}{1-\alpha} \cdot \frac{\bar{m}}{p}$$

$$l^* = F^{-1}\left(\frac{\alpha}{1-\alpha} \cdot \frac{\bar{m}}{p}\right)$$

本例分析了一个特别简化经济体系中均衡的实现，说明价格完全刚性、交易量受市场的数量约束的情况下的非瓦尔拉斯均衡分析的应用。

17.3 宏观分析——失业理论

古典学派认为失业的原因主要在于劳动力市场，即实际工资水平高于均衡水平导致失业率高于自然失业率，主张采用收入管理政策，降低实际工资水平，提高就业率。凯恩斯学派认为，失业根源在于有效需求的不足，主张采用减少税收或增加政府购买等需求管理政策来解决失业问题。

从上面两个学派的观点来看，两者都只强调自己的基本点，而忽略了对方坚持的基本点。古典学派强调供给方面，而凯恩斯学派强调需求方面。以下介绍的内容我们可以看出，应用非瓦尔拉斯均衡分析方法可以将两者的理论统一起来。

考察包含两个市场（产品市场和劳动力市场）的经济体系，市场中的经济人包括：居民户、厂商和政府。由于市场非均衡的存在，两个市场中都可能面临超额供给或超额需求，可以将经济运行情况分为四种（见表 17—1）。

表 17—1　　　　　　　　　　　**产品市场与劳动力市场运行情况**

		劳动力市场	
		超额供给	超额需求
产品市场	超额供给	A	D
	超额需求	B	C

令 l 表示就业水平，F（l）为反映技术可能性的生产函数，劳动供给为 l_0 无弹性，所以充分就业时的产出水平为 F（l_0）。

市场达到瓦尔拉斯均衡时的就业水平 l_c 和产出 y_c 是下面这个规划的解：

max（py−wl）

满足：y≤F（l）

可以得到：

$l_c = F'^{-1}（w/p）$

$y_c = F（l_c） = F［F'^{-1}（w/p）］$

以下分别对上述四种情况进行分析。

如图 17—1 所示，在 A 区域内，产品市场和劳动力市场同时存在超额供给，这种类型的失业可以用凯恩斯失业理论进行解释，所以将这种类型的失业称为凯恩斯型失业。在凯恩斯型失业情况下，就业水平和产品的交易量都由需求决定。在产品市场上产品销量等于有效需求，即

y＝C（y，p，t）+g

式中：C（·）为需求函数；t 为税收。

上式解为：$y_k = k（p，g，t）$，所以产品交易额 $y^* = y_k = k（p，g，t）$。

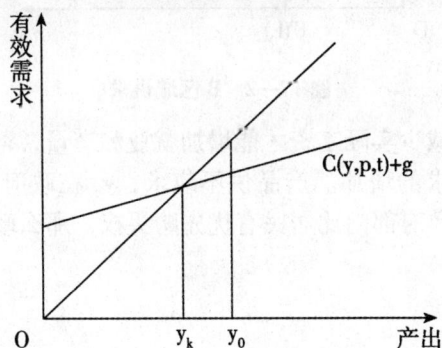

图 17—1　A 区域供求

在劳动力市场上，就业水平由劳动的有效需求决定，由于产品市场存在超额供给，所以劳动需求量就等于生产产品需求量所需的劳动量，即

$l^* = F'^{-1}（y_k）$

同时满足市场的限制条件：

$l^* < l_0$

$y^* \leqslant \min \{y_0, F[F'^{-1}(w/p)]\}$

可以得到：

$$\frac{\partial y^*}{\partial g} = \frac{1}{1-C_y} > 1$$

$$\frac{\partial l^*}{\partial g} = F_{y_k}^{-1} \cdot \frac{1}{1-C_y} > 0$$

$$\frac{\partial c^*}{\partial g} = \frac{\partial y^*}{\partial g} - 1 = \frac{C_y}{1-C_y} > 0$$

可见，在凯恩斯型失业情况下，增加政府支出可以促进产出水平的更大规模的提高，并可以提高就业水平。由上面的第三式还可以得出：政府支出的增加非但没有对居民消费形成挤出效应，反而有促进作用。所以在凯恩斯型失业情况下，宜采用需求管理政策，提高产出，改善就业。

如图 17—2 所示，在 B 区域内，劳动力市场存在超额供给，产品市场存在超额需求，这种失业状况可以运用古典失业理论进行解释，所以称为古典型失业。此时，厂商在劳动力市场和产品市场都不受数量约束，所以，市场均衡时的就业水平 l^* 和产品交易额 y^* 等于上述的瓦尔拉斯均衡下的就业水平 l_c 和产品交易额 y_c：

$l^* = l_c = F'^{-1}(w/p) < l_0$

$y^* = y_c = F[F'^{-1}(w/p)] < y_0$

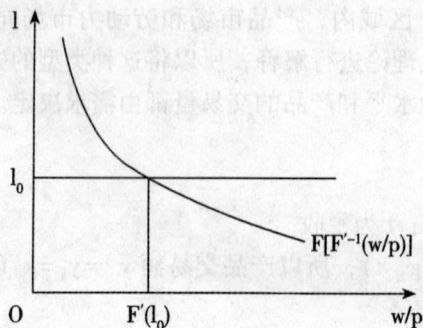

图 17—2　B 区域供求

在这种情况下，只有减少实际工资才能增加就业和产量，增加政府购买和减少税收只会带来产品市场上超额需求的增加。产品供不应求，y_c 在政府和居民户之间的分配取决于市场的配额方案。如果政府部门比居民有优先购买权，那么政府购买和居民的消费水平由下式给出：

$g^* = \min(g, y_c)$

$c^* = g^* = y_c - \min(g, y_c)$

可以看出，政府的购买对于居民的消费具有完全的挤出效应。所以在古典型失业的情况下，政府的需求管理不能增加就业，失业是由实际工资过高造成的，必须采取收入管理政策，降低实际工资水平。

在 C 区域内，产品市场和劳动力市场都存在超额需求，如果不对价格进行管制，市场的价格水平将不断攀升，直至这种状况改变，所以将这种情况称为抑制型通货膨胀。此时，在劳动力市场上，就业水平等于劳动供给 l_0，产出水平为 $y_0 = F(l_0)$。由于产品市场存在超额需求，所以产品的销售量等于市场的供给量，可以得到：

$l^* = l_0$

$y^* = y_0$

此时，如果政府在产品市场上有优先购买权，则居民的消费量为：

$c^* = y_0 - \min (g, y_0)$

在这一区域内，产品市场上的任何政策只会改变对消费者的配额方案，而不能改变供不应求的非均衡局面。政府的购买会挤出居民的消费，并增加超额需求，此时应采用供给管理政策。

在 D 区域内，产品市场存在超额供给，劳动力市场存在超额需求。由于市场存在超额供给，所以产品的交易量等于市场的需求量，劳动力市场的就业量等于劳动供给量，即

$y^* = y_k = k (p, g, t)$

$l^* = l_0$

这种情况下满足：

$w/p \leq F' (l_0)$

$y_k = F (l_0) = y_0$

在这个区域内，如果产品没有存货，厂商也不会增加对劳动的需求去生产过剩的产品。所以，现实的经济运行很少会出现这种区域。

可以将上述的三种有现实意义的经济运行情况（区域 A、B、C）在同一个图中表示出来，如图 17—3 所示。

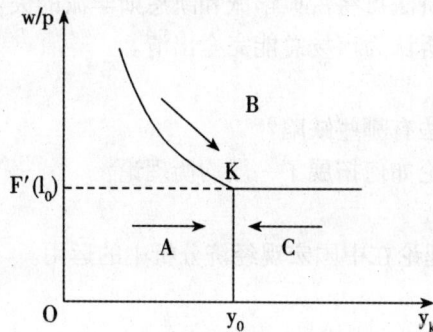

图 17—3　区域 A、B、C 的供求

在图 17—3 中，K 点表示瓦尔拉斯均衡点，A 区域表示经济处于凯恩斯型失业状态，B 区域表示经济处于古典型失业状态，C 区域表示经济处于抑制型通货膨胀状态。箭头所指的方向是对经济进行调节的手段及方向。从图中可以看出，古典型失业和凯恩斯型失业之间的区别只是局部有效的。例如，在 $y_k < y_0$，$w/p > F' (l_0)$ 区域，解决失业问题，既可以采用古典的降低 w/p 的方法，又可以采用凯恩斯的增加 y_k 的方法。

本章小结

非瓦尔拉斯均衡分析的基本点是对瓦尔拉斯均衡下严格的假设条件进行改进，形成更现实的理论和方法。在非瓦尔拉斯均衡范式下，价格机制不再像瓦尔拉斯均衡范式下那么有效率，使得市场交易额和供需都相等，即市场出清。经济人的决策不仅受价格信号的影

响，还受到市场中数量信号（配额限制）等的约束，市场的交易额和供需三者不再相等，市场非出清成为经济运行的常态，这比瓦尔拉斯范式下分析的经济体系更符合现实。

仅仅考虑价格信号的瓦尔拉斯需求不等于市场均衡时的交易额，而非瓦尔拉斯均衡范式下同时考虑价格信号和数量信号的有效需求对均衡起决定作用。有效需求的决定因素包括：价格体系 p、市场供给约束 $\bar{s}$ 和市场需求约束 $\bar{d}$。

对于一种特定的商品市场，总的有效需求可能不平衡，即净有效需求之和不等于 0，这样的市场均衡的交易额还要考虑市场的组织形式，市场采取什么样的配额方案把不一致的供给和需求转变成一项一致的交易。

非瓦尔拉斯均衡对经济个体的分析为该理论在宏观经济领域的应用奠定了严格的微观基础。由于其在微观领域的分析采用的是涉及多个市场的一般均衡分析，考虑了各个市场的相互作用（溢出效应），所以，其理论和分析方法可以很自然地过渡到宏观领域。

思考与训练

一、判断题

1. 瓦尔拉斯均衡是通过价格摸索而达到均衡。　　　　　　　　　　（　　）
2. 凯恩斯在《通论》中阐述的宏观经济理论包含了非瓦尔拉斯均衡分析方法。

　　　　　　　　　　　　　　　　　　　　　　　　　　　　　（　　）
3. 非瓦尔拉斯均衡分析法可将古典学派和凯恩斯学派的失业理论统一起来。（　　）
4. 非瓦尔拉斯均衡分析认为市场总能完全出清。　　　　　　　　　（　　）

二、简答题

1. 瓦尔拉斯均衡分析法有哪些缺陷？
2. 非瓦尔拉斯均衡理论如何拓展了一般均衡理论？

三、讨论题

讨论非瓦尔拉斯均衡理论在中国宏观经济分析中的运用。

参考文献

1. 周爱民：《高级宏观经济学》，北京，经济管理出版社，2001。
2. ［美］斯皮格尔：《经济思想的成长》，晏智杰等译，北京，中国社会科学出版社，1999。
3. 梁小民：《高级宏观经济学教程》，北京，北京大学出版社，2001。
4. 何正斌：《经济学 300 年》，长沙，湖南科学技术出版社，2009。
5. ［英］杰弗里·M. 霍奇逊：《经济学是如何忘记历史的》，高伟等译，北京，中国人民大学出版社，2008。
6. 刘厚俊：《现代西方经济学原理》，南京，南京大学出版社，2005。
7. 尹伯成：《西方经济学简明教程》，上海，上海人民出版社，2011。
8. 郭熙保、肖利华：《现代宏观经济学的奠基人——梅纳德·凯恩斯》，南昌，江西人民出版社，2005。
9. 宋则行、樊亢：《世界经济史》中卷，北京，经济科学出版社，1998。
10. 黄达：《货币银行学》，北京，中国人民大学出版社，2005。
11. ［美］荷雷·H. 阿尔布里奇：《财政学——理论与实践》，马海涛等译，北京，经济科学出版社，2005。
12. ［美］阿尔文·H. 汉森：《货币理论与财政政策》，李风圣等译，太原，山西经济出版社，1992。
13. ［美］曼昆：《经济学原理宏观经济学分册》，5 版，梁小民等译，北京，中国人民大学出版社，2009。
14. ［美］保罗·萨缪尔森、威廉·诺德豪斯：《宏观经济学》，18 版，萧琛等译，北京，人民邮电出版社，2008。
15. 高鸿业：《西方经济学》，4 版，北京，中国人民大学出版社，2007。
16. ［美］多恩布什、费希尔、斯塔兹：《宏观经济学》，8 版，范家骧等译，北京，中国财政经济出版社，2003。
17. 祁华清：《宏观经济学》，北京，清华大学出版社，2007。
18. 任保平、宋宇：《宏观经济学》，北京，科学出版社，2009。
19. 吴文盛：《宏观经济学》，北京，清华大学出版社，2007。
20. ［美］库兹涅茨：《现代经济增长：发现和反映》，戴睿等译，北京，北京经济学院出版社，1991。
21. ［英］凯恩斯：《就业、利息和货币通论》，高鸿业译，北京：商务印书馆，

1998 年。

22. ［美］罗宾·巴德、迈克尔·帕金:《宏观经济学原理》,2 版,张弘等译,北京,中国人民大学出版社,2004。

23. 黄亚钧:《宏观经济学》,2 版,北京,高等教育出版社,2005。

24. ［美］罗伯特·巴罗:《宏观经济学》,原毅军等译,北京,机械工业出版社,2007。

25. 朱京曼:《西方经济学教学案例精选》,北京,经济日报出版社,2008。

26. 王汉儒:《开放条件下经济理论的扩展与应用》,载《世界经济研究》,2009 (8),28 页。

27. 彭国华:《中国地区收入差距、全要素生产率及其收敛分析》,载《经济研究》,2005 (9),46 页。

28. 王小鲁:《中国经济的可持续性与制度变革》,载《经济研究》,2000 (7),25 页。

29. 宋艳:《从乘数—加速数原理看 2008 年美国经济危机》,载《商场现代化》,2009 (3),17 页。

30. 陈磊:《中国转轨时期经济增长周期的基本特征及其解释模型》,载《管理世界》,2002 (12),34 页。

31. 袁志刚:《宏观经济学》,上海,上海人民出版社,2003。

32. Dani Rodrik. One Economics, Many Recipes: Globalisation, Institutions and Economic Growth. Princeton University Press, 2008.

33. Zheng Song, Kjetil Storesletten, Fabrizio Zilibotti. Growing Like China. CEPR Discussion Paper No. DP7149. Available at SSRN: http://ssrn.com/abstract=1345675.

34. Robert J. Barro, Jong-Wha Lee. A New Data Set of Educational Attainment in the World, 1950 – 2010. NBER Working Paper 15902. Available at http://www.nber.org/papers/w15902.

35. Alwyn Young. The Tyranny of Numbers: Confronting the Statistical Realities of the East Asian Growth Experience. Quarterly Journal of Economics, August 1995: 641–680.

36. ［美］迈克尔·卡特、罗德尼·麦道克:《理性预期:八十年代的宏观经济学》,杨鲁军、虞虹译,上海,上海译文出版社,1988。

37. 范家骧、高天虹:《西方经济学》,北京,中国经济出版社,2003。

38. 黄国石:《理性预期学派的经济理论和政策主张》,载《厦门大学学报》,1997 (3),36 ~ 40 页。

39. 陈金仁:《理性预期学派的货币政策及其评析》,载《国际商务研究》,2006 (4),7 ~ 10 页。

40. 金俐:《理性预期学派:经济理论与政策主张》,载《上海大学学报》,1996 (5),60 ~ 63 页。

41. 傅殷才:《当代世界十大经济学派丛书第六册供给学派》,武汉,武汉出版社,1996。

42. 王健:《当代西方经济学流派概览》,北京,国家行政学院出版社,1998。

43. 杨培雷：《国际经济学》，上海，上海财经大学出版社，2007。

44. 姜波克：《国际金融新编》，北京，高等教育出版社，2008。

45. 顾建平、陈瑛：《宏观经济学》，北京，中国财政经济出版社，2004。

46. 陈雨露：《国际金融》，3 版，北京，中国人民大学出版社，2008。

47. ［美］基斯·比尔宾：《国际金融》，王忠晶译，北京，中国税务出版社，2006。

48. 王爱俭：《20 世纪国际金融理论研究：进展与评述》，北京，中国金融出版社，2005。

49. ［法］让·帕斯卡尔·贝纳西：《宏观经济学：非瓦尔拉斯分析方法导论》，刘成生等译，上海，上海人民出版社，2006。

50. ［法］让·帕斯卡尔·贝纳西：《不完全竞争市场与非市场出清的宏观经济学》，淡远鹏等译，上海，上海人民出版社，2005。

51. 陈享光：《货币经济学导论》，北京，经济科学出版社，2007。

52. 胡雪峰：《货币经济学的旗手——弗里德曼评传》，太原，山西经济出版社，1998。

53. ［英］豪厄尔斯、贝恩：《货币经济学概论》，张玉堂译，南京，南京出版社，1991。

54. 盛松成、施兵超、陈建安：《现代货币经济学》，2 版，北京，中国金融出版社，2001。